孙中山与日本关系人名录

孙文记念馆 编
蒋海波 译

中国社会科学出版社

图字：01－2017－6896

图书在版编目（CIP）数据

孙中山与日本关系人名录／孙文记念馆编；蒋海波译．—北京：中国社会科学出版社，2017.10

ISBN 978－7－5203－1198－4

Ⅰ．①孙…　Ⅱ．①孙…②蒋…　Ⅲ．①名人—人名录—日本②孙中山（1866－1925）—人物研究　Ⅳ．①K833.13－61②K827＝6

中国版本图书馆 CIP 数据核字（2017）第 249863 号

出 版 人　赵剑英
责任编辑　郑　彤
责任校对　季　静
责任印制　李寡寡

出　　版　中国社会科学出版社
社　　址　北京鼓楼西大街甲 158 号
邮　　编　100720
网　　址　http://www.csspw.cn
发 行 部　010－84083685
门 市 部　010－84029450
经　　销　新华书店及其他书店

印刷装订　北京君升印刷有限公司
版　　次　2017 年 10 月第 1 版
印　　次　2017 年 10 月第 1 次印刷

开　　本　710×1000　1/16
印　　张　21
字　　数　358 千字
定　　价　78.00 元

编集担当者・协力者等一览

编集

安井三吉（代表）、久保纯太郎、徐小洁、蒋海波、橘雄三、武上真理子、村田省一

原稿执笔（编集担当以外）

藤本幸大、野邑理荣子、宫内肇、山本かえ子、李丰

制表

久保纯太郎、村田省一、安井三吉

数据输入（编集・执笔者以外）

安成浩、川口仁美、久间雄大、泽野美智子

组版

蒋海波

提供资料信息者

青木橿子、赤岭正治、泉谷真琳子、矶部贤治、井上顺平、猪股せい子、上野京、内田立身、大内宣子、大槻直司、大崎敦子、王勇则、绪方修、奥津成子、织田英辅、川添芳、川添黎、小山美代子、久保田文次、小坂文乃、小岛喜一、小屿星子、小柳ちひろ、坂井悠治、樱井良树、真田博子、泽田ゆかり、酒井道雄、酒井香代子、柴田干夫、柴田诚、杉山满丸、铃木昭治郎、铃木美纪江、砂川贤市、副岛昭一、曾根泰夫、孙连德、武内善信、田中真弓、田中和光、田渕美奈子、陈来幸、筑地恒夫、冢原正典、津田京子、土屋直子、中泽敏、根本莞尔、楢崎奈美、萩屋信、狭间直树、滨野宪、原田彰子、平井智子、藤井升三、藤冈庄卫、藤川知佳子、古口俊男、堀田幸裕、堀忠、三上隆、森永善彦、安田信彦、矢野智子、山田辰雄、山根治夫、胁荣一、胁麻理子（按日文50音顺序排列）

目　录

寄语中文版

在孙文先生诞辰150周年之际，由中国社会科学出版社刊行、日本神户孙文记念馆编辑的《孙中山与日本关系人名录》中文版能够问世，这是一件令人非常高兴的事。

众所周知，日本与中国有着两千多年的交流历史。在这期间，日本在很长一段时间里，一直受到中国文化的影响，并且是广泛和深入的。在日本，不仅是孔子、孟子、李白、杜甫、司马迁、鲁迅等人的名字出现在教科书里，而且《三国演义》中登场的英雄们也出现在漫画和游戏中，为人们所喜闻乐见。在中国的近邻中，人们还在日常生活中使用汉字的国度，现在只有日本了。

正因为如此，从19世纪后半期开始的一百多年，就日中关系而言，是一个复杂的时代，也许可以说是两千多年来的一个特殊的时代。日本很快地吸收了西方文化，并将重新整形过的西方文化传播到中国，在这个传播过程中发挥了很大的作用。然而日本也模仿了西方，走上了侵略中国的道路，迫使中国蒙受了许多牺牲。对于这一行径的总结，到目前为止，不得不说，还是很不充分的。

关于这一时代的日中关系，还留下了很多未开拓的领域。孙文先生与日本人交流的历史也是其中之一吧。由于很多人长年累月地挖掘资料和发表论著，其大致的脉络基本上得到了解明。但是，前后约9年时间，孙文先生在日本是如何生活和进行活动的？关于这些，依然还有不少不明了之处。《孙中山与日本关系人名录》在填补这一层面的历史空白中应该起到了一定的作用。而且，这也是通过回顾孙文先生与日本人交流的历史，对近百年来日中关系的亮光和阴影的认识更加接近正确的一份资料。《孙中山与日本关系人名录》本来是面向一般日文读者编纂的，希望它也能对中文读者在理解近代的日中关系以及展望21世纪的日中关系中，有一些帮助。

《孙中山与日本关系人名录》中文版的刊行，得到了中国社会科学院近代史研究所王建朗所长和李长莉研究员的大力鼓励与支持。如果没有两位的帮助，这部中文版或许就没有与中文读者见面的机会了。对此，再次表示衷心的感谢。

2016年9月
孙文记念馆名誉馆长　安井三吉

增订版序言

这本册子是财团法人孙中山记念会作为纪念辛亥革命100周年的一项纪念事业于去年11月末刊行的。从那时起还不到一年，就刊行“增订版”，其中一个原因是库存已经不多了。还有一个原因是在这一年里，许多读者对这本册子提出了各种各样的意见和信息。这些意见不仅来自专家，也来自普通市民。其中不仅有指出文字、编印错误的宝贵意见，还包括许多至今为止无法知悉的信息。根据这些新信息，我们对一部分人物作了全面改写，也有一部分是首次被列出来的。其结果是初版所列出的是1237人，而这次增订版所列出的人名（条目）达1294人（也包括一部分删除）。还新增了三份表格。这样，与初版相比，更加正确一些，同时，其内容也更加充实了。

当然，还会有不少错讹与不充分之处遗留在这部册子里的吧。正如初版序言中也提到的，我们希望本册子不仅能够成为回顾孙文与日本人关系的一个小结，而且能成为更加深入地理解近代日本与中国关系的一个垫脚石。同时也期待在更多人的帮助下，在不远的将来，更加充实的《孙中山与日本关系人名录》能够刊行问世。

2012年10月

孙文记念馆馆长　安井三吉

初版序言

在纪念辛亥革命100周年之际，财团法人孙中山记念会决定在举行国际学术讨论会、特别展览“孙文与日本”、第三次“山口一郎记念奖”颁奖仪式的同时，还决定刊行《孙中山与日本关系人名录》。而其中《人名录》的编纂工作由孙文记念馆承担。这一计划在决定以后，我们就开始为了完成这一目标而努力了。

孙文（1866—1925），前后大约有9年时间在日本生活、活动，在这期间，究竟有多少日本人与孙文有过关联和交流呢？很想做一次调查。虽然前人的调查研究资料可以作为线索，但这项工作毕竟还是未开拓的事业。我们一边实际感受到这一点，一边积累起一些摸索而来的经验。对于宫崎滔天、梅屋庄吉、萱野长知、头山满、犬养毅、涩泽荣一、南方熊楠等人，已经有不少全集、研究著作问世。而且，他们的名字肯定会出现在辞典里。这次我们想调查的是辞典里不会出现的无名日本人，其中还包括不少虽然知其姓名但不知道其读音的日本人。不管怎么说，先列出一个名单，尽可能地提供信息。希望不仅是学者，也包括更多的市民在阅读《孙中山与日本关系人名录》之后，提供信息，为将来制作一份更加概括、更加正确的人名资料而努力。这就是编纂这份小册子的基本目的。首先迈出第一步，遗漏和错讹一定很多。既希望它为读者提供一些帮助，更恳切地希望各位读者提供日本与孙文有关的意见和信息。

2011年11月

孙文记念馆馆长　安井三吉

解　说

绪　言

编纂这部《孙中山与日本关系人名录》（以下简称《人名录》）是在2011年，为了迎接辛亥革命100周年，由财团法人“孙中山记念会”策划的一项纪念事业。

孙文（1866—1925）前后大约有9年时间是在日本活动、生活的。在这期间，到底有多少日本人与孙文有关联呢？对于这一课题，一直想做一次调查。虽然可以从一些先人的调查和研究中找到线索，但是毕竟是开拓性的工作。我们一边感受到这一点，一边积累起徒手摸索的工作经验。这次我们想要调查的是，一般常见的人名辞典中没有收录的无名的日本人。尽管在本《人名录》中还有一些虽然知道其姓名但不知道其读音的，但是不管怎么说，先列出名单，尽可能地提供已知的信息，不仅是专家学者，也希望更多的一般市民在阅读这部《人名录》之后，能够提供更多的信息，为今后编制更广泛、更正确的人名录打下基础，这是我们编写这部《人名录》的基本目的。首先踏出了第一步，遗漏和错讹肯定会有不少。衷心期待各位提供关于“日本人与孙文”的意见和信息。

两个部分和两个目标

这部《人名录》由“第一部分——孙文与日本关系人名录”和“第二部分——孙文关系在日华侨一览表（1913 年）”两个部分组成。第一部分的“孙文与日本关系人名录”，由曾经与孙文有某种关联的日本人，以及补充其不足的 15 份表格构成，这是这部《人名录》的主要部分。第二部分的“孙文关系在日华侨一览表（1913 年）”是日本政府唯一的一次以“准国宾”的待遇接受孙文来访日本时，即 1913（大正 2 年）年 2—3 月，日本各地华侨举行的孙文欢迎会的出席者，以及这一年在日本各地成立的国民党支部（交通部）的成员名单。

关于第二部分（即本书的“附录二”），在其开头另有说明，这里就第一部分简要地做一些说明。

这部《人名录》有两个目标。

第一个目标就是，以孙文为主，同时对与黄兴、宋教仁、戴天仇（季陶）、陈其美、李烈钧、居正、张继、何海鸣等孙文周围的人，以及与康有为、梁启超等有某些关联的日本人，也尽量寻找出来，予以整理和记录。关于宫崎滔天、梅屋庄吉、萱野长知、头山满、犬养毅、山田良政和山田纯三郎兄弟、涩泽荣一、南方熊楠以及内田良平、北一辉等人与孙文的关系，不仅被收录在各种辞典中，而且也有许多全集、著作集、研究专著和论文问世，已经广为人知。《人名录》当然也收录了这些著名人士，但是更重视的是无名的日本人，他们的人数超过了 1000 名。这里所说的“某些关联”是指，比如仅仅是访问过孙文的家，与孙文有过信件往来，出席过孙文的欢迎会或演讲会，给孙文看过病，为孙文拍过照之类的人物在内。凡是与孙文的日常生活有关联的人，只要有可能就尽量收录。从某种意义上来说，虽然浅显但是很广泛。这样可以使读者了解到，孙文以及同时代的中国人与日本人的关联十分广泛。

第二个目标是，这部《人名录》与其说是为专业研究者提供的，倒不如说是为了让广大市民阅读和活用的一种尝试。也就是说，通过互联网，任何人都可以对收录在其中的人物，对其所依据的资料进行检索。虽然并不是对所有的人物都做到了这一点，但是有相当多的人物，只要有电脑，就能方便地查到有关资料。关于其检索方法，在“凡例”中有详细说明。

收录对象的时间及范围

这部《人名录》收录的日本人，是指 1894 年至 1931 年这 37 年间与孙文有某种关联的日本人。可以分成三个时期。

（1）1895 年 11 月之前（逃亡日本之前）：目前只有菅原传、中川恒次郎以及梅屋庄吉三人。

（2）1895 年 11 月至 1925 年 3 月：从孙文第一次流亡日本到他去世的约 30 年间，孙文与各种各样的日本人建立了关系。本《人名录》收录的，基本上是这一时期的人物。

（3）1925 年 3 月至 1931 年：出席、参列过孙文的追悼会、奉安大典的人，与由梅屋庄吉发起制作孙文铜像以及赴中国安置这些铜像有关联的人。

资料和研究的历程

孙文的重要支援者萱野长知在他的著作《中华民国革命秘笈》（帝国地方行政学会，1940 年）中，有以下的记载。

> 以前，胡汉民曾经希望调查中山的日本知己的名字，为载入本书，再次调查，其人数近三百人。抑或另有余等尚未知晓之人，其数亦不在少数，故此次未予记载。（第 59 页）

这里萱野所说的“近三百人”的数字，成了与孙文有关的日本人人数的一个概数，一直流传至今。但是，萱野自身在这本书中所提到的日本人也只有150名左右。关于“孙文与日本关系”的人名，第二次世界大战之前有黑龙会编的《东亚先觉志士记传》（初版1936年，再印本1966年），以及东亚同文会编的《对支回顾录》（初版1941年，再印本1973年），这两部著作是值得参考的，它们各自收录了约1200人。到了现在，都成了珍贵的记录，但收录的人物并不只限于与孙文有关。

战后的情况又是如何的呢？在日本，编撰与孙文有关的日本人人名录的工作，虽然也有20世纪50年代由杉山龙丸编成的《中国革命关系者日本人履历书（名簿附属）》那样的名单，但主要还是由陈固亭、陈鹏仁等在台湾地区的研究者来推进的。这些都是重要的工作，就与本《人名录》的关系而言，毫无疑问，外务省外交史料馆所藏的《各国内政关系杂纂/支那之部/革命党关系（包括亡命者）》（以下略称《杂纂》）的公开及其利用则是一件划时代的事情。这部共计19卷的档案卷宗，是一部反映1897年至1923年，日本的外务省、内务省、各道府县知事所辖的外事机构等对孙文等“要视察外国人”（“须监视的外国人”）进行跟踪和保护的结果，也是一部关于这些活动的指示和报告的档案资料集。当然，其中的记述只反映了那些外事工作人员的关心重点，同时也有一个受“视察”可能范围这一特殊性的限制。而且这部卷宗没有包括1913（大正2）年2—3月，孙文以“准国宾”的待遇访问日本各地的记录。那是因为那时的孙文不是“要视察人”。然而，孙文在日本很大一部分的活动，可以通过这部档案资料来进行追踪。而最初对这部资料真正进行活用的研究成果是藤井升三的《孙文研究——以民族主义理论的发展为中心》（劲草书房，1966年），更详细的活用可以说是在《宫崎滔天全集》（平凡社，1971—1976年）的编写过程中，特别是近藤秀树编写的《宫崎滔天年谱稿》（第五卷所收）中反映出来的。

但是，全面活用《杂纂》是在20世纪80年代，由改革开放后的中国历史学者来推进的。俞辛焞编译的《孙中山在日活动秘录(1913.8—1916.4)日本外务省档案》（南开大学出版社，1990年）是开拓之作。段云章编著的《孙文与日本史事编年》（广东人民出版社，1996年，增订本，2011年）、李吉奎编著的《孙中山与日本》（广东人民出版社，1996年）发展了俞氏的工作。陈锡祺主编的《孙中山年谱长编》（中华书局，1991年），是以段云章、李吉奎、林家有三位为中心编撰执笔的，参考了许多《杂纂》中的档案。段著、李著中出现的日本人名分别是700名和650名，《孙中山年谱长编》为130名。俞、段、李、林各位的工作，对我们来说成了很大的刺激。那是因为，在日本，详细地阅读、整理《杂纂》，并向读者提示的，自上面提到的近藤秀树的《宫崎滔天年谱稿》以来，迄今还没有出现过。

作为日本的研究者，不是更有必要进行向一般人士介绍《杂纂》内容的工作吗？这是促成我们编写这部《人名录》的理由之一。还有，很遗憾的是，上述中国学者的著作中没有索引，作为与孙文有关的人物，到底有哪些人被提出来了？从哪里才能找到想要寻找的人物？这些都不是容易的事。提供一部不仅面向专业研究者，而且面向一般的读者也能够简单地检索到与孙文有关的日本人的名单，这是促成编写这部《人名录》的另一个强烈的动机。

另外，在这一时期日本人的研究中，特别应该提到的是上村希美雄的《宫崎兄弟传》（苇书房、熊本出版文化会馆，1984—2004年）的出版。这是一部以宫崎滔天为中心，以八郎、民藏、弥藏四兄弟的生涯为基轴，描绘了与孙文为首的中国革命家的交流以及日本人志士活动的六卷本大作。时代从幕末到昭和初期（清末到民国最初20年），出现在这部著作中的日本人多达2608人（包括中国人以及外国人在内的人数达到3673人，第六卷，第477页）。虽然这些人并不是所有人都与孙文有关的，但是，包括珍贵的照片、详细的注释在内，这是一部劳苦功高的作品。而且附有庞大的人名索引，这在本《人名录》编写时，成为非常重要的参考资料。另一项成果是中村义、藤井升三、久保田文次、陶德民、町泉寿郎、川边雄大编集的《近代日中关系史人名辞典》（东京堂出版，2010 年）。这是一部对“从明治到昭和约 80 年间，日中关系史上登场的日本人，他们所踏过的历史痕迹”（该书第 2 页）进行追踪的辞典。收录在该辞典中的人物，虽然也不限定于和孙文有关联的，但是总数达到约 1200 人，它在本《人名录》编写过程中是有力的武器。但是很可惜，这部辞典既没有目次，也没有索引。

不管怎么样，如果没有上述前人的工作，毫无疑问，这部《人名录》的编写将会遇到更大的困难。

从互联网上的检索

关于收录在本《人名录》里的人物，注意到了尽可能在互联网上的检索。这就是亚洲历史资料中心的电子资料。

亚洲历史资料中心是根据 1994 年 8 月村山富市首相的“和平友好交流计划”的谈话而具体实施的，作为国立公文书馆的一个设施，于 2001 年 11 月开设。该中心将国立公文书馆、外务省外交史料馆、防卫省防卫研究所等机构所藏的有关近代日本与亚洲的公文档案，进行数码化处理并予以开放，这一工作目前还在努力地推进。本《人名录》编写之际所依据的最基础的资料，就是上述外务省外交史料馆所藏的《杂纂》。所幸的是，《杂纂》在亚洲历史资料中心的网页上，全部都被数码化。人们通过互联网就可以检索到想要检索的资料了。本《人名录》在编写时，利用了很多该中心的资料。《杂纂》中出现的日本人人数达到了 1700 名，而本《人名录》以《杂纂》和其他若干资料为基础，挑选出与孙文以及黄兴、宋教仁、戴天仇等革命家有某种关联的日本人，其人数超过了 1000 名。关于这些人物的检索方法，有各种各样，在本《人名录》中，刊载的大约750名有关人物的信息资料（主要是《杂纂》）是可以直接通过互联网检索到的，那就是在每个人名的资料栏上，明确记载了亚洲历史资料中心的资料检索编码和页码，这样就可以使每个只要能够利用互联网的人，从地球上任何有条件检索的地方，都可以寻找到有关人员的资料。

这样，本《人名录》就能够让不仅是研究人员，即使是一般市民，也可以从自己家的电脑，方便地检索到想要查找的人物。国立公文书馆、防卫研究所的所藏资料也可以用同样的方法检索，但是依据这两家机构的资料收录在本《人名录》的人物并不多，这是今后的课题。

关于附表

为了从更广阔的视野来理解“孙文与日本的关系”，本《人名录》附有15份表格。在这些表格里，包括一部分无法收录在《日本人人名录》里的人名。如果能把这两者结合起来把握全体形象的话，就更有意义了。

2012年10月

孙文记念馆馆长　安井三吉

凡　　例

一、本书收录与孙文以及同时代重要人物有关联的日本人。

二、正文内容包括：

1. 姓名、日语读音、生卒年（公历）、字号、笔名、又名、日文名的其他写法、主要身份、职业、职务、所属团体等基本信息。

2. 出生地以现行的都道府县为准。东京、京都、大阪、冲绳则不用现行的行政区划，一律称东京人、京都人、大阪人、冲绳人。

3. 主要收录与孙文等人的关联事项，其余事项不录或简述。

4. 为方便与日文版的核对，词条按照日文日语50音顺序排列。正文后附有中文索引，按汉语拼音顺序排列。

三、正文后用〔资〕标出主要资料来源，其具体检索方法等，说明如下：

1. 根据亚洲历史资料中心的资料检索系统的编号，可以检索的资料，直接记载其编号。其中A、B、C分别代表国立国会图书馆、外务省外交史料馆、防卫研究所图书馆的资料。

例如：宫崎滔天。〔资〕B03050067400—7，即表示：从亚洲历史资料中心的网页（http：//www.jacar.go.jp），中文网站（http：//www.jacar.go.jp/chinese/index.html）进入，→按击“阅览资料”键，→填写资料编号B03050067400，→填写画面编号7，即可以找到该画面中有关宫崎滔天与孙文交往的记载。

2. 文献资料用卷尾“典据文献一览”的略称（黑体字）表示。多卷本用（　）表示卷数。

例如：宫崎 1（5）即表示《宫崎滔天全集》第五卷。

3. 黑龙会编《东亚先觉志士记传》、东亚同文会编《对支回顾录》，仅以《东亚先觉》和《对支回顾》略称之，不标卷数。

四、一些常用的固有名称省略如下：

1. 南满洲铁道株式会社→满铁

2. 中国兴业株式会社→中国兴业公司（中国名）

3. 三井物产株式会社→三井物产（日本名）、三井洋行（中国名）

4. 日本邮船株式会社→日本邮船

五、每个人物均提示典据文献，其排列顺序是：

1. 亚洲历史资料中心的检索编号。

2. 三位数编号（001～293、332～349）的论著等资料。

3. 报纸杂志资料。其中报纸杂志资料（294～331）不用编号，而是直接用报纸杂志名称，报纸标明年月日，杂志标明卷号及日期（年月或年月日）。其中论著等资料的排列顺序基本上按照日文的略称假名 50 音顺序，以便与日文原著对照。中文读者不需要略称假名 50 音顺序，直接按编号检索即可。

六、一些用词的说明

1. “人员”，一般指临时与某一团体组织有联系，或该个人与团体组织虽有关联但关系不明者。如报社的通信员、临时撰稿人等。

2. “成员”，指属于某一团体组织的个人或团体的人士。

人名录目次

あ行

か行

さ行

な行

ま行

や行

说明

1. （　）：在一部分资料中的另一种写法。例如：元→本、次→治、ふく→フク、トク→德子、松平→松本等。这些汉字在日文训读中发音相同或平假名与片假名、汉字之间可以互换或手写笔误之故。

2. （＋字）：该姓名在一部分资料里，有文字多寡之差。例如：“广冈喜一”或“广冈喜一郎”。本目次用“广冈喜一（＋郎）”表示。

3. ［　］：该人物的本名、幼名、别名、笔名、艺名、字、号、法号等。

本　文

あ行

相生由太郎（あいおい よしたろう，1867—1930，号铁牛居士），福冈县人，大连福昌公司人员，大连商业会议所，玄洋社成员。1925 年 3 月孙文逝世时发出唁电。〔资〕262；263；001；007。

会田真一（あいだ しんいち），帝国大学学生。1916 年 2 月 17 日，与《大连大东日报》社长金子雪斋一起，在萱野长知的陪同下，访问孙文寓所。〔资〕B03050082900－16。

粟饭原锦次郎（あいはら きんじろう），住在福冈县小仓市。1914 年 1 月，援助何海鸣资金 100 日元。〔资〕B03050073600－35。

青木繁（あおき しげる，繁又作茂），陆军军人。1913 年 12 月，浩然庐开设，任教官。〔资〕B03050075300－5。

青木信光（あおき のぶみつ，1869—1949），山口县人，贵族院议员。1924 年 11 月 27 日，派遣代理人福原俊丸，赴神户东方宾馆访问孙文。〔资〕B0350764300－43；250。

青木宣纯（あおき のりずみ，1859—1924，幼名平太郎），宫崎县

人，陆军中将。1911 年，辛亥革命时任北京公使馆武官。向清政府出售武器。三次革命时，支持革命派。陆军的“支那通”代表。〔资〕B03050083400 - 17；073；262；263；283。

青木弘（あおき ひろし）。1916 年 5 月，参加在山东的中华革命军东北军。〔资〕332。

青木（あおき），东京市会议员。1913 年 3 月 2 日，孙文赴国技馆参观时随行。〔资〕《东京朝日新闻》（1913. 3. 3）。

青柳胜敏（あおやぎ かつとし，1879—1934），秋田县人，陆军军人，江西都督顾问。1912 年，在陆军少将宇都宫太郎的资金援助下赴华，任江西都督李烈钧的顾问，二次革命失败后归国。1913 年 12 月，开设浩然庐（位于东京府荏原郡入新井村大字新井宿，通称大森新井宿），任教育主事，为革命派培养军事人才。浩然庐因误爆事件于 1914 年 6 月解散。1915 年以降，支援蒙古巴布扎布的活动。〔资〕B03050075300 - 4 ~ 6、28 ~ 29；B03050076200 - 43 ~ 45；262；263；283；270。

明石顺吉（あかし じゅんきち，1865—1920，号铁心），秋田县人，秋田铁道专务。1914 年 9 月 24 日，与萱野长知一起访问孙文寓所。与头山满、后藤新平等有密切交往。〔资〕B03050078200 - 29；250；《秋田魁新报》（1983. 8. 4）。

明石元二郎（あかし もとじろう，1864—1919），福冈县人，陆军大将，台湾总督，玄洋社成员。1910 年，时任朝鲜宪兵司令官，对革命党在中国实现共和制的目标持否定立场。1914 年，作为参谋次长参加日德青岛战役。同年 9 月，革命党曾希望他同意日本兵参加革命军。〔资〕B03050077800 - 14；283；262；263；270；007。

赤星铁马（あかぼし てつま，1883—1951），东京人，第十五银行人

员。1913 年 8 月，中国兴业公司成立时出资 300 股。1915 年 12 月 10 日，孙文在戴天仇的陪同下，访问了位于麻布鸟居坂町的赤星宅邸。〔资〕B03050082600－22；122；092。

秋元秀太郎（あきもと しゅうたろう，？—1921，元又作本），滋贺县人，海军军人。1913 年，肩负着收集情报的任务赴南京，7 月 27 日，为了帮助黄兴逃出南京，大和商会野村岩藏与其商议，希望日本军舰返航，秋元为此尽力。1914 年 2 月 24 日，访问孙文寓所，与宫崎滔天等人会谈。同月 24 日，访问黄兴，与宫崎滔天、林坤栽、杨啸仓等人会谈。〔资〕B03050070200－25～27；B03050074400－37；262；263。

秋元春朝（あきもと はるとも，1881—1948），东京人，贵族院议员。1913 年 2 月 21 日，孙文访问日华协会时，致欢迎辞。〔资〕263；251；《东京朝日新闻》（1913. 2. 22）。

秋山贞子（あきやま さだこ，1883—?），秋山定辅之妻，住在东京市麹町区。1914 年 1 月 3 日，孙文来访，因定辅不在，由贞子接待。〔资〕B03050073100－24。

秋山真之（あきやま さねゆき，1868—1918，幼名淳五郎），爱媛县人，海军中将。日俄战争时任联合舰队作战参谋。1914 年 7 月，与犬冢信太郎、小池张造等一起声明支援孙文的反袁运动。1915 年 2 月 5 日，起草了孙文、陈其美、犬冢信太郎、山田纯三郎四者署名的《中日盟约》。1916 年，参与久原房之助的对孙文借款事宜。1918 年 2 月 4 日去世，7 日，张继赴秋山邸吊唁。〔资〕B03050083800－34；163；179；150；262；263；283。

秋山定辅（あきやま ていすけ，1868—1950），冈山县人，《二六新报》创办人，众议院议员。1893 年 10 月，创刊《二六新报》。1899 年，布引丸事件后与孙文相识，1902 年 1 月 30 日至 6 月 14

日，在《二六新报》上连载宫崎滔天《三十三年之梦》，大受欢迎。1905 年，参与《民报》创刊，并参与向中国革命党输送武器的计划。1913 年 2—3 月孙文访日时，为实现孙文与桂太郎的会见而尽力。〔资〕B03050066800 - 2；075；190；253。

秋好善太郎（あきよし ぜんたろう）。1915 年 12 月 10 日，与河田作介一起访问孙文寓所。〔资〕B03050082600 - 22。

浅井敬吾（あざい けいご，1870—1950），长野县人，上田市长，县医师会长。通过宫崎滔天结识孙文，受赠孙文“博爱”题字。〔资〕331。

浅田ハル（あさだ はる，1883—1905?，ハル又作春），静冈县人。1900 年 9 月 19 日至 24 日，1901 年 7 月 1 日，与逗留在日本的孙文同行。〔资〕B03050064900 - 3；B03050064900 - 13；139。

浅野士太郎（あさの したろう，士又作丰），日本矿业支配人。1913 年 11 月 8 日，与朱超、丰田利三郎一起访问孙文寓所。〔资〕B03050072400 - 19。

浅野总一郎（あさの そういちろう，1848—1930），富山县人，浅野财阀。1913 年 2 月 15 日，出席东亚同文会主办的孙文欢迎会。〔资〕123。

浅野忠纯（あさの ただずみ）。1913 年 3 月 15 日，在广岛县宫岛欢迎孙文。〔资〕《中国新闻》（1913. 3. 16）。

浅野长勋（あさの ながこと，1842—1937），广岛县人，实业家，旧广岛藩主。1913 年 3 月 15 日，在广岛县宫岛欢迎孙文。〔资〕《中国新闻》（1913. 3. 17）。

麻生太吉（あそう たきち，1857—1933），福冈县人，麻生矿业社长。1913 年 3 月 17 日，在福冈欢迎孙文。同年 8 月，中国兴业

公司成立时出资300股。〔资〕B04011208800－79；079；《福冈日日新闻》（1913.3.18）。

足立久一（あだち きゅういち），海军军人，住在兵库县和田山。1916年3月，募集希望参加中国革命的人员。同年4月20日，与应募者一起赴华。〔资〕B03050084000－25。

安达谦藏（あだち けんぞう，1864—1948），熊本县人，众议院议员。参与1900年南华独立计划。1913年3月4日，出席牧野伸显外相主办的孙文欢迎宴会。〔资〕B03050064400－6；271；《东京朝日新闻》（1913.3.5）。

渥美高（あつみ こう），安东安之助之妻。1900年7月，支援在新加坡狱中的宫崎滔天等。〔资〕023（3）。

安部矶雄（あべ いそお，1865—1949），福冈县人，早稻田大学教授，社会运动先驱者。1896年12月17日，会见宫崎民藏。〔资〕023（3）。

阿部泷次郎（あべ たきじろう，？—1935），玄洋社成员。1913年8月4日，与《九州日报》社长大原义刚及玄洋社长进藤喜平太一起，就支援孙文、黄兴流亡日本事宜进行密议。〔资〕B03050070300－5；007。

天田清乡（あまだ せいごう）。1916年3月8日，天田从东京芝区芝口的宫崎商店致函孙文寓所，内容是请求生活救助。〔资〕B03050083000－3。

天野龟次郎（あまの かめじろう），吴服店主。1913年8月9日，在三井物产门司支店的斡旋下，租下位于下关市外浜町的天野家别墅，以安顿流亡日本的黄兴。〔资〕B03050070200－50；B03050070300－31。

天野健太郎（あまの けんたろう），广岛县吴市议会议长。1913 年 3 月 15 日，在吴车站迎接孙文。〔资〕《中国新闻》（1913. 3. 16）。

天羽英二（あもう えいじ，1887—1968），德岛县人。1923 年 5 月 13 日—1925 年 2 月 20 日，任驻广州总领事。1923 年 5 月 16 日，在广州大本营访问孙文。1924 年 8 月 5 日，与孙文会见。参与关余问题。1925 年 3 月，孙文逝世时发出唁电。1934 年 4 月，以外务省情报局长的名义，发表了“天羽声明”。〔资〕285；001；271。

绫川五郎次（あやがわ ごろうじ，1883—1933，本名村上要作），青森县人，大相扑力士，关胁。1913 年 3 月 2 日，为孙文参观国技馆做向导。〔资〕《东京朝日新闻》（1913. 3. 3）。

新井有仁（あらい ありひと，仁又作信）。1914 年 10 月 2 日，与王统一等人一起访问孙文，12 月 6 日，访问孙文。1915 年 2 月 18 日，与加来美知雄一起访问孙文寓所，26 日，单独访问。〔资〕B03050078400－5；B03050079900－48；B03050080000－17。

新垣弓太郎（あらがき ゆみたろう，1872—1964，别称林铁），冲绳人。辛亥革命前，与谢花升等结交，在东京经营学生公寓龙升馆，照顾中国留学生。辛亥革命前后，以上海为据点活动。〔资〕158；003。

新西清二（あらにし せいじ），鹿儿岛县人。1914 年 8 月 19 日，参加与何海鸣有关的“冈崎藤次郎义勇队”。〔资〕B03050078200－9；B03050078500－3。

有贺长雄（ありが ながお，1860—1921，号帚川），大阪人，早稻田大学教授。1913 年 2 月 25 日，在大隈重信邸出席孙文欢迎会。同年，在大隈的推荐下任袁世凯的法律顾问，参与制定以君主制为基础的宪法。因反对“21 条要求”（中文称《二十一条》），受到日本国内对华强硬派的攻击，被迫辞去早稻田大学教职。〔资〕B03050081200－7；262；263；《早稻田学报》（217，1913.3）；《东京朝日新闻》（1913.2.26）。

蚁川五郎作（ありかわ ごろうさく，1866—1946，蚁又作义，五郎作又作五郎），长野县人，陆军少将，众议院议员。1924年11月29日，赴神户东方宾馆访问孙文。1925年3月，孙文逝世时发出唁电。〔资〕B03050764400－44；001；253。

有村忠恕（ありむら ちゅうじょ），《门司新报》记者。1918年6月10日，孙文一行乘坐信浓丸从基隆进入门司港时，上船采访。〔资〕B03050084000－12。

有吉明（ありよし あきら，1876—1937），东京人，上海总领事，第一任驻中国大使。1909年起任上海总领事。对于民间的革命党支援者，持批判态度，将他们和革命党的动向不断向外务省报告。1932年任中国公使，1935年任第一任驻中国大使。〔资〕271；269；263。

安藤（あんどう），新支那社记者。1912年8月29日，访问孙文。〔资〕B03050764400－44。

饭田新右卫门（いいだ しんえもん，1861—1915），茨城县人，众议院议员。1908年8月，为了支援萱野长知和革命派，书信往来讨论开发矿山的资金调动等事宜。〔资〕B03050067000－1；253。

饭田（いいだ），驻福州领事馆书记。1913年8月3日，在福建省马尾，与多贺宗之一起会见孙文。〔资〕B0305079400－24；101。

饭野吉三郎（いいの きちさぶろう，1867—1944），岐阜县人，大日本精神团总裁。1913年8月26日、9月11日，在铃木宗言的介

绍下，孙文访问饭野。9 月 13 日在饭野家，孙文与大井宪太郎会见。9 月 21 日及 10 月 4 日，在同宅，孙文与陆军省经理局长辻村楠造会见。利用与政界军界的关系帮助孙文寻求支援者。〔资〕B03050071300－16；B03050071500－22；B03050071900－33；B03050072000－15；B03050072100－24；271。

家永芳彦（いえなが よしひこ，1849—1913），佐贺县人，长崎市议会议长。1913 年 3 月 22 日，出席在长崎福建会馆举行的欢迎孙文午餐会。〔资〕212；266。

五百木良三（いおらぎ りょうぞう，1871—1937），爱媛县人，报人。持支那保全论，日俄战争时，采取对外强硬立场。1911 年 11 月辛亥革命时，受太平洋会的派遣赴武汉。1914 年，组织国民义会，参与川岛浪速策划的第二次“满蒙独立运动”。〔资〕020；269。

铸方德藏（いかた とくぞう，1864—1933），熊本县人，陆军中将。1911 年 12 月，支援革命派。〔资〕262；283。

池亨吉（いけ こうきち，1873—1954，笔名断水楼主人），高知县人，文学者。1905 年，由同乡萱野长知介绍结识孙文。1906 年，与宫崎滔天、萱野长知等一起创办《革命评论》，发表论文，并提供资金。1907 年，应孙文之请，参加镇南关起义，在《大阪朝日新闻》发表了连载报道，后以《支那革命实见纪》为题刊行。辛亥革命时，组织亲中义会访华，任孙文的秘书，英、日语翻译。以后倾向宋教仁，与孙文逐渐保持距离。〔资〕B03050066800－10；006；069；211；269。

池垣幸三郎（いけがき こうさぶろう），武器商，住在神户。1900 年 8 月 4 日，关于购入枪械事宜，曾接受过甲斐靖的咨询。〔资〕B03050064900－9。

池田三平（いけだ さんぺい），住在横滨市辩天町。1918年1月20日，访问张继。〔资〕B03050083800-16。

池田新五郎（いけだ しんごろう），木材商。1914年2月18日，援助何海鸣的生活。〔资〕B03050074500-11。

池田鲜藏（いけだ せんぞう），造船业者。1914年9月23日，介绍希望借贷资金以及武器的柏文蔚等与辻嘉六相见。〔资〕B03050078200-36。

池田长康（いけだ ながやす，1883—1962），冈山县人，贵族院议员。1924年11月27日，赴神户东方宾馆访问孙文。〔资〕B03050764300-43；250。

池边吉太郎（いけべ よしたろう，1864—1912，号三山、铁昆仑），熊本县人，《大阪朝日新闻》《东京朝日新闻》人员。1898年，在横滨与陈少白见面。同年，参与东亚会的结成。〔资〕269；262；263。

勇秀彦（いさみ ひでひこ），熊本县人，海军军人。1914年9月前后，受村部贯雄委托，招募革命党义勇队员。〔资〕B03050078800-16。

石井菊次郎（いしい きくじろう，1866—1945），千叶县人，外务大臣。1908年，在就任外务省通商局长时，为了平息因二辰丸事件引起的抵制日货运动，担任联系说服革命派的工作。第一次世界大战中，作为外相主导了对华外交。1915年10月，对三次革命的爆发有所警戒，劝告袁世凯延期帝政的实施。〔资〕205；263；270。

石井晓云（いしい ぎょううん），宫崎滔天的友人。1909年，孙文在石井的扇面上题字“四海兄弟，万邦归一”。〔资〕245（1）。

石浦ユキ（いしうら ゆき），护士。1913 年 10 月 28 日，访问黄兴妻子徐宗汉。〔资〕B03050072300－27。

石浦谦二郎（いしうら けんじろう），陆军军人。1916 年 2 月 21 日，访问孙文。同情山东的中华革命军东北军。1925 年 3 月，孙文逝世时发出唁电。〔资〕B03050082900－23、24；001。

石川三四郎（いしかわ さんしろう，1876—1956，号旭山），埼玉县人，宫崎滔天的友人。1913 年 3 月，在上海会见黄兴等。〔资〕023（3－6）；270。

石川二三（いしかわ にぞう），三井物产门司支店人员。1918 年 6 月 17 日，为孙文归国，代购回上海的船票，与逗留在箱根的戴天仇电报往来。〔资〕B03050084000－23。

石黑（いしぐろ），医生。1914 年 3 月 27 日，赴孙文寓所巡诊，诊断为肠胃病。〔资〕B03050075000－33。

石田一夫（いしだ かずお），三井物产门司支店人员。1913 年 8 月 28 日，访问逗留在东京芝信浓屋的黄兴。〔资〕B03050071100－21、22、26。

石田秀二（いしだ しゅうじ），三井物产成员。1913 年 8 月 27 日早晨，从横滨车站秘密护送流亡日本的黄兴至东京。〔资〕B03050071100－22。

石田二郎（いしだ じろう），陆军军人。1914 年 10 月前后，为支援一濑斧太郎等，潜伏在上海。〔资〕B03050079700－17。

石田庄七（いしだ しょうしち）。1925 年 3 月，孙文逝世时发出唁电。〔资〕001。

石田平吉（いしだ へいきち，1853—1929），福冈县人，石田合名会

社社长，门司市议会议员，众议院议员。1913 年 8 月，与《东京每夕新闻》门司特派员和久政太郎一起，设立支那亡命者救护团。〔资〕B03050071100 - 12；273；252。

石田（いしだ）。1911 年 10 月，与大原武庆一起参加在武昌的战斗。〔资〕023（5）。

石田（いしだ），日本电报通信社成员。1923 年 1 月 19 日，在上海会见越飞。〔资〕096。

石原藤一郎（いしはら とういちろう，藤又作藏）。1916 年 1 月 1 日，石原致函孙文贺年。〔资〕B03050082700 - 25 ~ 27。

石间德治郎（いしま とくじろう），萱野长知的部下。1911 年 11 月，在武汉战斗中阵亡。〔资〕023（5）；336。

石丸祐正（いしまる ゆうせい），东洋印刷社长。1911 年 12 月，为宫崎滔天赴华提供资金。〔资〕023（5）。

石本鏆太郎（いしもと かんたろう，1864—1933），高知县人，大连市长。1916 年，支援三次革命。〔资〕046；262；263。

石本新六（いしもと しんろく，1854—1912），兵库县人，陆军中将。武昌起义爆发时任日本陆军大臣。最初提出包括出兵在内的积极策略，1911 年 11 月中旬以后，与政府的内政不干涉论同调。〔资〕073；283。

伊集院俊彦（いじゅういん としひこ），鹿儿岛县人，陆军军人。1913 年 7 月 28 日，就支援黄兴从南京逃脱事宜，与王孝镇会谈。〔资〕B03050070200 - 24、27。

伊集院彦吉（いじゅういん ひこきち，1864—1924），鹿儿岛县人，驻清国公使，外务大臣。1908 年 6 月起，任驻清国公使。辛亥

革命时，支持立宪君主制。1913 年 8 月归国时，听到袁世凯向日本政府要求驱逐流亡日本的孙文、黄兴等人的传言。〔资〕B03050070400 - 8；262；263；271；269；270。

泉直清（いずみ なおきよ），《革命评论》记者。〔资〕245（5）。

井芹经平（いせり つねひら，1865—1926），熊本济济黉校长。1913 年 3 月 20 日，迎接孙文访问济济黉。〔资〕《九州日日新闻》（1913. 3. 21）；009。

矶谷廉介（いそがい れんすけ，1883—1967），兵库县人，广东驻在武官，陆军中将。1921 年，受赠孙文题字“天下为公”。1925 年 3 月，孙文逝世时发出唁电。〔资〕066；001；110；075；269；283。

板垣征四郎（いたがき せいしろう，1885—1948），岩手县人，北京公使馆武官，陆军大将。1925 年 1 月，向萱野长知报告孙文病状。“九一八”事变的首谋者之一。〔资〕046；217；010。

板垣退助（いたがき たいすけ，1837—1919，号正躬、正形、无形等），高知县人，政治家，伯爵。经革命评论社成员和田三郎介绍与孙文会见。武昌起义爆发后，在《社会政策》杂志上撰文拥护革命。在征求孙文、黄兴的意见后制定了“日支共存论”政策。1913 年 9 月 22 日，孙文与张继访问板垣。1914 年 9 月 21 日，孙文与戴天仇、萱野长知分别访问板垣退助宅邸，希望其说服大限重信政府，支持中华革命党。〔资〕B03050064100 - 33；B030 50072000 - 4；B03050078200 - 17；046。

板垣（いたがき），医生，住在神田美土代町。1914 年 3 月 27 日，与头山满一起探望孙文，30 日，赴孙文寓所巡诊。1915 年 4 月 22 日、6 月 5 日，先后赴孙文寓所巡诊。〔资〕B03050075000 - 33；B03050081200 - 6。

板谷宫吉（いたや みやきち，1857—1924），新潟县人，海运业者，小樽商业会议所成员。1914 年 11 月前后，为筹集资金，受孙文委托，计划将持有的镰仓煤矿的股份卖给三井物产。〔资〕B03050080200 - 2；B03050080200 - 7；274。

市川信也（いちかわ しんや），驻长沙代理领事。1925 年 4 月 1 日，出席在长沙的孙文追悼会。〔资〕B03050148300 - 3。

一之濑胜三郎（いちのせ しょうざぶろう），警察署长。1900 年 10 月，惠州起义时，支援逗留在台湾的孙文。1913 年 3 月 8 日，在名古屋迎接孙文。〔资〕079。

一濑直行（いちのせ なおゆき）。1914 年 4 月 6 日，访问孙文寓所。〔资〕B03050075200 - 1。

一之濑斧太郎（いちのせ ふたろう），陆军军人。1913 年 12 月，浩然庐开设，任教官。1914 年 3 月 20 日，与青柳胜敏、周应时一起访问孙文寓所。8 月，与陈其美、戴天仇等会谈。〔资〕B03050074700 - 17；B03050075300 - 4 ~ 6；28 ~ 29。

市原光（いちはら みつ，1893—?），前田九二四郎之妻。1916 年 4 月 24 日，访问孙文寓所。〔资〕B03050083100 - 33；245（5）。

井出谦次郎（いで けんじろう，1880—?），长崎县人。1914 年 8 月 18 日，参加与何海鸣等人有关的“冈崎藤次郎义勇队”。〔资〕B03050078200 - 9。

井手三郎（いで さぶろう，1862—1931，号素行），熊本县人，熊本东亚同志会成员。辛亥革命时，派遣同志会成员赴华，1915 年 3 月 9 日，孙文致函井手。〔资〕B03050080500 - 1；262；263；021；023（6）。

出水茂雄（いでみず しげお），1900 年 9 月，随山田良政赴台湾。

〔资〕023（3）。

伊藤京雄（いとう あつお）。1906年8月，参加《革命评论》的创刊。〔资〕046。

伊藤英一（いとう えいいち，1864—1943），兵库县人，众议院议员。1912年11月11日，作为议员观光团的一员与孙文会见。〔资〕252；《民立报》（1913.11.12）。

伊藤银治（いとう ぎんじ，笔名银月），秋田县人。1912年1月1日，亲历中华民国临时政府成立典礼，留下了详细记录。〔资〕020；023（5）。

伊藤痴游（いとう ちゆう，1867—1938，本名仁太郎），神奈川县人，讲谈师（说书艺人），众议院议员。参加自由民权运动。1897年，在横滨与孙文相识。支援作为浪曲师的宫崎滔天，协助《革命评论》的发行。〔资〕B03050066800－3；270；252。

伊藤传右卫门（いとう でんえもん，1861—1947），福冈县人，煤矿经营者，众议院议员。辛亥革命时，河原林桯一郎向革命党出售武器时，伊藤提供了资金。1913年2月19日，出席众议院议长大冈育造主办的欢迎孙文午餐会。柳原白莲的前夫。〔资〕B03050078900－14；252。

伊藤藤吉（いとう とうきち），一致教会牧师（横滨）。1895年11月23日，向陈少白介绍了宫崎弥藏。〔资〕023（2）；112。

伊东知也（いとう ともや，1873—1921，号凤南），山形县人，报人，众议院议员。1895年，加入《二六新报》社。1900年，参与南华独立运动计划，惠州起义。1911年，武昌起义时，作为黄兴的助手参加战斗。同年12月25日，在上海迎接孙文归国。〔资〕B03050064200－41；262；263；269；253。

伊藤博文（いとう ひろぶみ，1841—1909，号春亩），山口县人，首相，元老。明治元勋之一。1900 年 10 月 19 日，代替山县有朋就任首相，立刻下令驱逐孙文离开台湾，并下令禁止日本人参与孙文革命运动，致使孙文不得不中止惠州起义。〔资〕013。

伊藤政良（いとう まさよし），陆军军人，亲中义会成员。1911 年 12 月，赴华。1912 年 1 月，参加北伐队。〔资〕071。

伊藤松雄（いとう まつお）。1913 年 12 月，浩然庐开设，任监理。〔资〕B03050080200－46。

伊藤弥三郎（いとう やさぶろう）。1914 年 3 月 26 日，带锦织刚清访问黄兴寓所。〔资〕B03050075000－25。

伊藤米治（いとう よねじ），海军军人。1916 年 5 月 4 日，参与袭击“策电”舰事件。〔资〕039。

伊东米次郎（いとう よねじろう，1861—1942），爱媛县人，日本邮船社长。1912 年 1—2 月，作为日本邮船上海支店长与招商局交涉借款事宜。〔资〕145；343。

伊东祐彦（いとう すけひこ），九州帝国大学医科大学长。1913 年 3 月 18 日，迎接孙文访问九州帝国大学病院。〔资〕《福冈日日新闻》（1913. 3. 19）。

井户川辰三（いどがわ たつぞう，1869—1943），宫崎县人，陆军中将。日俄战争中救助过张作霖。1911 年 11 月，受宇都宫太郎派遣，参加黎元洪部队。1913 年 2 月 18 日，出席高田慎藏主办的欢迎孙文午餐会。1925 年 3 月孙文逝世时发出唁电。〔资〕237；262；073；226；001；《东京朝日新闻》（1913. 2. 19）。

稻富朝次郎（いなとみ あさじろう），陆军军人。1899 年 7 月，参与布引丸事件。〔资〕341。

稻畑胜太郎（いなはた かつたろう，1862—1949），京都人，稻畑产业创业者，大阪商工会议所会头。1917 年 9 月 16 日，张继与殷汝耕访问稻畑的别墅。〔资〕B03050083500 – 46。

乾政彦（いぬい まさひこ，1876—1951），奈良县人，东京高等商业学校教授，东京帝国大学讲师。1914 年 2 月，政法学校开设，担任民法总论课程。〔资〕B03050075300 – 8。

犬养健（いぬかい たける，1896—1960），东京人，犬养毅的三男。抗日战争时期，参与和平工作。〔资〕110；015。

犬养毅（いぬかい つよし，1855—1932，号木堂），冈山县人，递信大臣，首相。1897 年 9 月 27 日，在宫崎滔天、平山周等人的介绍下与孙文首次见面。以后一直援助孙文的革命，1899 年斡旋革命派与康有为派合作。1900 年，仲裁布引丸事件。1907 年，在幸运丸输送武器时，提供了珍藏的日本刀数十柄。辛亥革命爆发后，亲自赴华，1911 年 12 月 25 日，在上海迎接孙文归国。1912 年 1 月，被聘任为中华民国临时政府政治顾问，反对孙文向袁世凯妥协。1913 年 8 月，二次革命失败后，说服山本权兵卫首相，默认孙文流亡日本。1929 年 6 月，作为国宾，参列孙文奉安大典。1931 年 12 月，就任首相，派遣萱野长知秘密赴华，探索解决“九一八事变”的可能性，因陆军反对而失败。1932 年 5 月 15 日，遭暗杀。〔资〕B03050063900 – 9；224；262；263；269；065；145；001；174。

犬冢信太郎（いぬづか のぶたろう，1874—1919），东京人，满铁理事。二次革命后，经满铁上海驻在员山田纯三郎的介绍，援助陈其美在浙江举兵，还支援流亡日本的戴天仇等人。1915 年 2 月，在《中日盟约》（日文称《日中盟约》）上署名。〔资〕B03050080500 – 13 ~ 17；163；178。

井上足彦（いのうえ たるひこ，1884—1944），爱媛县人，大阪商船会社苏州丸船长。1918 年 6 月，孙文从汕头乘坐苏州丸赴基隆途中，应井上之请，挥毫题字“海不扬波”。现藏神户孙文记念馆。〔资〕097。

井上馨（いのうえ かおる，1836—1915，号世外），山口县人，外务大臣。1912 年 1 月，参与计划中国中央银行的设立以及汉冶萍公司日中合办事宜。〔资〕017。

井上一夫（いのうえ かずお），三井物产成员。1913 年 8 月 27 日，随黄兴赴东京。〔资〕B03050071100 - 14。

井上敬次郎（いのうえ けいじろう，1868—1947），熊本县人，东京市电气局长。1911 年 11 月，宫崎滔天赴华时，为其筹措旅费。〔资〕023（5）。

井上谦吉（いのうえ けんきち，1874—?），山口县人，陆军军人，广东政府军事顾问。1924 年 10 月，李烈钧赴日，11 月孙文赴日时随行。〔资〕B03050764300 - 26。

井上准之助（いのうえ じゅんのすけ，1869—1932），大分县人，日本银行总裁，大藏大臣。1912 年 1 月，参与计划中国中央银行的设立。1913 年，参与中国兴业公司的设立，并任相谈役（资深顾问）。〔资〕B04011208800 - 79；289；220。

井上达（いのうえ たつ），眼科医生，住在东京市神田区。1913 年 10 月 25 日，访问黄兴，为黄兴夫妻治疗眼病。〔资〕B03050072300 - 23。

井上藤三郎（いのうえ とうさぶろう），福冈县人。参与 1900 年南华独立计划。1900 年 8 月 22 日，从长崎乘坐长门丸赴上海。〔资〕B03050064400 - 11。

井上丰熊（いのうえ とよくま），广岛县人。参与1900年南华独立计划。〔资〕B03050064300－30。

井上日召（いのうえ にっしょう，1886—1967，本名昭），群马县人。1916年7月，参加在山东的中华革命军东北军。1932年2—3月，血盟团事件的主谋。〔资〕332。

井上雅二（いのうえ まさじ，1876—1947），兵库县人，南洋公司常务。参与1900年南华独立计划。1924年11月26日，在神户东方宾馆访问孙文。1925年3月，孙文逝世时发出唁电。〔资〕B03050764300－36；262；018；001。

井上良藏（いのうえ りょうぞう），《神户新闻》记者。1909年2—3月，与宫崎滔天往来。〔资〕B03050066800－2。

猪濑乙彦（いのせ おとひこ）。1925年3月，孙文逝世时发出唁电。〔资〕001。

今井长十郎（いまい ちょうじゅうろう），住在东京市牛込区市谷富久町。1913年12月19日，谭人凤住宿其处。〔资〕B03050073000－20。

今井忍郎（いまい にんろう），驻香港总领事。1912年5月21日，会见逗留香港的孙文。〔资〕B03050069800－16。

今井嘉幸（いまい よしゆき，1878—1951），爱媛县人，律师，众议院议员。1908年，就任天津北洋法政学堂教授，1913年归国。辛亥革命时期，撰著《建国策》，提出在中国建设立宪共和制国家的构想。1916年，三次革命时，被聘请为南方政府法律顾问。1918年6月，孙文访日时，同赴箱根，送至国府津。1924年11月25日，在神户东方宾馆访问孙文。1925年3月，孙文逝世时，发出唁电。〔资〕B03050083500－39；B03050084000－9；

B03050764300 – 26；262；001；253；《神户又新日报》(1924.11.26)。

今泉三八郎（いまいずみ さんぱちろう）。1913年7月，二次革命时，参加上海独立活动。〔资〕262。

今关竹藏（いまぜき たけぞう），大仓组人员。1909年2月，与平山周等商议向清朝输出武器事宜。〔资〕B03050066600 – 34。

入江熊次郎（いりえ くまじろう），药品商人。1915年12月16日，与孙文召开秘密会议，接受为实行三次革命招募、输送在乡军人的任务。〔资〕B03050077700 – 31。

入佐谕吉（いりさ ゆきち），鹿儿岛县人，陆军军人。1914年10月18日，为了支援革命，入佐赴上海潜伏，10月22日，遵令撤退。〔资〕B03050079700 – 16。

岩佐（いわさ），实业家。1900年9月21日，孙文访问岩佐，似为商议购入兵器及向香港输送事宜。〔资〕B03050064900 – 13。

岩崎小弥太（いわさき こやた，1879—1945），东京人，三菱合资会社社长。1925年3月，孙文逝世时，岩崎发出唁电。〔资〕019；001；110。

岩崎久弥（いわさき ひさや，1865—1955），高知县人，三菱合资会社社长。1911年10月28日，应参谋本部第二部长宇都宫太郎之要求，承诺为运动革命派提供机密活动费10万日元。另外，也向策划“满蒙独立运动”的川岛浪速提供资金。东洋文库创立者。〔资〕073；019。

岩崎博隆（いわさき ひろたか），熊本县人，碱性矿泉事务所人员，住在大阪。幼小时与宫崎滔天结交。1897年前后赴华。1909年4月，逗留神户的滔天希望岩崎博隆支付旅馆费，遭到拒绝。

〔资〕B03050066800－46。

岩下（いわした）。1929年6月，参列孙文奉安大典。〔资〕173。

岩田爱之助（いわた あいのすけ，1890—1950），兵库县人。1911年11月，与萱野长知等一起奔赴武昌，参加革命军。〔资〕046；023（5）。

岩谷忠顺（いわや ちゅうじゅん），福冈县大牟田町长。1913年3月19日，岩谷忠顺在大牟田站迎接孙文。〔资〕《福冈日日新闻》（1913.3.20）。

岩本千纲（いわもと ちづな，1858—1920），高知县人。1895年，参与向暹罗移民，在神户与宫崎滔天相识。辛亥革命时，为支援革命赴云南。〔资〕B03050066700－48；245（1）；073。

植木（うえき），三池煤矿事务次长。1913年3月19日，在福冈县大牟田车站迎接孙文。〔资〕《福冈日日新闻》（1913.3.20）。

上田角太郎（うえだ かくたろう）。1914年2月20日，与何海鸣等一起参列在福冈举行的革命阵亡者追悼会。〔资〕B03050074300－35。

上田胜次郎（うえだ かつじろう）。1914年2月16日，在下关与福田保太郎、潘鼎新密谈，试图修复福田与何海鸣的关系，不果。〔资〕B03050074600－5。

上田源之助（うえだ げんのすけ）。1914年6月27日，上田从哈尔滨致函头山满，到达孙文寓所。〔资〕B03050076100－40。

上田务（うえだ つとむ，？—1925），福冈县人，黑龙会成员。参与1900年南华独立计划。8月22日，企图乘坐长门丸赴华，因违反护照规则，不果。〔资〕B03050064400－11；262。

上西龟之助（うえにし かめのすけ，1866—?），兵库县人，船舶业者，住在神户。1910 年 6 月，通过住在大连市近江町小杉辰藏的介绍，向萱野长知租赁小蒸汽船。〔资〕B03050067500 - 10；252。

上野季三郎（うえの きさぶろう），驻香港总领事。1899 年 10 月，会见宫崎滔天。〔资〕023（3）。

上野理一（うえの りいち，1848—1919），《大阪朝日新闻》社副社长。1917 年 9 月 13 日，与村山龙平社长一起访问逗留在大阪的张继、殷汝耕。是夜，张继等人出席同社主办的讲演会。〔资〕B03050083500 - 39。

上野（うえの），铁路工程师。1913 年 2 月 25 日，孙文参观东京中央停车场（现东京站）建设工地时，担任现场解说。〔资〕《铁道时报》（702，1913. 3. 1）。

上原勇作（うえはら ゆうさく，1856—1933），宫崎县人，元帅，参谋总长，陆军大臣。1915 年 12 月—1923 年 3 月，作为参谋总长，推进“21 条要求”、反袁世凯等对华积极政策。1925 年，孙文逝世时表示了悼念之意。〔资〕226；262；263；110。

宇垣一成（うがき かずしげ，1868—1956），冈山县人，陆军大臣，朝鲜总督。1925 年 3 月孙文逝世时，发出唁电。〔资〕001；110。

宇佐稳来彦（うさ おきひこ，1872—1943，本名彦麿），福冈县人。1897 年，向宫崎滔天介绍菲律宾的独立运动家。1898 年戊戌政变后，受滔天的委托，支援康有为从香港流亡日本。〔资〕B03050063900 - 27；024；023（3）。

牛岛伍次郎（うしじま ごじろう，？—1939），特许事务所人员，

福冈市工艺团体联合会副会长，玄洋社成员。1914 年 1 月 26 日，与小野鸿之助一起在玄洋社会见何海鸣。〔资〕B03050073700 -39；007。

牛丸友佐（うしまる ゆうさ，1872—？，又名润亮），秋田县人。辛亥革命时，作为有邻会事业的活动之一，在南京从事医疗救援活动。〔资〕262；020。

臼井久米次郎（うすい くめじろう）。1916 年 7 月，参加在山东的中华革命军东北军。〔资〕232（46）。

臼井哲夫（うすい てつお，1863—1935），长崎县人，众议院议员。1925 年 5 月 9 日，出席在芝增上寺举行的孙文追悼会。〔资〕B03050148300 -3；253。

臼田晴光（うすだ はるみつ）。1915 年 2 月 13 日，致函孙文寓所。〔资〕B03050079900 -41。

内田嘉吉（うちだ かきち，1866—1933），东京人，台湾总督，贵族院议员。1924 年 11 月 25 日，赴神户东方宾馆访问孙文。〔资〕B03050764300 -26；269。

内田吉三郎（うちだ きちさぶろう），下关商业会议所会头。1913 年 3 月 16 日，在下关迎接孙文。〔资〕《福冈日日新闻》(1913. 3. 17)。

内田顾一（うちだ こいち），三菱商事汉口支店人员。1911 年 10 月，逗留武昌，著有《武昌战日记》。〔资〕286。

内田隆四郎（うちだ たかしろう）。曾逗留在大连，为准备三次革命，与革命党员和金子克己等联络。〔资〕B03050077700 -9。

内田徒志（うちだ とし，1876—1945），冈山县人，天津弘济病院

长。1924 年 12 月，有可能在天津为孙文诊疗。孙文赠其“扶桑国手”题字。〔资〕026。

内田正彦（うちだ まさひこ），长崎县佐世保市长。1913 年 3 月 21 日，在早岐车站迎接孙文。〔资〕《长崎新闻》（1913. 3. 22）。

内田康哉（うちだ やすや，1865—1936），熊本县人，北京公使，外务大臣。辛亥革命时，任西园寺内阁的外相。向清朝军供给武器。〔资〕271；269；262；263。

内田良平（うちだ りょうへい，1874—1937，本名甲，号硬石），福冈县人，黑龙会成员。1898 年秋，通过宫崎滔天与孙文相识。1900 年夏，参与南华独立计划，与孙文同行至香港。8 月，在上海计划暗杀总督，与主张中止的孙文对立。1901 年，黑龙会结成。1905 年，在中国同盟会结成时，提供自宅作为准备会场，并加入同盟会。辛亥革命时，派遣清藤幸七郎、北一辉等人赴武汉，为筹措资金而奔走。任南京临时政府外交顾问，反对南北议和。1913 年，支援“满蒙独立运动”。1929 年 6 月，参列孙文奉安大典。〔资〕B03050064200－34～35；027；152；061；262；001；110。

内田礼造（うちだ れいぞう）。1914 年 7 月 5 日，与山田纯三郎、菊池良一等人一起访问孙文寓所。〔资〕B03050077600－46。

内田（うちだ），早稻田大学人员。1913 年 2 月 25 日，在大隈重信邸迎接孙文。〔资〕《早稻田学报》（217，1913. 3）。

内田（うちだ）。1916 年 7 月，参加在山东的中华革命军东北军。〔资〕233（46）。

宇都宫太郎（うつのみや たろう，1861—1922），佐贺县人，陆军大将。1911 年 10 月，起草《对支那私见》，提出为强化日本对中国的影响力，应将中国一分为二的政策。在援助清朝的同时，援

助革命派。在这一方针下，向中国各地派遣了很多人员。因清朝灭亡，南北议和成立，这一分裂中国的企图告吹。1913 年 2 月 10 日（或 11 日），在上海访问孙文；11、12 日，在上海与黄兴会谈；24 日，在汉口与黎元洪会谈。〔资〕B03050067900 – 1；287；262；263；269；073。

海原宏文（うなばら ひろふみ）。1913 年 12 月，浩然庐开设，海原任教官。〔资〕B03050075300 – 5；B03050075300 – 28 ~ 29。

梅垣长二（うめがき ちょうじ），三井物产人员。1924 年 11 月 27 日，在神户东方宾馆访问孙文。〔资〕B03050764300 – 43。

梅上尊融（うめがみ そんゆう，1881—1948），京都人，真宗本愿寺派执行长。1913 年 3 月 9 日，在本愿寺迎接孙文。〔资〕《大阪朝日新闻》（1913. 3. 10）。

梅屋庄吉（うめや しょうきち，1869—1934，号烟波亭主人），长崎县人，百代商会人员。1895 年 3 月，与孙文相识，意气投合，以后为革命派提供了巨额资金。辛亥革命期间，向中国派遣摄影队，制作记录影片，留下了珍贵的动画影像。1913 年 8 月后，与流亡日本的孙文来往密切。1915 年，为孙文与宋庆龄的婚姻做中介人。1929 年 6 月，参列孙文奉安大典。为表示对孙文的敬意，出资制作 4 座孙文铜像，向中国各地赠送。铜像现分别安放在南京、澳门、广州（2 座）的孙文纪念设施内，向公众开放。1931 年，计划制作电影《大孙文》，因资金困难及局势变化，未果。〔资〕B03050071600 – 13；262；269；056；073；062。

梅屋トク（うめや とく，1875—1947，トク又作德子），长崎县人，梅屋庄吉之妻。1914 年 10 月 13 日，与庄吉一起访问孙文。为促成孙文与宋庆龄的婚姻而尽力，多次访问和招待孙文与宋庆龄。〔资〕B03050078500 – 32；B03050081700 – 24；213；062。

浦上正孝（うらがみ まさたか，1862—1920），福冈县人，玄洋社成员。1911 年 12 月 25 日，在上海迎接孙文。〔资〕046。

江口定条（えぐち さだえ，1865—1946），高知县人，南满州铁道副总裁，贵族院议员。1918 年 1 月 31 日，与白岩龙平、犬冢信太郎等人一起，在京桥区筑地待合瓢招待张继和寺尾亨。〔资〕B03050083800 – 28；250。

江口良太郎（えぐち りょうたろう，良太郎又作良三郎、洋太郎），陆军军人。1913 年 12 月，浩然庐开设，江口任教官。〔资〕B030 50075300 – 5；B03050075300 – 28 ~ 29。

江崎（えざき）。1924 年 12 月 4 日，在天津会见孙文。〔资〕237（11）。

江津矶（えづ いそ）。1916 年 7 月，参加在山东的中华革命军东北军。〔资〕232（46）。

江藤哲藏（えとう てつぞう，1872—1919），熊本县人，众议院议员。1913 年 2 月 19 日，出席众议院议长大冈育造主办的欢迎孙文午餐会。〔资〕《福冈日日新闻》（1913. 3. 20）。

江藤丰二（えとう ほうじ），中国兴业公司人员。1925 年 3 月，孙文逝世时发出唁电。〔资〕110。

榎本（えのもと）。1909 年 3 月，访问逗留神户的宫崎滔天。〔资〕B03050066800 – 2。

圆城寺清（えんじょうじ きよし，1870—1908，号天山），佐贺县人，《万朝报》记者。1900 年，从内田良平处得悉关于布引丸事件的经过。《万朝报》从 12 月 3 日至 11 日，刊登批判中村弥六的连载报道。〔资〕027；《万朝报》（1900. 12. 3 – 11）。

远藤隆夫（えんどう たかお），广东东亚同文会成员。1900 年夏，参与南华独立计划。〔资〕110。

远藤留吉（えんどう とめきち）。1900 年 8 月 27 日，乘坐神户丸从长崎赴上海，与孙文同行。〔资〕B03050064400－7。

远藤（えんどう），久原房之助的秘书。1916 年 3 月 10 日，与松岛重太郎及其他秘书一起出席了孙文、久原房之助签订借款合同的仪式。〔资〕B03050083000－10；052。

青梅敏雄（おうめ としお）。参与《革命评论》的发行。〔资〕023(4)。

大井宪太郎（おおい けんたろう，1843—1922），大分县人，自由党左派领袖。1913 年 12 月 8 日，访问孙文，就创立日中实业协会事宜会谈。〔资〕B03050064500－29；B03050072700－3。

大石正己（おおいし まさみ，1855—1935），高知县人，众议院议员，农商务大臣。经犬养毅介绍结识孙文。1913 年 2 月 19 日，出席众议院议长大冈育造主办的欢迎孙文午餐会。同年 3 月，孙文题赠"自由平等"。1924 年 6 月，大石在杂志《太阳》上发表了题为《策划亚洲民族总同盟》的论文，批判美国的排亚政策，提倡大亚洲主义。〔资〕262；271；269；《福冈日日新闻》(1913. 3. 21)。

大内正名（おおうち せいめい），海军军人。1916 年 5 月 4 日，在上海参加袭击"策电"舰事件。〔资〕039。

大内畅三（おおうち ちょうぞう，1874—1944），福冈县人，东亚同文书院院长，众议院议员。1898 年 10 月 22 日，梁启超搬迁至东京牛込区早稻田鹤卷町高桥琢也的寓所时，赴该所访问梁启超。〔资〕B03050063900－17；262；253。

大内秀麿（おおうち ひでまろ），《大阪每日新闻》门司支局记者。1918 年 6 月 10 日，孙文一行乘坐信浓丸从基隆进入门司港时，上船采访孙文。〔资〕B03050084000 - 12。

大江卓（おおえ たく，1847—1921，幼名秀马、治一郎，号扬鹤），高知县人。1872 年，为解放秘鲁籍船玛利亚·鲁斯号上的中国人苦力尽力。1912 年 1 月，由森恪经手的三井物产向孙文借款 30 万日元时，任上海都督府陈其美方面的担保人。〔资〕B03050066400 - 17；195；262；263。

大冈育造（おおおか いくぞう，1856—1928），山口县人，众议院议长。1913 年 2 月 19 日，主办了欢迎孙文的午餐会。〔资〕254；《东京朝日新闻》（1913. 2. 20）。

大木太郎（おおき たろう），海军军人。1916 年 5 月 4 日，在上海参加袭击“策电”舰事件。〔资〕039。

大久保高明（おおくぼ たかあき），《海外》杂志社社长。1924 年 11 月 25 日，赴神户东方宾馆访问孙文，出席孙文与头山满的会谈。〔资〕168；《神户新闻》（1924. 11. 26）。

大隈重信（おおくま しげのぶ，1838—1922），佐贺县人，首相，贵族院议员。1913 年 2 月 25 日，在府邸举行招待孙文的茶话会。1914 年 4 月就任首相；5 月 11 日，孙文发出希望支援中国革命的信函。1915 年 1 月，提出对华“21 条要求”（中文称《二十一条》）。同年 8 月以后，政策开始向排袁、援助南方转换。〔资〕073；269；241；250；《早稻田学报》（217，1913. 3）。

大仓喜七郎（おおくら きしちろう）。1925 年 3 月，孙文逝世时发出唁电。〔资〕001。

大仓喜八郎（おおくら きはちろう，1837—1928），新潟县人，大仓

组社长。大仓财阀创业者。辛亥革命时，向孙文革命政府提供了300万日元的借款。1913年，作为中国兴业公司的发起人，出资700股。1925年3月，孙文逝世时发出唁电。〔资〕B03050063900－31；041；262；263；269；073；001。

大仓米吉（おおくら よねきち），武器商。1899年6月20日，得到许可，批购用于装载至布引丸的武器。〔资〕152。

大泽喜七郎（おおさわ きしちろう，1867—1936），冈山县人，海军少将，吴镇守府参谋长。1913年3月15日，在吴镇守府迎接孙文。〔资〕《中国新闻》（1913.3.16）。

大泽佳郎（おおさわ よしろう），第一银行神户支店支配人。1924年11月25日，作为涩泽荣一的代理，赴神户东方宾馆访问孙文。〔资〕B03050764300－26。

大岛（おおしま），佐贺银行人员。1914年2月，与何海鸣会面，以润笔形式向何提供生活资金。〔资〕B03050074400－13。

大杉荣（おおすぎ さかえ，1885—1923），香川县人。1907年11月起，在张继等人主办的社会主义讲习会上讲演，倡设东洋自由和平同盟。参加亚洲和亲会，还向在日中国人讲习世界语。1923年9月，关东大震灾时被杀害。〔资〕B03050065500－30；B03050066200－39；269。

太田宇之助（おおた うのすけ，1891—1986），兵库县人，《大阪朝日新闻》记者。参加三次革命。1916年5月4日，参与在上海袭击"策电"舰事件。多次采访孙文。战后致力于支援中国留学生、纪念孙文等事业。〔资〕039；269。

太田喜平（おおた きへい），驻广东总领事。1918年5月24日，就孙文、胡汉民、戴天仇等从香港乘坐苏州丸前往厦门一事，致电

厦门领事矢田部保吉。5月25日，矢田部领事向外务大臣呈上《关于孙逸仙等渡日一件》的报告。〔资〕B03050083900－48。

太田三次郎（おおた さんじろう，1865—1917），爱知县人，海军军人，亲中义会成员。1911年12月，为迎接孙文，与池亨吉等人一起赴香港。1912年1月，太田就任临时政府海军顾问。〔资〕C08041013400－13，14；C08041083600－1～14；273；071。

太田信三（おおた しんぞう，1880—1928，太又作大、信又作真），兵库县人，黑龙会成员。1900年，在福冈参加由内田良平募集的南华独立计划行动部队。1911年12月，随何天炯赴东京。1917年8月19日，在神户迎接张继、戴天仇。1925年3月，孙文逝世时发出唁电。〔资〕B03050083500－20；226；262；023（3）；273；001。

太田太兵卫（おおた たへい），福冈县会议员。1914年1月26日，与何海鸣会谈并共进晚餐。〔资〕B03050073700－39。

太田三孝（おおた みつたか），《大阪朝日新闻》社人员。1917年9月13日，与村山龙平社长、今井嘉幸等一起，访问逗留大阪的张继、殷汝耕。〔资〕B03050083500－39。

大竹敬助（おおたけ けいすけ）。1915年10月9日，住在札幌山形屋大竹敬助旅舍的宫崎滔天，致函住在日本的孙文。〔资〕B3050082200－6。

太田（おおた）。1914年4月17日，太田从东京芝区致函黄兴寓所。〔资〕B03050075300－17。

大武丈夫（おおたけ たけお，1878—1930），山形县人，大武写真馆主。1916年4月26日，访问孙文寓所，呈送24日拍摄的孙文与宋庆龄的照片。〔资〕B03050083100－37；205。

大谷嘉兵卫（おおたに かへい，1845—1933），三重县人，日本制茶株式会社，横滨第七十四银行，贵族院议员。1899 年 3 月 18 日，出席在横滨大同学校举行的犬养毅承诺就任校长庆祝宴会。1913 年 8 月，中国兴业公司成立时，大谷出资 100 股。〔资〕B03050064000 – 19；B04011208800 – 79；094；250。

大谷喜久藏（おおたに きくぞう，1856—1923），福井县人，陆军大将，青岛守备军司令官。1916 年 2 月，同情中华革命军在山东的活动。〔资〕046。

大谷光演（おおたに こうえん 1875—1943），东本愿寺 23 世。1913 年 3 月 9 日，在京都东本愿寺迎接孙文。〔资〕《京都日の出新闻》（1913. 3. 10）；256。

大谷光瑞（おおたに こうずい，1876—1948，法名镜如），京都人，西本愿寺 22 世法主。1913 年 3 月 9 日，在京都西本愿寺迎接孙文。分别于 1902 年、1908 年、1909 年实施丝绸之路探险。辛亥革命时，特设临时部门，开展救援活动。1943 年，任大东亚佛教总会名誉会长。〔资〕134；085；《京都新闻》（1913. 3. 10）。

大谷光明（おおたに こうみょう，1885—1961），京都人，本愿寺派法嗣。1913 年 3 月 9 日，在京都西本愿寺迎接孙文。〔资〕257；《大阪朝日新闻》（1913. 3. 10）。

大谷尊由（おおたに そんゆ，1888—1939），京都人，本愿寺派执行长。1906 年赴华。1913 年 3 月 9 日，在京都车站迎接孙文。〔资〕《京都日の出新闻》（1913. 3. 10）。

大谷竹次郎（おおたに たけじろう，1877—1969），京都人，松竹映画社长。1929 年 6 月，参列孙文奉安大典。〔资〕173。

大谷ヨシ（おおたに よし，ヨシ又作よし）。1915 年 12 月 8 日，从

东京神田区表神保町致函孙文寓所。〔资〕B03050082600 - 17。

大都荣一（おおつ えいいち，1893—?），大阪人。1914 年 8 月 9 日，参加与何海鸣等人有关的“冈崎藤次郎义勇队”。〔资〕B03050077600 - 13；B03050078200 - 9。

大冢太郎（おおつか たろう），住在芝加哥，萱野长知的亲戚。1911 年 5 月，与孙文见面。〔资〕238（1）；046。

大冢（おおつか）。1916 年 12 月 19 日，张继赴东京品川町北品川，访问大冢。〔资〕B03050083400 - 51。

大月薰（おおつき かおる，1887—1967），东京人，横滨的贸易商大月素堂的女儿。1898 年，租借横滨华侨温炳臣寓所二楼时与住在一楼的孙文相识。〔资〕181；055。

大桥新太郎（おおはし しんたろう，1863—1944），新潟县人，东京商业会议所成员。1913 年 2 月 15 日，出席东亚同文会主办的孙文欢迎会。同年 8 月，中国兴业公司成立时出资 200 股。〔资〕B04011208800 - 79；123；134；094。

大桥铁太郎（おおはし てつたろう，1869—？，号苏南、九华），岛根县人，新闻记者。在《东亚报》（神户，1898 年）上发表了翻译报道及著作。曾任《日本》《静冈日报》《神户新闻》等报刊的记者，《九州日报》主编。〔资〕281；087。

大林保吉（おおばやし やすきち），贸易商，住在神户。1909 年 3 月，访问逗留在神户的宫崎滔天。〔资〕B03050066800 - 2。

大原重则（おおはら しげのり），《福冈日日新闻》门司支局记者。1918 年 6 月 10 日，孙文一行乘坐信浓丸从基隆赴日，进入门司港时，上船采访。〔资〕B03050084000 - 12。

大原武庆（おおはら たけよし，1865—1933，又名武进），广岛县人，陆军军人，东亚同文会干事。1907 年编入预备役后参加东亚同文会事业，曾任同会干事等。1911 年 10 月，武昌起义爆发后，立刻用化名“武进”奔赴武昌，活跃在革命军中。1913 年 2 月 15 日，出席东亚同文会主办的孙文欢迎会。〔资〕C08041012600 - 50，51；262；263；046；269。

大原义刚（おおはら よしたか，1865—1945），福冈县人，众议院议员，玄洋社成员。创办《九州日报》。1925 年 3 月，孙文逝世时发出唁电。〔资〕001；253。

大室源藏（おおむろ げんぞう，1876—?），爱知县人，陆军军人。1914 年 8 月 19 日，参加与何海鸣等人有关的“冈崎藤次郎义勇队”。〔资〕B03050078200 - 9。

大森真（おおもり まこと），《六连报》记者。1914 年 1 月 11 日，采访何海鸣。〔资〕B03050073300 - 1。

大山仪作（おおやま ぎさく，1877—?），新潟县人，海军军人。1916 年 5 月 4 日，在上海参加袭击“策电”舰事件，任日本人雇佣兵队长。1918 年 6 月 16 日，在箱根向孙文要求支付阵亡者慰问金。〔资〕B03050084000 - 24；039；023（6）；148。

大山又重（おおやま またしげ），爱知县人，陆军军人。1914 年 8 月 11 日，参加与何海鸣等人有关的“冈崎藤次郎义勇队”。〔资〕B03050078200 - 9。

冈市之助（おか いちのすけ，1860—1916），山口县人，陆军中将，陆军大臣。1911 年 11 月，萱野长知访中时，向上海驻在武官本庄繁少佐发出介绍信。〔资〕054；023（5）；283。

冈幸七郎（おか こうしちろう，1868—1927，号西门），长崎县人，

《汉口日报》社长。1916年5月，支援孙文。〔资〕262；263；293；269。

冈实（おか みのる，1873—1939），奈良县人。1924年4月14日，在广州大本营访问孙文。评价孙文是“支那巨头中罕见之人物”。〔资〕034。

冈保三郎（おか やすさぶろう，？—1944），玄洋社成员。1911年12月，随头山满一行访华，27日，到达上海。〔资〕167；007。

冈崎キク（おかざき きく），何海鸣逗留门司时的旅馆主人。1914年3月24日，提供津田几二郎与何海鸣、刘艺舟、福田保太郎、潘鼎新的会谈场所（门司市港町山田旅馆）。〔资〕B03050074500－10。

冈崎邦辅（おかざき くにすけ，1854—1936），和歌山县人，众议院议员，农商大臣。1913年2月19日，冈崎出席众议院议长大冈育造主办的欢迎孙文午餐会。〔资〕253；《东京朝日新闻》（1913. 2. 20）。

冈崎藤吉（おかざき とうきち，1856—1927），佐贺县人，冈崎银行头取（行长）。1913年3月14日，在神户出席孙文欢迎会。1924年11月28日，赴神户东方宾馆出席孙文欢迎会。〔资〕134；《神户又新日报》（1924. 11. 29）。

冈崎藤次郎（おかざき とうじろう），冈山县人，陆军军人。1914年6月，受何海鸣委托，为支援革命党，集结大连周围的劳动群众，潜入大连，准备起义。〔资〕B03050077600－11。

冈田竹五郎（おかだ たけごろう，1867—1945），1890年东京帝国大学毕业，1897年任铁道技师。东京中央停车场（现东京站）建设工地所长。1913年2月25日，迎接孙文来访参观建设工

地。〔资〕265；《铁道时报》(702，1913.3.1)。

小笠原誉至夫（おがさわら よしお，1868—1945)，和歌山县人，《和歌山实业新闻》社长。1901 年 2 月 14 日，出席了在和歌山市内芦边屋举行的南方熊楠招待孙文的宴会，与随同孙文赴和歌山的温炳臣是旧友。〔资〕033；148；280。

小笠原（おがさわら），铁路技师。1913 年 2 月 25 日，孙文参观东京中央停车场（现东京站）建设工地时，担任现场解说。〔资〕《铁道时报》(702，1913.3.1)。

绪方二三（おがた じそう，1867—1940，号南溟)，熊本县人，《九州日日新闻》人员，熊本东亚同志会成员。1911 年 11 月 16 日到达汉口，12 月 21 日，从香港与孙文等一起乘坐“地湾夏”(Devanha) 号赴上海，详细的经过发表在《九州日日新闻》。1915 年 3 月 9 日，孙文致函绪方。〔资〕B03050080500－1；C08041083600－1～14；244 (5)；262；021；035；237；《九州日日新闻》(1912.1.3)。

尾形正平（おがた しょうへい），日本邮船公司人员。1918 年 6 月 10 日，孙文一行从基隆乘坐信浓丸赴日时，在门司上船迎接。〔资〕B03050084000－12。

绪方竹虎（おがた たけとら，1888—1956)，山形县人，《大阪朝日新闻》记者，众议院议员，自由党总裁。1915 年 4 月 15 日，与萱野长知一起访问孙文寓所。〔资〕B03050081100－10。

绪方守成（おがた もりなり），住在神户市兵库区松本通。1915 年 12 月 26 日，致函孙文寓所。〔资〕B03050082700－23。

冈津矶次（おかづ いそじ）。1916 年 4 月 7 日，与戴天仇一起访问孙文寓所。〔资〕B03050083000－49。

冈津泰正（おかづ やすまさ）。1916年7月，参加在山东的中华革命军东北军。〔资〕332。

冈野升（おかの のぼる，1876—1949），1899年，东京帝国大学毕业，曾留学欧美。1906年任铁路工程师。1913年2月25日，孙文参观东京中央停车场（现东京站）建设工地时，担任现场解说。〔资〕265；《铁道时报》（702，1913.3.1）。

冈村梅子（おかむら うめこ），梅屋庄吉养女。1925年1月17日，根据梅屋的指示，从大连奔赴北京，探望孙文。〔资〕205。

冈村宁次（おかむら やすじ，1884—1966），东京人，陆军大将，中国派遣军总司令官。1924年11月19日，在上海会见李烈钧。第二次世界大战结束时，代表侵华日军向中国军队投降。〔资〕B03050763400－15；169；130。

冈本柳之介（おかもと りゅうのすけ，1852—1912），东京人，陆军军人。1895年10月，参与朝鲜闵妃暗杀事件。1897年6月29日，在伦敦，南方熊楠向孙文亲手递交镰田向冈本介绍孙文的信。辛亥革命时，在上海活动。〔资〕243（2）；262。

冈本理治（おかもと みちはる），梅屋庄吉养女梅子的丈夫，1914年5月1日，由梅屋庄吉介绍，与立石驹吉一起会见孙文。〔资〕B03050075400－6。

小川运平（おがわ うんぺい，1877—1935，号柳坡），埼玉县人。1911年12月，作为头山满翻译赴上海，参与支援革命军。以后又通过对支联合会、国民外交同盟会等团体进行活动。〔资〕262；263；269。

小川勘藏（おがわ かんぞう），住在东京亀户町。1916年1月27日，致函孙文寓所。〔资〕B03050082800－32。

小川滝次郎（おがわ たきじろう），住在东京小石川。1908 年 12 月 21 日，接到宋教仁希望借贷 100 日元，作为在日革命派资金的请求。〔资〕B03050066400 - 30。

小川平吉（おがわ へいきち，1870—1942），长野县人，众议院议员，东亚同文会成员。1898 年，入东亚同文会。辛亥革命期间，与头山满等结成有邻会，要求政府不干涉革命。后赴上海，与孙文、宋教仁、黄兴等联络。另一方面又与北一辉、内田良平等紧密联系，掌握革命的进行状况，向日本军部、领事馆等提供情报。与孙文接触加深后，还参与了借款交涉。1913 年 2 月 19 日，出席众议院议长大冈育造主办的欢迎孙文午餐会。1925 年 3 月，孙文逝世时发出唁电。抗日战争时，通过萱野长知试图对蒋介石进行斡旋。〔资〕B3050066900 - 46；001；253；262；226；《东京朝日新闻》（1913. 2. 20）。

隐岐敬次郎（おき けいじろう），住在东京麹町区下二番町。1916 年 4 月 22 日，访问孙文寓所。〔资〕B03050083100 - 27。

荻生录造（おぎう ろくぞう，1859—1914），京都人。1911 年 11 月，曾任千叶县立病院院长的荻生与时任同院长的三轮德宽等一起，为归国参加红十字会活动的中国留学生开办医术速成讲习会。〔资〕111；273；《报知新闻》（1911. 11. 1）。

奥田休左卫门（おくだ きゅうざえもん）。1900 年夏，南华独立计划时，向孙文等出售武器。〔资〕B3050064900 - 19、20。

奥田正香（おくだ せいこう），名古屋商业会议所会头。1913 年 3 月 8 日，在名古屋迎接孙文。〔资〕《新爱知》（1913. 3. 9）。

奥平昌恭（おくだいら まさやす，1877—1948），贵族院议员，伯爵，住在东京市芝区高轮南町。1913 年 11 月 29 日，黄兴来访。〔资〕B03050072600 - 3；250。

奥村政雄（おくむら まさお），三菱合资会社相谈役（资深顾问）。1925 年 3 月，孙文逝世时发出唁电。〔资〕001。

奥村龙三（おくむら りゅうぞう），神户基督教青年会理事。1924 年 11 月 25 日在神户东方宾馆访问孙文。〔资〕B03050764300 - 26。

小越平陆（おごせ へいろく，1866—1929，字士敏，号北溟、蜗牛庵主人），新潟县人。1900 年夏，参与南华独立计划。1911 年 11 月 25 日，从宇都宫太郎处领取 300 日元。〔资〕262；263；073；269。

尾崎敬义（おざき たかよし，1878—?），爱媛县人，三井银行人员，中国兴业公司人员。1913 年 8 月，中国兴业公司成立时出资 100 股。〔资〕B04011208800 - 79；094。

尾崎行雄（おざき ゆきお，1858—1954，号咢堂），神奈川县人，众议院议员。任第二次大隈内阁法务大臣时，支持对华“21 条要求”，反对袁世凯复辟帝制。1925 年 3 月，孙文逝世时发出唁电。在孙文《有志竟成》（《孙中山全集（6）》）中，有见面的记述，具体时期等不明。〔资〕269；252；001。

尾崎行武（おざき ゆきたけ），尾崎行雄之弟，住在神户市，萱野长知的友人。1910 年 5 月 18 日，与其弟行昌一起访问逗留神户的宫崎滔天。后又与萱野长知会谈数次。〔资〕B03050067300 - 35；B03050067500 - 6。

尾崎行辉（おざき ゆきてる，1888—1964），三重县人，参议院议员，尾崎行雄之四男。1916 年 4 月 12 日，访问孙文寓所。〔资〕B03050083100 - 12；250。

尾崎行昌（おざき ゆきまさ，1874—1934），熊本县人，黑龙会成

员，尾崎行雄之末弟。参与黑龙会的创立。1899 年前后起，与宫崎滔天、内田良平等来往，支援孙文革命活动。1900 年夏，在实行南华独立计划时，为救助孙文，与福本诚一起赴新加坡。1911 年 12 月，与头山满等赴华，支援革命军。1925 年 3 月，孙文逝世时发出唁电。〔资〕B03050064200 – 41；023（5）；269；001。

长部健二郎（おさべ けんじろう）。1914 年 9 月 20 日，与山田纯三郎、菊池良一等一起访问孙文寓所。〔资〕B03050078200 – 14。

小泽富熊（おざわ とみくま），住在山口县丰浦郡长府町。1913 年 8 月12 日，流亡日本的黄兴，移居到三井物产门司支店员河原林桯一郎向小泽借下的住宅。〔资〕B03050070300 – 34。

押川方义（おしかわ まさよし，1852—1928），爱媛县人，宗教家，教育家。1913 年 2 月 23 日，孙文在东京基督教青年会演讲时，致欢迎辞。〔资〕《基督教世界》（1913. 2. 27）。

小田俊辅（おだ しゅんすけ），《关门日日新闻》记者。1918 年 6 月 10 日，孙文一行乘坐信浓丸从基隆赴日入港门司时，上船采访。〔资〕B03050084000 – 12。

织田英雄（おだ ひでお，1871—1929），爱媛县人，日本邮船会社信浓丸大副。1918 年 6 月 8 日，孙文、胡汉民、戴天仇等人从基隆乘坐信浓丸赴神户。应织田之请，孙文等人在同一幅丝巾上题字，孙文题“大道之行也天下为公”，胡汉民题“淡薄明志宁静致远”（薄为笔误，应为泊），戴天仇题“有朋自远方来不亦乐乎”。现藏神户孙文记念馆。〔资〕097。

织田（おだ）。1915 年 8 月 3 日，从香港浪花宾馆致函孙文寓所。〔资〕B03050081900 – 15。

小田切万寿之助（おだぎり ますのすけ，1864—1934），山形县人，上海总领事，横滨正金银行取缔役（法定代表）。1899 年 9 月，支持刘学询赴日。1912 年 1 月，在神户与盛宣怀就汉冶萍公司合办事宜交涉，1 月 29 日，签署暂定合同。1913 年 8 月 7 日，中国兴业公司成立时出资 100 股。〔资〕B04011208800 - 79；236；262；263；136。

小田切良吉（おだぎり りょうきち）。1914 年 11 月 12 日，与王统一、堀内寅吉一起访问孙文寓所。〔资〕B03050079100 - 14。

小沼金次郎（おぬま きんじろう），大金旅馆主。1918 年 5 月 25 日，张继与萱野长知、金子克己一起投宿东京府下荏原郡大森的大金旅馆。〔资〕B03050083900 - 46。

小野乙辅（おの おとすけ，1873—1930），山口县人，黑龙会成员。参与 1900 年夏南华独立计划。〔资〕B03050064300 - 19；262。

小野鸿之助（おの こうのすけ，1874—1920），福冈县人，福冈市议会议员，玄洋社成员。日俄战争时参加“满洲义军”。1914 年 1 月 26 日，在玄洋社与何海鸣会见。〔资〕B03050073700 - 39；262。

小野精一郎（おの せいいちろう），东亚同文书院人员。1914 年 9 月 22 日，与戴天仇一起访问孙文寓所。〔资〕B03050078200 - 24；200。

小野冢喜平次（おのづか きへいじ，1871—1944），新潟县人，东京帝国大学教授。1914 年 2 月，政法学校开设，讲授政治学课程。〔资〕B03050075300 - 8。

小幡酉吉（おばた ゆうきち，1873—1947），石川县人，外务省政务局长，中国公使。1909 年，任天津总领事。1914 年，任中国公使馆一等书记官时，担任“21 条要求”的交涉。1918 年，任中

国公使。〔资〕B03050083300－49；270；262。

小幡鏐藏（おばた りゅうぞう），陆军军人。1914年8月前后，与陈其美、一之濑斧太郎等商议，募集在乡军人参加革命党义勇队。〔资〕B03050078200－33；B03050078300－38。

小山雄太郎（おやま ゆうたろう），熊本县人，小山旅馆主人。支援同乡的后辈清藤幸七郎。1897年11月，与孙文相识。〔资〕262；023（3）。

小山田剑南（おやまだ けんなん），《大阪每日新闻》记者。辛亥革命爆发后，报道武汉战斗的实况。〔资〕046。

小山田隆义（おやまだ たかよし）。1912年1月，通过森恪的介绍，孙文向三井物产借款30万日元的交涉时，任上海都督府陈其美方面的担保人。〔资〕196；023（5）。

か行

甲斐靖（かい やすし，1865—？，号宽中），佐贺县人，陆军军人。1900年，参加自立军起义被捕，经驻汉口领事濑川浅之的交涉被释放。1911年11月，参加黄兴部队，在汉阳负伤，归国。1925年3月，孙文逝世时发出唁电。〔资〕B03050064600－32；262；023（5）；269；001。

海妻猪勇彦（かいづま いさひこ），住在东京市赤坂区。1913年8月18日，向流亡日本的孙文提供了东京市赤坂区灵南坂的自宅，作为其寓所。该住宅与头山满宅邸相邻。〔资〕B03050070800－28；B03050070900－17；B03050071300－29；040。

贺川丰彦（かがわ とよひこ，1887—1960），兵库县人，社会活动家。1913年3月13日，在神户迎接孙文。同日下午，有可能在

神户基督教青年会聆听孙文的演讲。1920 年夏，在上海经今井嘉幸介绍，访问孙文。〔资〕155。

垣内喜代松（かきうち きよまつ）。1910 年 8 月，受萱野长知之意，访问逗留香港的的野半介。1911 年，参加武汉战役，在武昌从事伤员的治疗工作。〔资〕B03050067700 – 19；046。

柿沼とよ（かきぬま とよ，别名丰、曲莺），住在东京。1909 年 2—3 月，宫崎滔天常从神户向柿沼发电报和书简。〔资〕B03050066800 – 3；244（1）；023（4）。

加来美知雄（かく みちお），明治大学讲师。1915 年 2 月 18 日，与新井有仁一起访问孙文寓所。〔资〕B03050079900 – 48；191。

角田勤一郎（かくた きんいちろう，1869—1916），静冈县人。1898 年赴上海，为大同译书局从事翻译工作，戊戌政变后归国。后任职《大阪朝日新闻》等。〔资〕281。

筧克彦（かけひ かつひこ，1872—1961），长野县人，东京帝国大学教授。在 1914 年 2 月开设的政法学校担任行政论的课程。〔资〕B03050075300 – 8。

鹿岛房次郎（かしま ふさじろう，1869—1932），广岛县人，神户市长。1913 年 3 月 14 日，出席在神户常盘花坛举行的孙文欢迎会。1924 年 11 月 28 日，出席在神户东方宾馆举行的孙文欢迎会。〔资〕275（中）；《神户又新日报》（1924. 11. 29）。

柏原勋（かしわばら いさお），鹿儿岛县人，陆军军人。1914 年 9 月，受一之濑斧太郎动员，为支援革命到达杭州。同年 10 月中旬归国。〔资〕B03050079700 – 15。

柏原文太郎（かしわばら ぶんたろう，1869—1936，号东亩），千叶县人，东亚同文会成员。1898 年与近卫笃磨共同创立东亚同文会。

同年，在自宅隐藏流亡日本的康有为。〔资〕B03050063900－17；262；269。

梶原紫郎（かじわら しろう）。1915年11月27日，自称是田中昴的代理人，访问孙文。〔资〕B03050082300－40。

粕谷义三（かすや ぎぞう，1866—1930，号竹堂），埼玉县人，众议院议长。1924年9月18日，孙文致函粕谷。〔资〕233（11）。

糟谷阳二（かすや ようじ）。1925年3月，孙文逝世时发出唁电。〔资〕001。

片冈达三郎（かたおか たつさぶろう），船舶经销商。1900年8月26日夜，孙文乘坐神户丸从长崎上岸。同月27日，访问在大浦町的片冈宅。〔资〕B03050064400－39。

片山荣次郎（かたやま えいじろう），蔬菜水果商，住在东京有乐町。1897年10月，孙文访问寄寓片山宅中的平山周，表明逗留日本的意向。〔资〕023（3）。

片山保平（かたやま やすへい）。1916年1月1日，致函孙文寓所贺年。〔资〕B03050082700－25。

胜田银次郎（かつた ぎんじろう，1873—1952），爱媛县人，胜田商会，神户市长，众议院议员，贵族院议员。1924年11月28日，在神户东方宾馆出席孙文欢迎会。〔资〕275（中）；253；《神户又新日报》（1924.11.29）。

胜木恒喜（かつき つねき），熊本县人，东亚同志会成员。1913年3月20日，孙文访问熊本时，胜木恒喜随行。〔资〕《福冈日日新闻》（1913.3.21）。

桂五十郎（かつら いそお，1868—1937，号湖邨），新潟县人，早稻

田大学教授，汉学者。1911 年 9 月 20 日，康有为来访。9 月 23 日，回访康有为。〔资〕B03050069500 - 36、38；044。

桂太郎（かつら たろう，1848—1913），山口县人，陆军大将，总理大臣。第三次桂内阁倒台后的 1913 年 2—3 月，由秋山定辅介绍与访日的孙文会谈，在亚洲主义思想上有共鸣。据担任翻译的戴天仇回忆，会谈中提到“日中土德奥同盟”的构想。〔资〕B03050072200 - 29；075；100；262；263；066。

桂（かつら）。1913 年，二次革命时，在长江一带活动。〔资〕332；044。

加藤仡夫（かとう いさお，1878—1911），群马县人，陆军军人。1905 年日俄战争时，参加“满洲义军”。1906 年进陆军大学校，与中国留学生交往，与李烈钧结下至交。1911 年在云南昆明参加辛亥革命，牺牲。〔资〕B03050066100 - 2；B03050066800 - 44；262；199。

加藤位夫（かとう いふ）。1907 年 9 月，与宋教仁、程家柽有交往。疑与加藤仡夫为同一人。〔资〕238。

加藤运平（かとう うんぺい）。1916 年 1 月，参与久原房之助向孙文提供借款的交涉。〔资〕204。

加藤エン（かとう えん）。1913 年 9 月 22 日，李烈钧投宿加藤处（东京府丰多摩郡千驮谷町原宿）。〔资〕B03050071900 - 31。

加藤小松（かとう こまつ），旅馆主。1900 年 11 月 15 日，孙文到达神户，投宿相生町的加藤小松的旅舍。〔资〕B03050065100 - 45。

加藤艮（かとう こん），旅馆主。1900 年 9 月 5 日夜，孙文与内田良平一起，乘坐列车赴神户，投宿相生町的加藤艮旅舍。〔资〕B03050064500 - 32。

加藤照吉（かとう しょうきち），日本邮船会社人员。1918 年 6 月 10 日，孙文一行从基隆坐信浓丸赴日时，在门司上船迎接。〔资〕B03050084000－12。

加藤荘一郎（かとう そういちろう），海军军人。辛亥革命时驻留上海，是海军情报工作的中心人物。〔资〕C08041011800；155。

加藤高明（かとう たかあき，1860—1926），爱知县人，首相。1913 年 5 月，在上海与孙文、黄兴会谈。第一次世界大战中，任外务大臣，提出对华“21 条要求”。向袁世凯政权保证，取缔孙文等革命派的活动。1924 年 11 月，在任总理大臣时，不同意孙文访问东京。〔资〕110；045；269。

加藤达平（かとう たつへい），久原矿业人员。1916 年 3 月，受秋山定辅委托，要求久原房之助提供借款，久原提供 80 万日元。〔资〕190。

加藤恒忠（かとう つねただ，1859—1923），爱媛县人，众议院议员。1913 年 5 月，在上海与孙文会餐。〔资〕023（3）；253。

加藤友三郎（かとう ともさぶろう，1861—1923），广岛县人，海军大将，吴镇守府司令长官，海军大臣，总理大臣。1913 年 3 月 15 日，在吴镇守府迎接孙文。〔资〕《中国新闻》（1913. 3. 16）。

加藤正义（かとう まさよし，1854—1923），鸟取县人，日本邮船副社长，湖南汽船会社社长。1913 年 2 月 18 日，在日本邮船主办的孙文欢迎晚餐会上致欢迎辞。〔资〕144；143；134。

门野重九郎（かどの じゅうくろう，1867—1958），三重县人，大仓组副头取，日本商业会议所会头。1912 年 1 月 27 日，就苏路借款 300 万日元事宜，与苏省铁路公司的王一亭签约。1913 年 8 月，中国兴业公司成立时出资 100 股。〔资〕B04011208800－

79；094；236。

门马福之进（かどま ふくのしん），陆军军人。1913 年 12 月，浩然庐开设，任教官。〔资〕B03050075300－28～29。

金井延（かない のぶる，1865—1933），静冈县人，东京帝国大学教授。1915 年 6 月 5 日，出席在筑地同气俱乐部举行的孙文演讲会。〔资〕B03050081700－12；247；257（4）。

金井彦三郎（かない ひこさぶろう，1867—1932）。1888 年，攻玉社毕业，任职铁道省。1913 年 2 月 25 日，时任东京中央车站（现东京站）建设工地监督，迎接孙文参观建设工地，并摄影留念。〔资〕265；《铁道时报》（702，1913. 3. 1）。

可儿伍三郎（かに ごさぶろう），陆军军人。1913 年 12 月，任浩然庐的教官，为中国革命派训练干部。〔资〕B03050075300－5；B03050075300－28～29。

可儿长一（かに ちょういち，1871—1952，号长铁），熊本县人，犬养毅的书记员。1896 年 7 月，在横滨参列宫崎弥藏的葬礼，10 月，向犬养介绍滔天。〔资〕185。

金子克己（かねこ かつみ，1882—1946，本名福住），长崎县人。经萱野长知介绍认识孙文。日俄战争时，参加“满洲义军”。1906 年，参加《革命评论》的创刊。1907 年 3 月 5 日，在长崎，介绍孙文与俄罗斯革命家尼古拉·拉赛尔相会。同年，参与幸运丸向中国输送武器事宜，失败。辛亥革命时，在黄兴麾下参加武汉战斗，后又转战各地。1913 年 7 月，二次革命时，支援黄兴流亡日本。1916 年，三次革命时，参加在山东的中华革命军东北军。1925 年 3 月，孙文逝世时发出唁电。〔资〕B03050066500－11；332；001。

金子新太郎（かねこ しんたろう，1865—1911），新潟县人，陆军军人。1911 年 11 月，在宇都宫太郎少将的指示下赴武昌，经大原武庆的介绍参加黎元洪部队，26 日，在汉阳战斗中阵亡。〔资〕046；262；263；073。

金田骏（かねだ しゅん），《神户新闻》记者。1909 年 3 月，访问逗留在神户的宫崎滔天。〔资〕B03050066800－3。

加纳治五郎（かのう ぢごろう，1860—1938），兵库县人，弘（宏）文学院校长，讲道馆创设者。为中国留学生的教育尽力。鲁迅、黄兴等都曾在该学院学习过。〔资〕208。

加纳清藏（かのう せいぞう）。1911 年 11 月，在武昌活动。〔资〕023（5）。

加纳盛藏（かのう もりぞう）。1917 年 8 月 19 日，与今井嘉幸、太田信三等在神户港迎接张继、戴天仇。〔资〕B03050083500－20。

镰田荣吉（かまた えいきち，1857—1934），和歌山县人，庆应义塾大学塾长，文部大臣。1897 年 6 月 16 日，在伦敦与南方熊楠一起会见孙文。1925 年 3 月，孙文逝世时发出唁电。〔资〕243（2）；280；001。

神尾茂（かみお しげる，1883—1946），福岛县人，《大阪朝日新闻》记者，支那部长。辛亥革命时，从南京发出大量报道。1922 年 7 月 13 日，登上永丰舰采访孙文。1924 年 11 月 28 日，孙文在神户举行“大亚洲主义”演讲时致辞。抗日战争时期，受绪方竹虎的指示，参加汪精卫伪政府。〔资〕240；《东京朝日新闻》（1922. 7. 15）；《大阪朝日新闻》（1924. 11. 29）。

神尾二男（かみお つぐお）。1929 年 3 月，随同梅屋庄吉赴中国，在南京设置了第一座孙文铜像。〔资〕110；086。

神谷善四郎（かみや ぜんしろう），玄洋社成员。1914 年 4 月 10 日，在福冈隐藏了何海鸣、刘艺舟、周来之等人。〔资〕B03050075200－24。

神谷忠雄（かみや ただお），中华布引市场株式会社成员。1924 年 11 月 29 日赴神户东方宾馆访问孙文。〔资〕B03050764400－44。

上山满之进（かみやま まんのしん，1869—1938），山口县人，熊本县知事。1913 年 3 月 20 日，迎接孙文。〔资〕《九州日日新闻》(1913. 3. 21)。

龟井祥晃（かめい しょうこう，又名龙雄），僧侣。日俄战争时参加"满洲义军"。1911 年 11 月，与萱野长知一起参加武昌战斗。〔资〕046；023（5）；199。

龟井陆良（かめい りくろう，1871—1923），大分县人，《时事新报》社理事。1918 年 6 月，与孙文同行赴箱根。同年 6 月 11 日，他在箱根环翠楼与孙文、头山满、萱野长知等同宿。〔资〕B03050084000－7。

龟井（かめい）。1913 年 9 月 5 日，访问黄兴，共进午餐并对弈围棋，次日又访。〔资〕B03050071300－34；51。

萱野长知（かやの ながとも，1873—1947），高知县人，玄洋社成员。1895—1898 年间与孙文相识，毕生支援孙文的革命运动。中国同盟会会员。1906 年，参与《革命评论》的创刊。1911 年，武昌起义爆发后立刻奔赴中国，参加在武汉的战斗。1913 年 8 月 9 日，掩护孙文在神户秘密登陆。1913 年 9 月，发行杂志《支那与日本》，呼吁打倒袁世凯政权。1921 年，在广州访问孙文。1924 年 11 月 24 日，在神户迎接孙文。1925 年 2 月，赴北京探望孙文的病情，向日本同志传达了孙文的临终情况。1940

年，刊行《中华民国革命秘笈》，介绍支援孙文革命派的日本人的活动。〔资〕B03050764300－25；046；023（5）；269。

萱野リキ（かやの りき），萱野长知之妻。1913年11月1日、12月14日，访问黄兴。〔资〕B03050072300－42；B03050072700－26。

萱野华惠（かやの はなえ，1914—1969），居正的女儿（居瀛玖），萱野长知的养女。1915年8月23日，与萱野长知一起访问孙文。〔资〕B03050082000－7。

河合操（かわい みさお，1864—1941），大分县人，陆军大将，参谋总长。1925年3月，孙文逝世时发出唁电。〔资〕110。

河合良一（かわい りょういち）。1924年10月，与李烈钧会见。〔资〕110。

河上清（かわかみ きよし，1873—1949），山形县人，报人，住在华盛顿。1917年9月15日，河上清在广州军政府与孙文对谈。〔资〕163。

川上操六（かわかみ そうろく，1848—1899），鹿儿岛县人，陆军大将。1899年7月，应孙文等要求，通过中村弥六出售武器，支援菲律宾独立运动。〔资〕257（1）；341。

河上肇（かわかみ はじめ，1879—1946），山口县人，《读卖新闻》编集委员，京都帝国大学教授。1907年2月11日，访问了在东京牛込筑土八幡町的孙文寓所，发表《孙逸仙氏近况》。其著作《贫乏物语》等对中国人接受马克思主义有很大的影响。〔资〕012；《读卖新闻》（1907. 2. 12）。

河喜多（かわきた），军人。1916年2月20日，在梅屋庄吉夫妻的陪同下，访问孙文寓所。〔资〕B03050082900－23。

川崎万藏（かわさき まんぞう），川崎造船所人员。1924 年 11 月 28 日，在神户东方宾馆访问孙文。〔资〕B03050764300－45；047。

川崎芳太郎（かわさき よしたろう，1869—1920），鹿儿岛县人，川崎造船所副社长。1913 年 2 月 14 日，在神户车站与孙文会面。3 月 14 日，孙文参观川崎造船所时做向导。中国兴业公司成立时出资 100 股。〔资〕B04011208800－79；134；081；《神户新闻》（1913.2.15）。

川岛浪速（かわしま なにわ，1866—1949），长野县人。1911 年，辛亥革命爆发后，在参谋本部的协助下，川岛帮助肃亲王善耆从北京逃脱，从事“满蒙独立运动”。1916 年，三次革命爆发，策划第二次“满蒙独立运动”。1913 年，收肃亲王女爱新觉罗·显玗为养女，即川岛芳子。〔资〕B03050066600－23；263。

川岛令次郎（かわしま れいじろう，1864—1947），石川县人，海军中将，第三舰队司令官。辛亥革命爆发时，在汉口指挥第三舰队保护日本人，并收集信息，报告战况。〔资〕282。

河田作介（かわた さくすけ）。1915 年 11 月 4 日，与高冢广次一起访问孙文寓所。〔资〕B03050082300－15。

河田直八郎（かわだ なおはちろう）。参与 1900 年夏南华独立计划。〔资〕B03050064300－30。

河津暹（かわづ すすむ，1875—1943），东京人，东京帝国大学教授。1914 年 2 月在政法学校讲课。〔资〕B03050075300－8。

川村（かわむら）。1911 年 10 月 29 日，与末永节一起参加武昌战斗。〔资〕046；023（5）。

河原林程一郎（かわらばやし ていいちろう），三井物产门司支店人员。1913 年 8 月 9 日，租借了自宅旁边的住宅（下关市外浜町

吴服店天野龟次郎别庄），安顿刚流亡到日本的黄兴，并照顾其转移。〔资〕B03050070300－17，23，31，34；B03050070800－5；B03050070900－41。

神田梅吉（かんだ うめきち），山口县人，努阿努温泉宾馆人员。1914年12月2日，与梅屋庄吉一起访问孙文寓所。〔资〕B03050079500－22；005。

神田正雄（かんだ まさお，1879—1961），栃木县人，《东京朝日新闻》记者，众议院议员。1909年，作为该报北京特派员赴华。1910年，曾为营救汪精卫尽力。1923年2月，在上海采访孙文。1924年11月25日，赴神户东方宾馆访问孙文。〔资〕B03050764300－26；263；253；《东京朝日新闻》（1923.2.26）。

神田镭藏（かんだ らいぞう，1872—1934），爱知县人，证券公司红叶屋人员。1914年10月26日，向参观日本美术协会展览会的孙文递呈名片，据称以前与孙文曾在精养轩见过面。〔资〕B03050078900－8；252。

菊谷茂吉（きくたに もきち），何海鸣在下关时住宅的房东。1914年4月，因未付房租要求何海鸣搬出。〔资〕B03050075100－24。

菊池宽（きくち かん，1888—1948），香川县人，作家。1918年1月21日，孙文致函菊池宽。〔资〕232（5）。

菊地国枝（きくち くにえ）。1925年3月，孙文逝世时发出唁电。〔资〕001。

菊池九郎（きくち くろう，1847—1926），青森县人，东奥义塾塾长，众议院议员，山形县知事。菊池良一之父。1916年4月11日，与戴天仇、菊池良一等人一起访问孙文寓所。〔资〕

B03050083100 - 11；252。

菊池谦让（きくち けんじょう），熊本县人。1897 年 6 月 27 日，在伦敦与孙文相识。〔资〕243（2）；280。

菊池良一（きくち りょういち，1879—1945），青森县人，律师，众议院议员，山田良政的表兄。辛亥革命时与孙文相识，1913 年 2—3 月，孙文访日时随行。同年 8 月，孙文流亡日本时，护送至东京，同月 20 日，与萱野长知一起访问孙文寓所，与孙文、宋嘉树等会谈。以后多次访问，支援孙文、黄兴、胡汉民等革命派流亡者。1924 年 11 月 24 日，在神户东方宾馆担任接待来访者的任务。1925 年 3 月，看望卧病在床的孙文。1929 年，参列孙文奉安大典。〔资〕B03050070800 - 46；B03050070900 - 17，49；B03050071100 - 23，44；B03050764300 - 25；269；253。

木越安纲（きごし やすつな，1854—1932），石川县人，陆军中将，陆军大臣，贵族院议员。1913 年 2 月 18 日，孙文访问木越。〔资〕134；081；283；262；250。

木坂（きさか）。1916 年 7 月，参加在山东的中华革命军东北军。〔资〕232（46）。

岸一太（きし かずた，1875—1937），冈山县人，耳鼻咽喉科医生。1916 年 4 月 7 日，孙文到京桥区筑地明石町俄岸宅访问，与犬冢信太郎等人会谈。1924 年 11 月 28 日，赴神户东方宾馆访问孙文。1925 年 3 月，孙文逝世时发出唁电。〔资〕B03050083000 - 49。B03050764300 - 45；001。

贵志弥治郎（きし やじろう，1873—1938），和歌山县人，陆军中将，青岛守备军司令部副官。1916 年，同情山东的中华革命军东北军。〔资〕332；283；262。

岸本斐夫(きしもと あやお)，广岛县严岛町长。1913 年 3 月 15 日，在严岛欢迎孙文。〔资〕《中国新闻》(1913. 3. 17)。

北一辉（きた いっき，1883—1936，本名北辉次郎)，新潟县人，中国同盟会会员。参与创办《革命评论》。武昌起义爆发时，受黑龙会派遣赴华，参加武汉战斗。1912 年，受聘为中华民国临时政府工商部长宋教仁的秘书。高度评价宋教仁，对孙文持批判态度。1915 年，反对“21 条要求”，著述《支那革命外史》。1919 年，在上海目睹五四运动。著有《国家改造案原理大纲》(1923 年)，被认为是昭和维新运动的理论支柱。作为“二二六事件”的理论指导者，被判处死刑。〔资〕B03050066800 – 12；230。

北恕太郎（きた じょたろう)。1916 年 3 月 8 日，从奈良宇智郡南宇智村致函孙文寓所。〔资〕B03050083000 – 3。

北すず子（きた すずこ，别名间渊ヤス，すずこ又作铃子)，长崎县人，北一辉之妻。1911 年 12 月，在上海与北一辉相识、结婚。1914 年 8 月，通过表兄木本德太郎的中介，将今野晋参所持中华民国军需公债出售。1915 年 11 月，与谭人凤会见。〔资〕B03050077100 – 47。

北川信从（きたがわ しんじゅう)，长崎市长。1913 年 3 月 19 日，在大牟田站迎接孙文。同年 3 月 22 日，在长崎凤鸣馆举行的孙文欢迎会上致欢迎辞。〔资〕212；《九州日报》(1913. 3. 20)；《长崎日の出新闻》(1913. 3. 23)。

北原嘉一郎（きたはら かいちろう)。1918 年 6 月，随孙文赴箱根，11 日，在箱根奈良屋宾馆，与宫崎滔天等人同宿。〔资〕B03050084000 – 8。

北村隆光（きたむら たかみつ)，大本教神户道院成员。1924 年 11

月 28 日，在神户东方宾馆访问孙文。〔资〕B03050764300 – 45。

北村利吉（きたむら りきち），东京小石川区富坂署刑警。1910 年 6 月 11—24 日，保护、监视在宫崎滔天寓所的孙文。〔资〕184。

鬼头玉如（きとう ぎょくじょ，1866—1921），新潟县人，《满洲日报》旅顺支局长，《青岛日报》社长。1911 年 10 月，在武汉采访战况。〔资〕020。

木下重太郎（きのした じゅうたろう），长野县人，长野县议会议员。1914 年，经降旗元太郎介绍认识何海鸣。同年 11 月 19 日，在木下的介绍下，百濑渡等在长野市一旗亭设宴招待何海鸣、古川清等。〔资〕B03050079200 – 15。

木下留伊吉（きのした るいきち，1881—?），长崎县人。1914 年 8 月 19 日，参加与何海鸣等人有关的“冈崎藤次郎义勇队”。〔资〕B03050078200 – 9。

来原宪助（きはら けんすけ），《满洲日报》主笔。辛亥革命时在武汉采访。〔资〕020。

木藤郁（きふじ かおる），关门制冰会社人员。1914 年 3 月 2 日，招待何海鸣、刘艺舟等人，表示愿意提供其生活费。〔资〕B03050074500 – 41。

木村友藏（きむら ゆうぞう），陆军军人。1914 年 10 月前后，与一濑斧太郎等为了支援革命，潜伏在上海，计划失败后赴大连。〔资〕B03050079700 – 17。

木村（きむら）。1909 年 2 月，与和田三郎一起访问萱野长知。〔资〕B03050067000 – 4。

肝付兼行（きもつき かねゆき，1853—1922），鹿儿岛县人，海军中

将，大阪市长。1913 年 3 月 10 日，在大阪迎接孙文。〔资〕134；《大阪朝日新闻》（1913. 3. 11）。

木本德太郎（きもと とくたろう），从事金银加工业。1914 年 8 月，受表妹北一辉之妻铃子之委托，将今野晋参所持中华民国军需公债出售。〔资〕B03050077100 – 47。

清浦奎吾（きようら けいご，1850—1942），熊本县人，贵族院议员，东亚同文会副会长。1913 年 2 月 15 日，在东亚同文会主办的孙文欢迎会上致欢迎辞。同年 3 月 4 日，出席牧野外相主办的孙文欢迎会。〔资〕121；132；250。

清藤秋子（きよふじ あきこ），清藤幸七郎之姐。1900 年 8 月，在日光促成孙文与下田歌子的会见。1924 年 10 月 3 日，与李烈钧会见。〔资〕B03050763800 – 28；262；038。

清藤幸七郎（きよふじ こうしちろう，1872—1931，号吞宇），熊本县人，黑龙会成员。1900 年 6 月，清藤与宫崎滔天一起，随孙文赴香港。作为孙文的代理，与内田良平、宫崎滔天同赴广东，与李鸿章会见。在新加坡，与滔天一起被康有为指控有暗杀嫌疑，被捕入狱。1911 年 10 月，清藤赴武昌支援革命派。〔资〕B03050064200 – 30；110；023（5）；262；263；269。

清藤タカ（きよふじ たか）。1906 年 7 月 15 日，与清藤幸七郎、宫崎滔天、萱野长知等一起出席了在东京举办的清国留学生欢迎章炳麟的集会。〔资〕B03050065500 – 9。

金源藏（きん げんぞう），秋田县人，海军军人。1916 年 5 月 4 日，在上海参加“策电”舰袭击事件，阵亡。〔资〕B03050084000 – 28；039。

陆羯南（くが かつなん，1857—1907，本名实），青森县人，报人。

1889 年创刊报纸《日本》。1898 年 2 月 3 日，犬养毅致函陆，拜托其照顾孙文。1899 年 3 月 13 日，陆实作为发起人之一举办了欢迎彭西的晚餐会。23 日，孙文向陆实赠送肖像照，并在背后题词“呈陆实先生哂存，逸仙孙文拜，西历一千八百九十九年三月廿三日”。陈少白也在赠送的肖像照背后题词“陆实先生哂存，陈白，九十九年三月”。陆实老家与山田良政老家是对门邻居。〔资〕B03050064100 - 4；262；257（3）；263。

草鹿甲子太郎（くさか きしたろう，1864—1927），石川县人，众议院议员，神户日华实业协会会长。1913 年 3 月 14 日，在神户迎接孙文。〔资〕253；《神户新闻》（1913. 3. 15）。

草野心平（くさの しんぺい，1903—1988），福岛县人，诗人。1921 年至 1925 年在广州岭南大学留学。1922 年 5 月，在广东韶关访问孙文。1922 年 12 月、1924 年 5 月，孙文在岭南大学演讲时，采访孙文。著有《孫文の印象》（《新评论》1936 年 2 月）、《支那点点》（三和书房，1939 年）。〔资〕051；193。

串户真佐树（くしど まさき），住在东京。对发表在 1910 年 7 月 10 日《国民新闻》上与宋教仁关于印刷纸币的谈话报道表示不满。同年末，援助宋教仁赴上海的资金。〔资〕B03050067500 - 16；B03050067900 - 3。

栉引武四郎（くしびき たけしろう，1875—1913），青森县人，南京同文书院人员。1900 年 8 月，参与南华独立计划；10 月，参加惠州起义；12 月 8 日，在南京对阳馆参加与孙文等人的会晤。1913 年 7 月，参加二次革命，在南京阵亡。〔资〕023（3）；262。

葛生能久（くずう よしひさ，1874—1958），千叶县人。参与 1900 年夏的南华独立计划。编撰《东亚先觉志士记传》。〔资〕

023（3）；262。

工藤善太郎（くどう ぜんたろう，1859—1932），青森县人，众议院议员。1912年11月11日，作为议员观光团一员与孙文会见。〔资〕《民立报》（1912.11.12）。

工藤铁三郎（くどう てつさぶろう，1882—1965，又名工藤忠），青森县人。1916年7月，参加在山东的中华革命军东北军。后侍奉“满洲国”执政溥仪。〔资〕332；198。

工藤铁太郎（くどう てつたろう）。1914年3月23日，经宫崎滔天介绍与孙文会谈，4月3日又与宫崎一起访问孙文寓所。同时期与黄兴也有接触。〔资〕B03050075000－4。

工藤十三雄（くどう とみお，1880—1950），青森县人，众议院议员，《弘前新闻》社长。1913年9月28日，与陆惠生、戴天仇、山田纯三郎、菊池良一等一起访问孙文寓所。〔资〕B03050072000－36；253。

国方千世子（くにかた ちせこ 1909—1986，世又作势），东京人，梅屋庄吉、德子夫妻的女儿。幼时，受孙文、宋庆龄喜爱。1929年3月，与庄吉一起为赠送孙文铜像赴华。庄吉去世后，保管了庄吉留下的大量文书资料。1978年10月，访问中国，与宋庆龄再次相会。〔资〕062。

国木田收二（くにきだ しゅうじ，1878—1931），《神户新闻》主笔。1909年2月，与宫崎滔天在神户见面，向滔天介绍属森冈商会的汽船严岛丸船长、学友铃木菊治，在元町寿楼会餐。〔资〕B03050066600－27；B03050066800－32；275（中）。

国泽新兵卫（くにさわ しんべい，1864—1953），满铁理事长。1912年11月20日，与孙文会见。〔资〕218；220。

国泽新兴（くにさわ しんこう）。1925 年 3 月，孙文逝世时发出唁电。〔资〕001。

久原房之助（くはら ふさのすけ，1869—1965），山口县人，久原财阀创立者，递信大臣。1913 年 8 月，中国兴业公司成立时出资 500 股。1916 年 3 月 8 日，孙文与日俄贸易合名会社社长松岛重太郎、王统一等一起访问在芝区白金的久原邸。3 月 10 日，在京桥区银座松岛家，孙文、戴天仇与松岛、久原的三名秘书会谈。在松岛斡旋下，孙文向久原借款的合同成立。1925 年 3 月，孙文逝世时发出唁电。〔资〕B04011208800 - 79；B03050083000 - 10；094；052；001；253。

熊谷直道（くまがい なおみち），大仓组取缔役（法定代表）。1912 年 2 月 2 日，熊谷直道与孙文会见。〔资〕《临时政府公报》（7，1912. 2. 4）。

熊泽（くまざわ），军人。1912 年 1 月，参加北伐队。〔资〕071。

熊野与一郎（くまの よいちろう），商馆人员，住在神户。1909 年 2—3 月，访问逗留神户的宫崎滔天。〔资〕B03050066800 - 2。

藏内次郎作（くらうち じろさく，1847—1923，藏内又作仓田，次又作治），福冈县人，众议院议员，藏内矿业的创立者，住在福冈县小仓市。1913 年 12 月，曾经借给何海鸣 300 日元。〔资〕B03050073000 - 23，45；253。

仓地铃吉（くらち すずきち）。1907 年 10 月，参与幸运丸事件。1925 年 3 月，孙文逝世时发出唁电。〔资〕244（5）；001。

仓知铁吉（くらち てつきち，1871—1944），石川县人，外务次官，中日实业株式会社副总裁。1913 年 8 月中国兴业公司成立时，作为发起人之一，出资 300 股。自 1913 年至 1936 年任中日实业株

式会社（1914 年后，由中国兴业公司改组而成）副总裁。1918 年 2 月 6 日，与张继、犬冢信太郎等会餐。〔资〕B04011208800－79；B03050083800－33；092；271。

仓桥（くらはし）。1916 年 2 月 25 日，在东京小石川区水道町仓桥家逗留的人物，发出一封快递信，送到孙文寓所。〔资〕B03050082900－33。

栗原亮一（くりはら りょういち，1855—1911，号皆无斋），三重县人，众议院议员。曾任《自由新闻》《东云新闻》等主笔。《革命评论》同人。〔资〕253。

桑名治之（くわな はるゆき，1884—?），香川县人。1914 年 8 月 19 日，参加与何海鸣等人有关的“冈崎藤次郎义勇队”。〔资〕B03050078200－9。

郡司成忠（ぐんじ しげただ，1860—1924），东京人，海军军人。1914 年 9 月 23 日，与宫崎滔天一起访问孙文寓所；10 月 26 日，再访。〔资〕B03050078200－28；B03050078300－5；133。

郡岛忠次郎（ぐんじま ちゅうじろう，1870—1948），福冈县人，高田商会支那部长，东亚同文会成员，亲中义会成员。1890 年，入日清贸易研究所，赴上海。1911 年 12 月 21—25 日，从香港到上海，与孙文同行。〔资〕259；071。

小池张造（こいけ ちょうぞう，1873—1921），茨城县人，外务省政务局长。作为第二次大隈内阁外务省政务局长，担任“21 条要求”交涉、袁世凯帝政问题等悬案的谈判。间接援助浩然庐的运营，与萱野长知、流亡日本的黄兴等人也有私交。1915 年 3 月 14 日，孙文向小池寄发《日中盟约》案。〔资〕B03050075300－30，B03050075300－13～17；262；163；178。

小池信美（こいけ のぶよし，号霞庵），福岛县人，《大阪朝日新闻》记者。1911 年 11 月，到达武汉。〔资〕244（5）。

小泉云溪（こいずみ うんけい）。1918 年 2 月，张继曾逗留千叶县安房郡结城虎五郎的别墅，23 日返回东京。逗留期间，曾设宴招待小泉等人。〔资〕B03050083800－44。

小泉策太郎（こいずみ さくたろう，1872—1937），静冈县人，《经济新闻》社长，众议院议员。宫崎滔天、幸德秋水的友人。1918 年 1 月 26 日，访问张继宅。1929 年 6 月，参列孙文奉安大典。〔资〕B03050083800－21；110；253。

神代彦治（こうじろ ひこじ），《九州日の出新闻》社长。1913 年 3 月 22 日，出席在长崎凤鸣馆举行的孙文欢迎会。〔资〕213。

乡诚之助（ごう せいのすけ，1865—1942），岐阜县人，日本商业会议所会头，贵族院议员。住在东京麹町区上二番町。1913 年 8 月，中国兴业公司成立时出资 200 股。1918 年 2 月 1 日，迎接张继、小泉策太郎、张翼鹏等人来访。〔资〕B04011208800－79；B03050083800－30；094。

甲贺（こうが）。1923 年 8 月，参与广东政府造币厂建设的交涉。〔资〕285。

甲上胜（こうじょう まさる，？—1919）。1919 年 5 月 30 日，甲上去世时，孙文委托菊池良一送去香火钱 100 日元。〔资〕237（5）。

幸德秋水（こうとく しゅうすい，1871—1911，本名传次郎），高知县人，平民社成员。1907 年 3 月，经北一辉介绍与章炳麟等会面。8 月 31 日，在社会主义讲习会上演讲。参与亚洲和亲会的活动。〔资〕B03050065500－28；008；271；072。

河野久太郎（こうの きゅうたろう，1871—1936），福冈县人，大仓

组取缔役（法定代表）。1912 年 2 月 2 日，与孙文会见。〔资〕《临时政府公报》（7，1912. 2. 4）。

向野坚一（こうの けんいち，1869—1931），福冈县人，实业家，奉天商业会议所副会头。参与 1900 年夏南华独立计划。与白岩龙平、末永节、宫川五郎三郎、中野熊太郎、市川铁弥等有交流。〔资〕B03050064300 - 31；060。

刚野（ごうの）。1929 年 6 月，参列奉安大典。〔资〕173。

厚母次郎（こうぼ じろう，次又作二），久原矿业人员。参与久原房之助签订向孙文提供借款合同事宜。1916 年 3 月 23、24 日，访问孙文寓所。〔资〕B03050083000 - 34；152。

神鞭常泰（こうむち つねやす），神鞭知常之子。1913 年 2 月 16 日，孙文前往位于青山墓地的神鞭知常墓凭吊，常泰接待。〔资〕204。

神鞭知常（こうむち ともつね，1848—1905，号谢海、千里，又名麻溪），京都人，众议院议员，东亚同文会成员。1900 年 12 月 23 日，就布引丸事件，在孙文与中村弥六之间进行仲裁。持对外强硬论，在国民同盟会及对露同志会结成时，起核心作用。〔资〕B03050065300 - 7；262；269。

郡宽四郎（こおり かんしろう，1858—1943），福岛县人，信浓丸船长，萱野长知的亲戚。1913 年 8 月，二次革命失败后，孙文从基隆坐信浓丸赴神户时，照顾孙文。〔资〕046。

古贺五郎（こが ごろう），有邻会成员。辛亥革命时访华。〔资〕023（5）。

古贺壮兵卫（こが そうべえ），矿业家，玄洋社成员。1914 年 2 月 14 日，与潘鼎新、何海鸣、津田儿二郎、中野德次郎、安川敬

一郎一起讨论如何援助革命军。〔资〕B03050074400－14。

古贺廉造（こが れんぞう，1858—1942），佐贺县人，内务省警保局长。1905年，《民报》创刊时，出面做房屋的担保人。1911年10月18日，在参谋本部第二部长宇都宫太郎指令下，默认秘密运送援助革命派的武器。1914年5月4日，孙文致函古贺。〔资〕B03050070900－26；B03050071000－39；037；073。

古贺（こが），佐贺银行员。1914年2月14日，与何海鸣会面，以润笔为名向何海鸣提供生活资金。〔资〕B03050074400－14。

小崎弘道（こざき ひろみち，1856—1938），熊本县人。创设灵南坂教会，日本基督教联盟会长。为宫崎滔天施行洗礼。1913年2月23日，孙文在东京基督教青年会演讲时，致欢迎辞。〔资〕《基督教世界》（1913.2.27）。

古岛一雄（こじま かずお，1865—1952，号一念、古一念），兵库县人，《九州日报》主笔，众议院议员。1899年，通过犬养毅介绍与孙文等交往。辛亥革命时，结成对支问题同志会，提倡对中不干涉，亲自赴华了解革命现状。1913年8月，根据犬养的指示，在神户与松方幸次郎、三上丰夷等商议，安排孙文秘密上岸。1915年2月，竞选众议院，孙文致函鼓励。1924年11月24日，作为犬养的代理赴神户东方宾馆访问孙文。1925年3月，孙文逝世时发出唁电。1929年6月，参列孙文奉安大典。〔资〕B0305076100－39；063；001；173；252；276；《东京朝日新闻》（1915.2.21）。

儿岛铁太郎（こじま てつたろう）。1900年8月，参与南华独立计划。〔资〕027。

小杉辰三（こすぎ しんぞう，？—1933）。1913年7月，参加二次革命时的上海独立运动。〔资〕262；335；336。

小杉辰藏（こすぎ しんぞう），住在大连市近江町。1910 年 6 月 29 日，与萱野长知电报往来。在此之前，萱野曾向神户的船主租赁小蒸汽船，小杉担任中介。〔资〕B03050067500 - 9。

小菅勇（こすげ いさむ，1878—?），东京人，医生。1924 年 12 月 25 日，在天津为孙文诊病，确诊为肝脏疾病。后任北京日本医师会会长。〔资〕B03050144200 - 32；001；030；260（1940 年版）；196。

小鹰（こたか）。1911 年 11 月，参加武汉战斗。〔资〕046。

儿玉一造（こだま いちぞう，1881—1930），滋贺县人，三井物产名古屋支店长。1913 年 2 月 8 日，在名古屋迎接孙文。〔资〕《名古屋新闻》（1913. 3. 9）。

儿玉花外（こだま かがい，1874—1943，本名传八），京都人，诗人。从 19 世纪 90 年代起，在内村鉴三、片山潜等编辑的杂志上发表童谣和劳工题材的诗歌。1913 年至 1916 年，发表了《致孙逸仙之诗》，还以陈其美、黄兴等中国革命家为题材，发表了新体诗。〔资〕067；032。

儿玉源太郎（こだま げんたろう，1852—1906），山口县人，陆军大将，参谋总长。1900 年 10 月，孙文在台湾上岸。时任总督的儿玉的对应诸说不一。在接到伊藤博文首相的指示后，对惠州起义采取了不支援方针，起义遂败。〔资〕B03050064900 - 41；023（3）；269。

儿玉藤治（こだま とうじ）。1913 年 9 月 28 日，与柏文蔚、白逾桓、李良轩等一起访问黄兴。〔资〕B03050072000 - 33。

儿玉右二（こだま ゆうじ，1873—1940，号篁南），山口县人，《东京日日新闻》主干，众议院议员。自 1910 年 4 月起约一个月，

与宫崎滔天结伴赴华，在香港与黄兴等百余名革命党员见面，调查其动向及南华的抵制日货问题。1910 年 6 月 21 日，与黄兴、萱野长知等一起与松下军治会面。1910 年 6 月 28 日，与萱野就枪械运送计划电报往来商议。〔资〕B03050067300 - 27，41；B03050067400 - 6，7；B03050067500 - 6，8；046；273。

儿玉（こだま）。1914 年 2 月 4 日，从大连寄至东京孙文寓所一份欧文电报暗号。〔资〕B03050074100 - 28。

小寺谦吉（こでら けんきち，1877—1949），兵库县人，众议院议员，神户市长。1916 年，刊行《大亚细亚主义论》，主张以日本为盟主的新型“大亚洲主义”。1918 年 3 月 5 日，招待张继、殷汝耕等在日本桥区龟岛町偕乐园与元水产局长竹内正志等会谈。〔资〕B03050083800 - 53；272；253。

后藤元太郎（ごとう げんたろう），《门司新报》记者。1918 年 6 月 10 日，孙文一行坐信浓丸从基隆赴门司港时，上船采访。〔资〕B03050084000 - 12。

后藤新平（ごとう しんぺい，1857—1929），岩手县人，台湾总督府民政长官，满铁总裁。1900 年 10 月 4 日，在基隆与孙文会见。当时日本政府有严厉取缔孙文派活动的指示，后藤默认孙文在基隆逗留，但不支援惠州起义，起义遂败。1900 年 12 月 10 日，就布引丸事件的赔偿问题与孙文会见，提议为中村弥六承担债务，被孙文拒绝。1913 年 2 月 5 日，在东京迎接孙文。1925 年 3 月，孙文逝世时发出唁电。〔资〕B03050065200 - 48；023（3）；001；269。

后藤德太郎（ごとう とくたろう）。1908 年 11 月 26 日，参与对禁发《民报》问题的起诉。〔资〕244（5）。

近卫笃麿（このえ あつまろ，1863—1904，号霞山），京都人，公

爵，贵族院议长，东亚同文会会长。1898 年 6 月，创立同文会，同年与东亚会合并，设立东亚同文会，就任会长。1898 年 11 月 12 日，与康有为会谈。1903 年 8 月，组织对露同志会。支援流亡日本的孙文。1913 年 2 月 16 日，孙文凭吊位于东京日暮里的近卫笃麿之墓，并且出席了近卫家主办的午餐会。〔资〕B03050064200－37；288；134；023（3，4，6）；269。

近卫文麿（このえ ふみまろ，1891—1945），东京人，近卫笃麿之子，东亚同文会会长，首相。1911 年 9 月 13 日，康有为来访。1911 年 9 月 23 日，访问逗留东京的康有为。1913 年 3 月 9 日，在京都车站迎接孙文。1919 年 1 月，作为日本参加巴黎和会的代表团成员赴法，途经上海时会见孙文。〔资〕B03050069500－30，38；123；269；《京都日の出新闻》（1913. 3. 10）。

许斐扬一（このみ よういち），福冈县人，1900 年 9 月 3 日，孙文与内田良平等一起乘坐神户丸入长崎港。同日，逗留长崎的许斐与内田一起赴博多。〔资〕B03050064500－35。

许斐鹰助（このみ ようすけ），煤矿主（筑丰）。资金援助孙文。〔资〕065。

小长谷政治（こはせ せいじ），咸兴丸的侍者。1907 年 4 月 4 日，在安东跟随宋教仁活动。〔资〕291。

小早川秀雄（こばやかわ ひでお），《九州日日新闻》主笔，东亚同志会成员。1911 年 11 月 16 日到达汉口，19、20 日，在汉阳分别访问黎元洪、黄兴。〔资〕021。

小林丑三郎（こばやし うしさぶろう，1866—1930），群马县人，明治大学教授，众议院议员。1914 年 2 月政法学校开设，讲授经济原论课程。〔资〕B03050075300－8；262；253。

小林樟雄（こばやし くすお）。1897 年，向陈少白介绍了宫崎滔天。〔资〕023（3）。

小林重威（こばやし しげい），山口县下关市长。1913 年 3 月 16 日，在下关停车场迎接孙文。〔资〕《福冈日日新闻》（1913. 3. 17）。

小林新一（こばやし しんいち），旅馆肥前屋经营者。住在福冈县大牟田町。1914 年 1 月 24 日，流亡日本的柏文蔚在此投宿。〔资〕B03050073700 - 12。

小林逊（こばやし そん）。1902 年前后，与孙文结交。1914 年 6 月，在大阪举办挥毫会，援助何海鸣。〔资〕B03050076400 - 19。

小林天心（こばやし てんしん）。1913 年 9 月 18 日，致函孙文寓所。〔资〕B03050071600 - 9。

小林德一郎（こばやし とくいちろう），住在福冈县小仓市。1914 年 1 月 20 日，何海鸣来访，请求资金援助。同月，援助何海鸣 100 日元。〔资〕B03050073500 - 23；B03050073600 - 35。

小林松吉（こばやし まつきち），滋贺县人。1914 年 8 月 19 日，小林参加了与何海鸣等人有关的“冈崎藤次郎义勇队”。〔资〕B03050078200 - 9。

小林（こばやし），三井物产门司支店长。1913 年 8 月 22 日，流亡日本的黄兴家属从下关坐列车赴东京时随行，23 日到达新桥车站。〔资〕B03050070900 - 48；B03050071000 - 8，38。

小林（こばやし）。1898 年 10 月 22 日，梁启超搬迁至东京牛込区早稻田鹤卷町高桥琢也的住宅时，小林赴该处访问梁启超。〔资〕B03050063900 - 17。

小松辰吉（こまつ たつきち），日本邮船长崎支店长。1913 年 3 月

21日，在长崎县大草站迎接孙文。〔资〕《长崎日の出新闻》(1913.3.22)。

小松徹（こまつ とおる），住在长野县松本市。1916年1月28日，致函孙文寓所。〔资〕B03050082800-34。

小松（こまつ），东京基督教青年会主事。1913年2月23日，孙文赴东京基督教青年会演讲会时，在欢迎仪式上朗读《圣经》。〔资〕《基督教世界》(1913.2.27)。

小松原イヨ（こまつばら いよ，イヨ又作伊代），梁启超佣人。1899年4月30日，重田友助从犬养毅处接受梁启超未付的工钱60日元，转交小松原。〔资〕B03050064000-30。

小宫山繁（こみやま しげる），山梨县人，陆军军人。为了支援革命，1914年10月18日到达上海潜伏，22日撤退。〔资〕B03050079700-16。

小村欣一（こむら きんいち，1883—1930），东京人，东亚同文会理事，拓务次官，贵族院议员。小村寿太郎之长子。1918年6月27日，张继访问小村宅邸。1929年6月，参列孙文奉安大典。〔资〕B03050084000-41；250；110；173。

小村寿太郎（こむら じゅたろう，1855—1911），宫崎县人，外务大臣。作为第二次松方内阁的外务次官，1897年9月，承认孙文流亡日本，但考虑与清政府的关系，拒绝与孙文会面。1910年6月，第二次桂内阁任外相时，默认孙文的暂时入境，同时接受清政府的要求，劝告孙文离去。〔资〕270；204。

小村俊三郎（こむら しゅんざぶろう，1870—1933），宫崎县人，住在东京涩谷。《东京朝日新闻》记者。1898年，参加救出梁启超的行动。1918年6月27日，张继访问小村宅邸。1929年6月，

参列孙文奉安大典。〔资〕B03050084000－41；173；110；104。

小室敬二郎（こむろ けいじろう，1887—1933），宫城县人，陆军军人。1914 年 9 月，在一之濑斧太郎的劝说下，为支援革命赴华。1915 年 6 月 13 日，与蒋介石一起访问孙文寓所。同年末赴华，协助陈其美。〔资〕B03050079700－15。

小室巳之助（こむろ みのすけ），茨城县人。1914 年 8 月 11 日，小室参加了与何海鸣等人有关的"冈崎藤次郎义勇队"。〔资〕B03050078200－9。

小室友次郎（こむろ ゆうじろう），埼玉县人，陆军军人。1903 年，任青山军事学校的教官。〔资〕B03050066700－28，47；160。

小森雄介（こもり ゆうすけ，1874—1942），东京人，台湾银行本店支配人代理，满铁人员，众议院议员，住在东京麹町区下二番町。1916 年 1 月 6 日，孙文在戴天仇的陪同下访问小森。〔资〕B03050082700－47；253。

小山健三（こやま けんぞう，1858—1923），埼玉县人。1913 年 8 月，中国兴业公司成立时就任相谈役（资深顾问）。〔资〕B04011208800－79；094。

小山亨三（こやま こうぞう，1887—1916），长野县人。受赠孙文"博爱"题字。〔资〕333。

小山清次（こやま せいじ），《朝日新闻》记者。1921 年 1 月，在上海就时局问题，小山曾经向孙文递交询问函。〔资〕《民国日报》（1921. 1. 30）。

小山善太郎（こやま ぜんたろう，1863—1940），血液循环疗法研究会成员。1916 年 1 月 1 日，小山致函孙文寓所贺年。〔资〕B03050082700－25。

近藤神太郎（こんどう しんたろう），东京人，陆军军人。1914 年 10 月 18 日，为支援革命，在上海潜伏。〔资〕B03050079700－16。

近藤达儿（こんどう たつじ）。1929 年 6 月 1 日，随犬养毅参列孙文奉安大典。著有《孙文移灵祭の记》，记录犬养毅一行参列奉安大典和游历沪、苏、鲁、京各地的情形。〔资〕070。

近藤鹤松（こんどう つるまつ），旅馆主人。1914 年 6 月 24 日，逗留京都的柏文蔚投宿其旅馆。〔资〕B03050076200－9。

近藤廉平（こんどう れんぺい，1848—1921），德岛县人，日本邮船社长。参与日清汽船会社创立。辛亥革命时，实施对归国留学生的船票减价措施。1913 年 2 月 14 日，在新桥站迎接孙文。〔资〕144；134；081；023（5）。

权藤震二（ごんどう しんじ，1871—1920，号雷轩），福冈县人，《二六新报》记者，黑龙会成员。1900 年，关于布引丸事件，依据内田良平的说明，在《二六新报》上刊登了批判中村弥六的报道。〔资〕027；《二六新报》（1900. 12. 3－11）。

今野晋三（こんの しんぞう），武器商。辛亥革命、二次革命时，向孙文出售武器。1914 年 8 月，为了参与三次革命，再次策划销售武器，出售民国军需公债。〔资〕B03050077100－48。

さ行

西园寺公望（さいおんじ きんもち，1849—1940），京都人，贵族院议员，总理大臣，元老。辛亥革命爆发时任首相，采取不干涉主义。1919 年任巴黎和会全权委员，主张日本应继承德国在山东省的权益。〔资〕269；250。

西乡四郎（さいごう しろう，1866—1922），福岛县人，柔道家，

《东洋日の出新闻》成员，宫崎滔天挚友。辛亥革命时在汉口采访。1913 年 3 月 22 日，在长崎《东洋日の出新闻》社迎接孙文。1915 年 3 月 1 日，在长崎出席了原口闻一主办的恳亲会，与柏文蔚等谈话。小说《姿三四郎》主角的原型。〔资〕B03050080100 - 18；002；212；064；《东洋日の出新闻》（1913. 3. 23）。

西乡吉义（さいごう よしみち，1855—1927），长野县人，陆军军人。1898 年 10 月 22 日，梁启超迁到东京牛込区早稻田鹤卷町高桥琢也的家屋时，西乡赴该处所访问。〔资〕B03050063900 - 17；283。

齐田澄之助（さいだ すみのすけ）。1918 年 1 月 26 日，经大隈重信介绍，与岛田德太郎一起访问张继。〔资〕B03050083800 - 21。

齐藤延（さいとう えん），三菱合资会社人员。1925 年 3 月，孙文逝世时发出唁电。〔资〕001。

齐藤珪次（さいとう けいじ，1860—1928），埼玉县人，众议院议员。1912 年 11 月 11 日，在上海，作为众议院议员观光团成员与孙文见面。〔资〕253；《民立报》（1912. 11. 12）。

齐藤庆二郎（さいとう けいじろう）。1911 年 11 月，跟随萱野长知参加在武汉的战斗。〔资〕023（5）。

齐藤贞子（さいとう さだこ），护士。1913 年 10 月 28 日，访问黄兴之妻。同年 11 月 22 日，持医生山科多久马的介绍信访问黄兴。〔资〕B03050072300 - 27；B03050072500 - 23。

齐藤七五郎（さいとう しちごろう，1869—1926），宫城县人，海军军人，军令部次长。1897 年 4 月 13 日，作为“富士”军舰的水雷副手，在伦敦与随南方熊楠同往的孙文会面。〔资〕

243（2）；223。

齐藤隆夫（さいとう たかお，1870—1949），兵库县人，众议院议员。1913 年 2 月 19 日，出席众议院议长大冈育造主办的孙文欢迎会。1940 年 2 月，因发表反军演说，被开除议员。〔资〕254；《东京朝日新闻》（1913. 2. 20）。

齐藤藤四郎（さいとう とうしろう，1886—1935），枥木县人，众议院议员。1924 年 11 月 26 日，赴神户东方宾馆访问孙文。〔资〕B03050764300 - 36；253。

斋藤恒（さいとう ひさし，1877—1953），石川县人，陆军中将。1911 年，辛亥革命时驻在北京。1912 年，驻在上海，与革命党员接近，招致中国官方猜疑，受到参谋本部等告诫。〔资〕B03050079100 - 28；B03050079200 - 10；269。

斋藤八十八（さいとう やそはち，1880—?），千叶县人，建筑工匠。1914 年 8 月 18 日，参加与何海鸣等人有关的“冈崎藤次郎义勇队”。〔资〕B03050077600 - 13；B03050078200 - 9。

齐藤（さいとう），三菱社员。1918 年 1 月 31 日，与江口定条、白岩龙平、犬冢信太郎一起，在京桥区筑地待合瓢招待张继、寺尾亨。〔资〕B03050083800 - 28。

坂井次郎（さかい じろう，1885—1929），京都人，大阪商船会社的襟裳丸一等轮机士。1913 年 8 月 16 日，孙文乘坐该船离开神户前往横滨时，受赠孙文题字“博爱”。〔资〕334。

境德平（さかい とくへい，1879—?），熊本县人，1914 年 8 月 19 日，参加与何海鸣等人有关的“冈崎藤次郎义勇队”。〔资〕B03050078200 - 9。

堺利彦（さかい としひこ，1870—1933，号枯川），福冈县人，平民

社成员。1907 年 9 月 15 日，在张继等主办的中国留学生社会主义研究会上演讲。参加亚洲和亲会。〔资〕B03050065500－28；271；071。

酒井正雄（さかい まさお），住在东京市麻布区新纲町。1913 年 10 月 21 日，与流亡日本的刘佐成一起，访问孙文寓所。〔资〕B03050072200－35。

榊田清兵卫（さかきだ せいべい，1864—1929），秋田县人，众议院议员。1913 年 2 月 19 日，出席众议院议长大冈育造主办的孙文欢迎会。〔资〕142；253。

榊原政雄（さかきばら まさお，1877—1936，又名图南），山形县人，宫崎滔天友人。1914 年 1 月 26 日，在大连与戴天仇、金子克己、山田纯三郎等一起密议。同年 4 月 20 日，访问孙文寓所。〔资〕B03050074300－11；B03050075300－21。

阪谷芳郎（さかたに よしろう，1863—1941），冈山县人，大藏大臣，东京市长，贵族院议员。1912 年 1—2 月，参与中华民国中央银行设立计划，任中华民国临时政府财政顾问。1913 年 2 月 25 日，作为东京市长迎接孙文来访。1925 年 3 月，孙文逝世时发出唁电。〔资〕B03050083800－24；023（5）；289；001；250。

坂本金弥（さかもと きんや，1865—1923），冈山县人，创刊《中国日报》（现《山阳新闻》），众议院议员。1905 年 8 月 20 日，在东京赤坂灵南坂的坂本宅邸，召开了中国同盟会成立大会。经营矿山、纺织等行业。支援中国革命家，与犬养毅、桂太郎等为至交。〔资〕262；269；253。

坂本寿一（さかもと じゅいち，1890—1976），山口县人，飞行家。1916 年，在梅屋庄吉的支援下，于滋贺县八日市设立了飞行学校，为中华革命党培养飞行员，并亲自赴中国参战。1916 年 2

月至4月，多次访问孙文寓所。〔资〕B03050082900－13；062。

坂本志鲁雄（さかもと しろう，志又作四）。1898年8月，支援胡塞·黎赛尔的菲律宾独立运动。1906年10月20日，随同孙文访问《革命评论》社。〔资〕149；《革命评论》（1906.11.10）。

坂本清马（さかもと せいま，1885—1975），高知县人，与张继、刘光汉有交往。因“大逆事件”被捕，特赦后减刑。〔资〕269。

阪本钐之助（さかもと せんのすけ，1857—1936），爱知县人，名古屋市长。1913年3月8日，在名古屋银行集会所举行的孙文欢迎会上致欢迎辞。〔资〕《名古屋新闻》（1913.3.9）。

相良岩吉（さがら いわきち，1879—?），鹿儿岛县人。1914年8月18日，参加与何海鸣等人有关的“冈崎藤次郎义勇队”。〔资〕B03050078200－9。

相良寅雄（さがら とらお，又名押川、迫川），熊本县人。与宫崎民藏一起参加土地复权运动。1906年，参与《革命评论》的创刊。后与民藏一起赴美。〔资〕023（2）。

佐久间左马太（さくま さまた，1844—1915），山口县人，陆军大将，台湾总督。1913年8月5日，流亡中的孙文乘坐抚顺丸进入基隆港，换乘直航门司的信浓丸赴日。佐久间将这些情报用电信传给了外务大臣。〔资〕B03050070200－17；271；283。

佐久间贞一郎（さくま ていいちろう）。1913年9月3日，流亡日本的柏文蔚从长崎坐列车赴京都时随行；9月6日到达京都，投宿南禅寺町的出租房；9月9日起与柏文蔚同宿。〔资〕B03050071300－45，48；B03050071500－42。

樱井一久（さくらい かずひさ，1858—1910），兵库县人，律师，众议院议员，东亚同文会成员。1891年，在神户开业。1900年，

布引丸事件时，关于武器购入问题，担任仲裁的副律师。〔资〕B03050064300－48；253。

栅瀬军之佐（さくらい ぐんのすけ，1869—1932），岩手县人，众议院议员。1913 年 2 月 19 日，出席众议院议长大冈育造主办的孙文欢迎会。〔资〕254；《东京朝日新闻》（1913. 2. 20）。

笹川洁（ささかわ きよし）。1919 年 2 月 4 日，孙文回函笹川。〔资〕238（5）。

佐佐木到一（ささき とういち，1886—1955），爱媛县人，陆军军人。辛亥革命时，驻在中国东北。1922 年 8 月—1924 年 8 月，作为驻在广东武官，与孙文等国民党干部交往密切。1928 年 5 月亲历“济南事件”（中文称“济南惨案”）后，转向批判中国。1929 年 6 月，参列孙文奉安大典。〔资〕077。

佐佐木德母（ささき とくぼ）。1911 年 11 月，在南京设置临时野战病院。〔资〕023（5）。

佐佐木宪正（ささき のりまさ）。1924 年 11 月 13 日，孙文乘坐春阳丸从香港赴上海时，为该船大副。〔资〕110。

佐佐木春雄（ささき はるお）。参与 1900 年夏的南华独立计划。1900 年 8 月 17 日，与末永节一起从福冈赴东京。〔资〕B03050064300－31。

佐佐木安五郎（ささき やすごろう，1872—1934，号辉山、照山），山口县人，众议院议员，《六连报》人员，川岛浪速妹婿，被称为“蒙古王”。1913 年 8 月，参与设立“支那亡命者救护团”。同年 8 月 12 日至 16 日，在《日刊新闻·不二》上连载《孙文访问录》。向野村寿之助介绍何海鸣。〔资〕B03050070800－11；078；269；253。

佐佐木四方志（ささき よもし）。1925年3月，孙文逝世时发出唁电。〔资〕001。

笹森（ささもり），陆军军人。1914年10月18日，为支援陈其美的革命赴上海潜伏。〔资〕B03050079700－14～21。

佐多爱彦（さた あいひこ，1871—1950），鹿儿岛县人，大阪高等医学校校长。援助辛亥革命时归国的中国留学生。〔资〕《大阪朝日新闻》（1911.11.13）。

佐竹作太郎（さたけ さくたろう，1849—1915），京都人，东京电灯公司人员。1913年8月，中国兴业公司成立时出资100股。〔资〕B04011209100－79；092。

定平伍一（さだひら ごいち），陆军军人。1907年10月，参与幸运丸事件。〔资〕023（5）。

佐佐友房（さっさ ともふさ，1854—1906，幼名寅藏、绅次，号克堂、鹏洲），熊本县人，众议院议员，东亚同文会成员。1900年在南华独立计划中，压制急进派的活动。〔资〕B03050064100－4；216；023（3，4）；262；253。

佐佐政光（さっさ まさみつ），佐佐友房之孙。1915年12月13日，赴孙文寓所，汇报12月5日上海陈其美指挥的军舰夺取事件情形。〔资〕B03050082600－26。

萨摩治兵卫（さつま ちへい），近江银行人员。1913年8月，中国兴业公司成立时出资500股。〔资〕B04011208800－79；094。

佐藤樱贰（さとう おうに），长野县人，《信越新闻》人员。1914年11月19日，参加木下重太郎举办的恳亲会，与何海鸣会面。〔资〕B03050079200－15。

佐藤三郎（さとう さぶろう）。1925 年 3 月，孙文逝世时发出唁电。〔资〕001。

佐藤忍（さとう しのぶ，1883—?)，宫城县人，《大势新闻》人员。1914 年 10 月 27 日，出席在东京神田的古川清宅的恳亲会，认识何海鸣等。〔资〕B03050078900－23；267。

佐藤长次（さとう ちょうじ）。1914 年 8 月，作为与在满洲的革命党有关人员，被关东都督府监视。〔资〕B03050077100－32。

佐藤知恭（さとう ともやす，恭又作泰)，《汉口新民学报》主笔，《大阪每日新闻》记者。1913 年 8 月 12 日，流亡日本的胡汉民等从下关站坐列车东行时，佐藤随行。1914 年 5 月 25 日，照顾何海鸣一行的住宿、生活。1924 年 11 月 29 日，赴神户东方宾馆访问孙文。〔资〕B03050070400－24；B03050076100－9；B03050764400－43、45。

佐藤虎次郎（さとう とらじろう，1864—1926，佐藤又作茂木，虎又作寅)，埼玉县人。1897 年 6 月 30 日，在伦敦，南方熊楠向孙文托付寄给佐藤的书信。1901 年 3—4 月，与孙文在东京会面。〔资〕243（2)；237（1)。

佐藤安之助（さとう やすのすけ，1871—1944)，东京人，陆军少将，众议院议员。辛亥革命时，从参谋本部第二部长宇都宫太郎处接受资金，与孙文、黄兴等人接触。1925 年 3 月，孙文逝世时发出唁电。〔资〕263；073；001；253。

佐藤（さとう）。1911 年 12 月，佐藤作为亲中义会成员访华。〔资〕023（5)。

佐藤（さとう）。1913 年 2 月 23 日，孙文赴东京基督教青年会讲演会，在欢迎仪式上，佐藤女士独唱赞美歌。〔资〕《基督教世界》

（1913. 2. 27）。

真田四郎（さなだ しろう）。1914 年，逗留汉口，与刘艺舟书信往来。〔资〕B03050077600 - 31。

佐原笃介（さはら とくすけ，1874—1932），东京人。1925 年 3 月，孙文逝世时发出唁电。〔资〕001；118。

泽田松三郎（さわだ まつさぶろう，1890—?），群马县人。1914 年 8 月 19 日，参加与何海鸣等人有关的“冈崎藤次郎义勇队”。〔资〕B03050078200 - 9。

泽田实（さわだ みのる），京都人，三井物产上海支店人员。辛亥革命时，在香港开展支援孙文等革命派的活动。1918 年 6 月 12 日，孙文从箱根向京都市柊屋旅馆住宿的泽田发出“到达三河屋”的电报。〔资〕B03050084000 - 14；262。

泽原俊雄（さわはら としお，1865—1942），广岛县人，吴市长。1913 年 3 月 15 日，在吴车站欢迎孙文。〔资〕《中国新闻》（1913. 3. 16）。

泽村幸夫（さわむら ゆきお，1883—1942），熊本县人，《大阪每日新闻》记者。1913 年 2—3 月，随孙文访问日本各地。1918 年 6 月 17 日，泽村向戴天仇发出一函，到达逗留箱根的孙文旅舍。1924 年 11 月，孙文逗留神户，住宿在东方宾馆孙文邻室。戴天仇的文章《孙文氏及其事业》，孙文讲演《大亚洲主义》的速记稿均刊登在《大阪每日新闻》。〔资〕B03050084000 - 24；081；148。

志贺重昂（しが しげたか，1863—1927），爱知县人，评论家，众议院议员。1899 年 3 月 13 日，出席菲律宾独立运动家彭西的记者招待会。〔资〕244（5）。

重田友助（しげた ゆうすけ）。1899 年 4 月 30 日，从犬养毅处领来工钱 60 日元，后转交给梁启超的女佣小松原伊代。〔资〕B03050064000 - 30。

重光葵（しげみつ まもる，1887—1957），大分县人，外务次官，外务大臣。1929 年 6 月，参列孙文奉安大典。〔资〕083；173。

幣原喜重郎（しではら きじゅうろう，1872—1951），大阪人，外务大臣。1924 年 11 月，孙文赴日时加藤内阁的外相。主张在华盛顿体制的框架中，与英美协调，对中国以经济参与为主，重视内政不干涉，机会均等。孙文赴日时，外务省不同意其赴东京。〔资〕B030507640 - 7；082；154。

品川仁三郎（しながわ にさぶろう）。1903 年，在神户创刊《日华新报》，任社长。1913 年 2—3 月，孙文访日。同年 5 月，该社发行了影集《孙文先生东游纪念写真帖》，由品川和西岛函南编纂。收录了孙文访日照片 15 幅和孙文一行的日程、有关人员名单、孙文的部分讲演记录。全篇用汉文写成，应为最早刊行的孙文照片集。〔资〕B03040855700；084。

品川信健（しながわ のぶたけ），福冈县人，出生地又作佐贺县。参与 1900 年夏的南华独立计划。〔资〕B03050064300 - 39；B03050064900 - 48。

筱崎升之助（しのざき しょうのすけ，1878—1951），福冈县人，《九州日报》相谈役（资深顾问），玄洋社成员。参与 1900 年夏的南华独立计划。〔资〕B03050064300 - 49；B03050064900 - 46；007。

筱泽留治（しのざわ とめじ），宫城县人。1916 年 5 月 4 日，在上海参加袭击军舰“策电”事件，阵亡。〔资〕B03050084000 - 28；039。

筱原金作（しのはら きんさく），筱原雕金店（位于东京日本桥）店主。1928 年，受梅屋庄吉委托，承接制作孙文铜像。由雕刻家牧田祥哉制作。于同年秋、1930 年 1 月、12 月分别完成，共 4 座，现安放在南京、广州（2 座）、澳门。〔资〕086。

筱原谦吉（しのはら けんきち），大阪商船会社人员。1918 年 6 月 10 日，孙文一行从基隆乘坐信浓丸赴日时，在门司上船迎接。〔资〕B03050084000 - 12。

筱原庄太郎（しのはら しょうたろう，原又作田），新潟县人，陆军军人。1914 年 9 月，受一之濑斧太郎劝说，赴杭州支援革命，10 月 19 日撤退。〔资〕B03050079700 - 15；B03050079700 - 19。

筱原辰次郎（しのはら たつじろう），兵库县立神户高等女学校校长。1924 年 11 月 28 日，神户商业会议所主办的孙文“大亚洲主义”演讲会，借用该校礼堂。当天下午 1 时 15 分，筱原辰次郎在学校正门迎接孙文、宋庆龄夫妻。〔资〕《神户新闻》(1924. 11. 29)。

筱原毅（しのはら つよし）。1915 年 1 月 6 日，访问孙文寓所。要求与陈其美见面，交谈数语后退出。〔资〕B03050079700 - 32。

柴五郎（しば ごろう，1860—1945），福岛县人，陆军大将。1911 年 12 月，受参谋本部派遣赴上海，25 日，在上海迎接孙文回国。〔资〕269。

柴田德次郎（しばた とくじろう，1890—1973），福冈县人，住在东京麻布区笄町。国士馆创立者。1918 年 4 月 13 日，张继访问柴田。〔资〕B03050083900 - 22。

柴田麟次郎（しばた りんじろう）。1912 年元旦，在南京参列中华民国建国典礼。〔资〕021。

涩川玄耳（しぶかわ げんじ）。1913 年 2 月 11 日，在从上海驶往长崎的山城丸上，涩川与孙文交谈。〔资〕《福冈日日新闻》(1913. 2. 14)。

涩泽荣一（しぶさわ えいいち，1840—1931），埼玉县人，实业家。1913 年 2 月 21 日，在生命保险协会会馆举办孙文欢迎会。同年 3 月 3 日，在三井集会所，与孙文就中国兴业公司的成立事宜进行协商。1913 年 8 月该社创设时，任相谈役（资深顾问）。1914 年 5 月，访问中国，与袁世凯及中国实业家会谈。1923 年 9 月，关东大震灾，孙文致函涩泽慰问。1929 年，参列孙文奉安大典。〔资〕B04011208800 - 79；B03050063900 - 31；234（38）；269；173。

岛田金次郎（しまだ きんじろう）。1913 年 12 月 22 日，何海鸣夫妻住宿岛田处（福冈县小仓市船头町）。1914 年 1 月 20 日，与何海鸣在小仓市播磨屋旅馆共进午餐。〔资〕B03050073000 - 26；B03050073500 - 23。

岛田经一（しまだ けいいち，1866—1927），福冈县人，玄洋社成员。与末永节等有交流，投奔平冈浩太郎门下。1900 年惠州起义时，在厦门准备策应。辛亥革命爆发后，与头山满等一起赴华。1913 年 2—3 月，孙文赴日时，从东京至长崎随行。1925 年 3 月，孙文逝世时发出唁电。〔资〕B03050064500 - 43；023（3，5，6）；262；269；001；007。

岛田こと（しまだ こと），住在东京牛込区。1909 年 2—3 月，向逗留神户的宫崎滔天发出电报和信函。〔资〕B03050066800 - 4。

岛田三郎（しまだ さぶろう，1852—1923），众议院议员，《大阪每日新闻》社长。1899 年 3 月 13 日，作为发起人之一，举办招待菲律宾独立运动家彭西的晚餐会。〔资〕271；023（1，3，

4）；252。

岛田升平（しまだ しょうへい），《马关每日新闻》记者。1913 年 12 月 17 日，在下关站迎接何海鸣。〔资〕B03050073000 - 15。

岛田德太郎（しまだ とくたろう）。1918 年 1 月 26 日，在大隈重信介绍下，与齐田澄之助一起访问张继。〔资〕B03050083800 - 21。

岛田俊雄（しまだ としお，1877—1947），岛根县人，众议院议员，商工大臣。1912 年 11 月 11 日，作为议员观光团的成员与孙文会见。〔资〕252；《民立报》（1912. 11. 12）。

岛田（しまだ）。1913 年 2 月 19 日，出席众议院议长大冈育造主办的孙文欢迎会。〔资〕《福冈日日新闻》（1913. 2. 20）。

岛田（しまだ）。1924 年 12 月 4 日，出席孙文的记者招待会。〔资〕237（11）。

岛津久贤（しまづ ひさよし），住在鹿儿岛。1909 年 2 月 15 日，逗留神户的宫崎滔天，收到岛津来函。〔资〕B03050066800 - 3。

岛村他三郎（しまむら たさぶろう，？—1942），行政裁判所评定官。1914 年 2 月，政法学校开设，岛村讲授行政论课程。〔资〕B03050075300 - 8。

清水清八郎（しみず せいはちろう）。1916 年 1 月 1 日，致函孙文贺年。〔资〕B0305082700 - 25。

清水亨（しみず とおる），驻广东总领事。1925 年 3 月，孙文逝世时发出唁电。〔资〕001；270。

清水（しみず），军人。1912 年 1 月，参加北伐。〔资〕071。

志村源太郎（しむら げんたろう，1867—1930），山梨县人，日本劝业银行总裁。1916 年 3 月 18 日，孙文与菊池良一一起访问加藤

高明宅邸，会谈中，志村来访。〔资〕B03050083000 - 20；257（3）。

志村光治（しむら こうじ）。1911 年 11 月，武昌起义后，在镇江战斗中，黄兴败退时担任卫兵。1913 年 7 月，二次革命时，参与上海独立运动。〔资〕023（5）。

下田歌子（しもだ うたこ，1854—1936），岐阜县人，实践女学校校长。1900 年 8 月，经清藤幸七郎之姐秋子的介绍，在日光与孙文会见。1901 年秋，参加兴亚会的结成。1902 年，实践女学校设置清国女子部。1905 年，秋瑾入学。不久，秋瑾因反对《清国留学生取缔规则》而罢课、退学。〔资〕038；262；269。

胜田主计（しょうだ かずえ，1869—1948），爱媛县人，大藏省次官，贵族院议员。1909 年，视察韩国、中国。1912 年 1—2 月，与涩泽荣一、阪谷芳郎等协作构想中国中央银行的设立。1917 年，作为寺内内阁的大藏大臣参与西原借款。〔资〕220；090；250；218。

城野威臣（じょうの いしん），《长崎日日新闻》社长。1913 年 3 月 22 日，出席在长崎凤鸣馆举行的孙文欢迎会。〔资〕212。

饶平智太郎（じょうへい ともたろう），《大阪每日新闻》记者。1924 年 11 月 26 日，饶平赴神户东方宾馆访问孙文。〔资〕B03050764300 - 36。

白井勘助（しらい かんすけ），末永节的翻译。1915 年 9 月 22 日，与萱野长知一起访问孙文。1916 年 7 月，参加在山东的中华革命军东北军。〔资〕B03050082100 - 18；046。

白井松之助（しらい まつのすけ）。辛亥革命时赠送医疗器具。1929 年 6 月，参列孙文奉安大典。〔资〕023（5）；173。

白岩艳子（しらいわ つやこ，1880—1954），冈山县人，和歌作家。汉学家西毅一（薇山）之女、白岩龙平之妻。1929 年 6 月，参列孙文奉安大典。〔资〕173；269；292。

白岩龙平（しらいわ りゅうへい，1870—1943），冈山县人，日清汽船专务，东亚同文会理事长。创建汽船会社大东新利洋行，历任日清汽船专务、东亚兴业专务等。与汪康年、梁启超等人有交往。1898 年 1 月 16 日，在大阪与孙文等人会面。1900 年 3 月 2 日，安排孙文与文廷式会见。1913 年 5 月 17 日，在上海与黄兴会见。8 月，中国兴业公司成立时出资 100 股。起到了联络涩泽荣一、孙文等中日政财界要人的桥梁作用。1925 年 3 月，孙文逝世时发出唁电。〔资〕B03050064000 - 31；B04011209100 - 79；292；094；023（3）；269；001。

白河次郎（しらかわ じろう），《九州日报》主笔。1900 年 8 月 27 日，白河将在船上从内田良平处得知的孙文返华的信息刊载在《九州日报》上。〔资〕B03050064500 - 24。

白藤芳夫（しらふじ よしお），梅田商会大阪支店人员。1915 年 12 月 7 日，赴孙文寓所寻找张继。因张继不在，立刻退出。〔资〕B03050082600 - 15。

志立铁次郎（しりつ てつじろう，1867—1946），岛根县人，日本兴业银行人员。1913 年 8 月，中国兴业公司成立时，就任相谈役（资深顾问）。〔资〕B04011208800 - 79；094。

新谷畔（しんたに はん），台湾总督府嘱托（官名）。1924 年 11 月 29 日，赴神户东方宾馆访问孙文。〔资〕B03050764400 - 44。

进藤喜平太（しんどう きへいた，1850—1925），福冈县人，玄洋社社长，众议院议员。1913 年 3 月 18 日，在玄洋社欢迎孙文。二次革命失败后仍然援助何海鸣。〔资〕B03050074400 - 13；007；

253；《福冈日日新闻》（1913. 3. 19）。

神野金之助（じんの きんのすけ，1849—1922），爱知县人，贵族院议员。1913 年 3 月 8 日，出席孙文欢迎会。〔资〕《名古屋新闻》（1913. 3. 9）；250。

末永纯一郎（すえなが じゅんいちろう，1867—1913，号铁岩），福冈县人，东邦协会成员，《辽东新报》第一任社长。作为东邦协会干事支援流亡日本的康有为、梁启超、孙文、黄兴等人。辛亥革命爆发时，支持逗留在大连《辽东新报》社的弟弟末永节奔赴武昌。〔资〕B03050067800－6；262；023（2，4，5）。

末永二郎（すえなが じろう）。1914 年 1 月 26 日，致函黄兴寓所。〔资〕B03050073600－28。

末永节（すえなが みさお，1869—1960，号狼啸月），福冈县人，玄洋社成员，末永纯一郎之弟。1895 年与宫崎滔天相识。1901 年入玄洋社，参与黑龙会的结成。促成平冈浩太郎、中野德次郎等人对孙文的援助。还参与中国同盟会的结成、《民报》的发行。武昌起义爆发后，立刻从大连奔赴武昌，支援革命军，并在山东活动。〔资〕B03050064200－27；046；269。

末永八叶（すえなが やつは），末永纯一郎之弟。1911 年，经萱野长知、宫崎滔天劝说赴华南活动。与住在东京的黄兴有交流。〔资〕B03050069500－45。

末广重雄（すえひろ しげお，1874—1946），京都人，东京帝国大学法学部教授。1924 年 11 月 29 日，赴神户东方宾馆访问孙文。1925 年 3 月，孙文逝世时发出唁电。〔资〕B03050764400－44；001；239。

菅原恕人（すがわら じょじん）。1925 年 3 月，孙文逝世时发出唁电。〔资〕001。

菅原传（すがわら でん，1863—1937），宫城县人，众议院议员。1885年留学美国。1893年赴夏威夷。1894年，在归国途中的船上与孙文相识（关于相识时期有异说）。归国后，结识陈少白，将陈少白介绍给曾根俊虎、伊藤痴游。经曾根的介绍，陈与宫崎滔天接触。1897年9月，滔天与孙文初次相会。1913年2月15日，出席东亚同文会主办的孙文欢迎会。1916年1月6日，孙文在戴天仇的陪同下，访问了四谷区南寺町菅原宅邸。1929年6月，参列孙文奉安大典。〔资〕B03050082700－47；089；110；023（3）；252。

杉浦和介（すぎうら わすけ，浦又作山，介又作助），东京煤矿公司人员。1914年3月26日，经和田瑞介绍与孙文相识。同年9月15日，与萱野长知一起访问孙文寓所。〔资〕B03050075000－31；B03050077800－27。

杉田定一（すぎた ていいち，1851—1929，号鹑山），福井县人，北海道知事，众议院议长。1916年4月15日，孙文在戴天仇的陪同下访问杉田宅邸。1917年5月18日，出席在红叶馆举行的陈仲孚招待会。1925年3月孙文逝世时发出唁电。孙文题字“慷慨悲歌”，后刊载在杉田传记《杉田鹑山翁》首页。〔资〕B03050083100－16；B03050083500－11；092；001；253；250。

杉原铁城（すぎはら てつじょう），诗人。1913年3月15日，在广岛县严岛欢送孙文，赠诗，受赠孙文“博爱”题字。〔资〕《中国新闻》（1913. 3. 17）。

杉原成义（すぎはら なりよし）。1913年2月23日，孙文赴东京基督教青年会演讲时，担任欢迎祷告式司仪。〔资〕《基督教世界》（1913. 2. 27）。

杉村伸（すぎむら しん，1904—1999），兵库县人，宫司。1924 年 11 月 28 日，作为神户高等商业学校（现神户大学）的学生，聆听孙文“大亚洲主义”演讲，深受感动。参加石原莞尔组织的“东亚联盟”。战后，在神户热心从事和参与童子军活动、神户日华实业协会和纪念孙文的活动。〔资〕093；《日华》（12，1964. 1）。

杉山茂丸（すぎやま しげまる，1864—1935，号其日庵），福冈县人，玄洋社成员，头山满的盟友。从财政上支援孙文的活动。1911 年 10 月 17 日，接到宋教仁向内田良平发出的要求支援的电报，与内田等商议，决定派遣北一辉赴华。1922 年，为实现孙文、越飞会谈而尽力。〔资〕023（5，6）；335；336；269。

杉山秀麿（すぎやま ひでまろ）。1913 年 8 月 27 日，访问头山满宅邸。〔资〕B03050071100 - 24。

杉山良哉（すぎやま りょうさい），陆军军人。1913 年 12 月，浩然庐设立，担任教官。〔资〕B03050075300 - 5；B03050075300 - 4 ~ 6、28 ~ 29。

铃木文（すずき あや，又名加藤文子、田村淑子），宝冢歌舞剧团明星，铃木久五郎的女儿。据传，取孙文的“文”字起名。〔资〕116；108，《读卖新闻》（1983. 12. 22）。

铃木梅四郎（すずき うめしろう），早稻田大学人员，同仁会成员。1913 年 2 月 25 日，在大隈重信宅邸迎接孙文。〔资〕《东京朝日新闻》（1913. 2. 26）。

铃木菊治（すずき きくじ），森冈商店所属严岛丸船长。1909 年 3 月 27 日，谢绝与逗留神户的宫崎滔天会面，并转达希望在东京会面之意。〔资〕B03050066800 - 31、32。

铃木久五郎（すずき きゅうごろう，1878—1943），埼玉县人，股票

经纪人。1906 年，经犬养毅介绍与孙文会面。与神户华商吴锦堂就钟纺股票展开股市博弈。1907 年 3 月，孙文被驱逐出日本时，提供了 1 万日元。为女儿取名“文”。1914 年 11 月 7 日，两次访问孙文。〔资〕B03050079000 - 19；B03050079000 - 20；269；028。

铃木信三（すずき しんぞう，三又作二、之）。参与 1900 年夏的南华独立计划。〔资〕B03050064300 - 30。

铃木势次郎（すずき せいじろう），川越町议会议员，书画商。1914 年 8 月 10 日，受原弘委托，为支援革命军招募预备役军人。〔资〕B03050077100 - 17。

铃木宗言（すずき そうげん，1863—1927），广岛县人，大审院检事。1913 年 8 月 26 日，向孙文介绍日本精神团总裁饭野吉三郎。同年 9 月 2 日，孙文访问小石川区杂司谷的铃木宅邸，连续两天两夜逗留在铃木处密谈。1913 年 9 月 17 日，向孙文介绍涩泽荣一。是孙文结识日本要人之中介人。〔资〕B03050071300 - 6，16；B03050071600 - 9；277。

铃木天眼（すずき てんがん，1867—1926，原名力），福岛县人，报人，众议院议员。1893 年《二六新报》主笔，1902 年在长崎创办《东洋日の出新闻》。1903 年参加头山满等人组织的对露同志会，并得知孙文的存在。与内田良平、宫崎滔天有深交。辛亥革命爆发后，立刻表示支持孙文、黄兴的革命军。1913 年 3 月 22 日，孙文访问长崎时，探望了正在疗养的铃木。1925 年 3 月，孙文逝世时发出唁电。〔资〕B03050064300 - 34；001；262；253；269；209。

铃木与太郎（すずき よたろう），海军军人。1916 年 5 月 4 日，在上海参与袭击“策电”舰事件。〔资〕039。

铃木（すずき）。1913年10月30日，孙文收到铃木某的欧文书信。〔资〕B03050072300－38。

须田（すだ）。1911年10月，与大原武庆一起奔赴武汉。〔资〕023（5）。

须藤荣吉（すどう えいきち）。1915年3月4日，与萱野长知、弘田治十郎、大石茂美等一起访问孙文寓所。〔资〕B03050080100－10。

须藤理介（すどう りすけ），医生。辛亥革命时，参加王芝祥军，从广东、广西经湖南，进击武汉。〔资〕262。

砂田重政（すなだ しげまさ，1884—1957），爱媛县人，众议院议员。1924年11月24日，在神户港迎接孙文。1925年3月，孙文逝世时发出唁电。〔资〕B03050764300－22；001；253。

角冈知良（すみおか ともよし），大分县人，律师。1914年11月前后至1915年2月，为触犯《爆发物取缔罚则》嫌疑的赵宇臣辩护，上告。〔资〕B03050080100－2；278。

住友吉左卫门（すみとも きちざえもん，1865—1926），京都人，男爵。住友家第15代当主，西园寺公望之弟。1913年3月10日，在大阪湊町站迎接孙文。〔资〕《大阪朝日新闻》（1913. 3. 11）。

角谷大三郎（すみや だいさぶろう，? —1921），律师，和歌山县人。1898年6月前后，加入东邦协会，担任神户《东亚报》法律著作的译述。戊戌政变后，参加大阪的日清协和会。〔资〕A11112935000；《东邦协会会报》（46，1898. 6）；088。

住吉まつ（すみよし まつ，又名银月），住在东京市日本桥区元柳町。1913年10月15日，携垣内喜代松的名片访问黄兴寓所。〔资〕B03050072200－17。

濑川浅之进（せがわ あさのしん，1862—1945），冈山县人，汉口总领事。1908 年捕获第二辰丸事件时，作为驻广东领事担任交涉。〔资〕B03050083300 - 28。

关政志（せき まさし，1876—?），鹿儿岛县人。参与 1900 年夏的南华独立计划。〔资〕B03050064300 - 30。

关谷龙十郎（せきや りゅうじゅうろう，又名山川不二雄），住在枥木县。1913 年 11 月 1 日、12 月 14 日，分别致函黄兴。〔资〕B03050072300 - 42；B03050072700 - 27。

濑越宪作（せごえ けんさく，1889—1972），广岛县人，围棋棋士，日本棋院理事长（战后）。1913 年 12 月 18 日，访问黄兴，对弈。〔资〕B03050072700 - 40。

泉水信太郎（せんすい しんたろう），文求堂书店人员。1913 年 10 月 13、16 日，赴黄兴寓所，送去黄兴订购之中国书籍。〔资〕B03050072200 - 11、23。

专田盛寿（せんだ もりとし，1897—1961），东京人，陆军军人。1929 年 6 月，参列孙文奉安大典。〔资〕173。

副岛义一（そえじま ぎいち，1866—1947），佐贺县人，早稻田大学教授。1912 年 1 月，中华民国临时政府成立后，与寺尾亨一起任中华民国南京临时政府法律顾问，参与《中华民国临时约法》的制定。1913 年 2 月 25 日，出席在大隈重信府邸举行的孙文欢迎会。二次革命后，任国民外交同盟会理事，1914 年 5 月 6 日，访问孙文寓所，6 月，在黄兴寓所与犬养毅、古岛一雄、宫崎滔天、头山满、寺尾亨等会谈。1925 年 3 月，孙文逝世时发出唁电。〔资〕B03050076100 - 39；001；269；《早稻田学报》（217，1913.3）。

副岛道正（そえじま みちまさ，1871—1948），东京人，《京城日报》社长，贵族院议员。1899 年 5 月 1 日，与孙文一起访问梁启超。梁家人告之“不在”。〔资〕B03050064000－30；250。

副岛八十六（そえじま やそろく，1875—1950），佐贺县人，日印协会理事。1896 年，与陈少白（服部二郎）相识。1898 年 8 月，陈向副岛发函，副岛通过陈少白与孙文结交。1900 年 6 月，孙文在赴香港前，向副岛发出信函。1913 年 10 月 23 日，访问孙文寓所。与黄兴等人也有交流。〔资〕B03050072300－12；337；257（4）；054。

添田寿一（そえだ じゅいち，1864—1929），福冈县人，台湾银行头取（行长），日本兴业银行总裁。1900 年 10 月，通过平冈浩太郎的介绍，在基隆与孙文数次会面。同年 10 月 15 日，向孙文传达台湾总督府要求孙文退离台湾的指示。1912 年 1 月 6 日，参与中国中央银行的设立计划。1913 年 8 月，中国兴业公司成立时，以兴业银行的名义出资 1000 股。〔资〕B03050065000－41；B04011208800－79；023（3）；094；269；220；218。

曾我祐准（そが すけのり，1844—1935），福冈县人，陆军军人，贵族院议员，东亚同文会成员。1913 年 2 月 15 日，出席东亚同文会主办的孙文欢迎会，3 月 4 日，出席牧野外相主办的孙文招待会。〔资〕121；250；《东京朝日新闻》（1913. 3. 5）。

曾田定祐（そだ さだすけ）。1924 年 11 月 27 日，在神户东方宾馆访问孙文。〔资〕B03050764300－43。

曾根俊虎（そね としとら，1847—1910），山形县人，海军军人。1880 年，为兴亚会的创设尽力。1895 年，通过菅原传的介绍，在横滨与陈少白相识。1897 年 7 月，向陈少白介绍了宫崎滔天，9 月，滔天通过曾根与孙文相识。〔资〕B03050063900－26；

244；023（3）；269；146；075。

染井盛辅（そめい せいすけ），陆军军人。1913年8月19日，访问胡汉民、金佐治（廖仲恺之化名），告知孙文在灵南坂寓所的地址。自称是东京宪兵队本部高等机密人员。〔资〕B03050070900－24。

た行

大松源藏（だいまつ げんぞう）。1911年11月，随萱野长知参加武汉战斗。〔资〕046。

多贺宗之（たが むねゆき，1872—1935），高知县人，陆军军人，驻福州领事馆武官。辛亥革命时，是第一次"满蒙独立运动"的中心人物。1913年8月3日，受黄兴委托，在福州马尾与入港的孙文见面，劝说孙文取消赴广东的计划，换乘大阪商船抚顺丸，转赴基隆。1925年3月，孙文逝世时发出唁电。〔资〕B03050070400－4；262；101；001。

高冈（たかおか）。1915年12月20日，住在上海的高冈致函孙文寓所。〔资〕B03050082700－9。

高木正次郎（たかぎ しょうじろう，正又作祥），律师，住在福冈县小仓市。1914年1月20日，何海鸣来访，商量资金援助事宜。〔资〕B03050073500－23；B03050073700－39。

高木富士郎（たかぎ ふじろう），《中外商业新报》记者。1924年11月25日，采访孙文。〔资〕B03050764300－26；《中外商业新报》（1924.11.26）。

高木陆郎（たかぎ りくろう，1880—1959），福井县人，三井物产人员，中日实业株式会社副总裁。1913年8月，中国兴业公司成

立时出资100股。1918年6月12日，孙文从箱根向芝区高轮南町高木处发出电报“感谢厚意”。1925年3月，孙文逝世时发出唁电。1922年至1945年，为中日实业株式会社（中国兴业公司于1914年改组后改称）的再建尽力。〔资〕B04011208800－79；B03050084000－14；001；094；098；099。

高仓（たかくら），海军军人。1916年5月4日，参加在上海的“策电”舰袭击事件。〔资〕039。

高泽（たかざわ）。1915年2月13日，高泽致函孙文。〔资〕B03050079900－42。

高岛嘉右卫门（たかしま かえもん，1832—1914），东京人，东京市街电气铁道社长。1899年5月22日，梁启超访问在神奈川的高岛宅邸。〔资〕B03050064000－31。

高岛友武（たかしま ともたけ，1867—1943），陆军中将。1916年1月16日，致函孙文寓所，感谢孙文派代理戴天仇参列其父鞆之助葬仪。〔资〕B03050082800－7；283。

高岛鞆之助（たかしま とものすけ，1844—1916），鹿儿岛县人，枢密顾问官，陆军大臣，拓殖大臣。1914年7月，在大阪作为中国演剧（演戏）后援者之一，与孙文等一起列名。1916年1月16日，作为孙文代理，戴天仇参列高岛的葬仪。〔资〕B03050076400－21；B03050082800－7。

高田早苗（たかた さなえ，1860—1938，号半峰居士），东京人，早稻田大学总长，文部大臣。1898年10月22日，梁启超迁入东京牛込区早稻田鹤卷町高桥琢也的住宅时，赴该处访问梁启超。1913年2月25日，出席大隈重信主办的孙文欢迎会。〔资〕B03050063900－17；049；《东京朝日新闻》（1913.2.26）；《早稻田学报》（217，1913.3）。

高田三六（たかだ さんろく），黑龙会成员。参与1900年夏的南华独立计划。〔资〕B03050066500－25；023（3）。

高田栖岸（たかだ せいがん），福冈县人，真宗僧侣。住在香港。参与1900年夏的南华独立计划。〔资〕023（3）。

高田英男（たかだ ひでお）。参与1900年夏的南华独立计划。〔资〕023（3）。

高冢广次（たかつか こうじ）。1915年11月4日，与河田作介一起访问孙文寓所。〔资〕B03050082300－15。

鹰取忠明（たかとり ただあき，明又作门）。1913年8月29日，访问黄兴。同年9月11日，访问头山满与黄兴，密谈。后多次访问黄兴，对弈围棋。〔资〕B03050071100－42；B03050071400－40。

高野信弥（たかの しんや），住在东京市小石川区表町。1913年8月，柏文蔚流亡日本之际，从上海至长崎随行（30日入长崎港）。〔资〕B03050071300－35。

高野太吉（たかの たきち，1857—1931，太吉又作英一），大分县人，医生。为流亡日本的孙文、陈其美等人治疗。1914年4月29日，致函黄兴处。1919年6月25日，孙文在《建国方略》中介绍高野著书《抵抗养生论》，称赞其疗法。1922年12月，高野访问上海。同年12月至1923年2月，孙文在《民国日报》等报刊上称其为“名医”。〔资〕B03050075300－48；237（5，6）；338；339。

高桥胜藏（たかはし かつぞう，1860—1917），宫城县人，画家。1915年2月24日，与王统一一起，访问孙文寓所。〔资〕B03050080000－12。

高桥橘三郎（たかはし きつさぶろう）。1898年10月22日，梁启

超迁入东京牛込区早稻田鹤卷町高桥琢也的家屋时，赴该处访问梁启超。〔资〕B03050063900－17。

高桥小藤治（たかはし ことうじ），陆军军人。1912 年 1 月 1 日，到达汉口，调查长江水运。〔资〕073；014。

高桥是清（たかはし これきよ，1854—1936），东京人，大藏大臣，首相。1913 年 3 月 4 日，出席牧野外相主办的孙文欢迎会。〔资〕《东京朝日新闻》（1913. 3. 5）。

高桥吴郎（たかはし ごろう，又名庄三）。1914 年 1 月，受萱野长知指示，在京都为支援流亡者奔走。〔资〕B03050074200－2。

高桥松太（たかはし しょうた），牙科医生，住在东京京桥区筑地三丁目。1916 年 1 月至 1917 年 2 月，孙文数次接受高桥的治疗。〔资〕B03050082800－19、20、23、27、28、34、35、39、50。

高桥清一（たかはし せいいち），驻香港总领事。1924 年 11 月 14 日，在香港送别孙文北上。〔资〕204。

高桥琢也（たかはし たくや，1848—1935），广岛县人，冲绳县知事，贵族院议员，东京医科大学创始人。1898 年 10 月 22 日，梁启超从东京麹町区平川町三桥常吉处，迁入牛込区早稻田鹤卷町高桥的家屋。〔资〕B03050063900－17；250。

高桥正雄（たかはし まさお）。1911 年 11 月，与萱野长知一起参加在武汉的战斗。〔资〕023（5）。

高桥勇三郎（たかはし ゆうざぶろう），军人。1923 年 11 月 6 日，在广州大本营访问孙文。〔资〕285。

高桥谦（たかはし ゆずる，1864—1938，号默斋、愚庵），福冈县人。东亚同文会广东支部长，与史坚如、陈少白等人有交流。

〔资〕161（3）。

高桥善一（たかはし ぜんじち，1856—1923），福井县人，新桥站站长。1913 年 3 月 5 日，在新桥站送别孙文。〔资〕《东京朝日新闻》（1913.3.6）。

高松誓（たかまつ せい，1855—1903），福冈县人，厦门东本愿寺的僧侣（住职）。1900 年趁中国爆发义和团运动之机，纵火烧毁自己的寺院，为日本的台湾陆战部队侵入福建提供了借口。〔资〕B03050065300－3；269。

高见之通（たかみ ゆきみち，1880—1962），富山县人，众议院议员。1924 年 11 月 24 日，高见在神户码头迎接孙文。〔资〕B0305074300－22；253。

高道武雄（たかみち たけお），横滨正金银行香港支店人员。1911 年 12 月 18 日，在香港迎接宫崎滔天。〔资〕023（5）。

高峰让吉（たかみね じょうきち，1854—1922），富山县人，应用化学者，三共商店人员。1914 年 10 月前后，在美国举行宴会，黄兴参加。〔资〕B03050079200－31；252。

高山纪齐（たかやま きさい），牙科医生。1914 年 1 月 25 日，访问黄兴，为黄兴夫妻治疗。〔资〕B03050073600－12。

高山（たかやま）。1916 年 4 月 17 日，从青岛北京町致函孙文寓所。〔资〕B03050083100－23。

财部尚吉（たからべ しょうきち），陆军军人。1914 年 9 月 11 日，将刘艺舟、张尧卿介绍给实业家辻嘉六。〔资〕B03050077800－7。

宝边岩次郎（たからべ いわじろう），下关市议会议长。1913 年 3 月 17 日，在下关站迎接孙文。〔资〕《福冈日日新闻》

（1913.3.18）。

田川森太郎（たがわ しんたろう），田川商店（马尼拉）店主。1899年，支援菲律宾独立运动。〔资〕023（3）。

泷川仪作（たきがわ ぎさく，1874—1963），奈良县人，辨三养子，东洋燐寸社长，神户商业会议所会头，神户日华实业协会会长。1924年11月28日，神户商业会议所主办孙文"大亚洲主义"演讲会。在致辞中提倡"日中平等论"。支持中国要求撤销不平等条约（协定关税制度）的要求。在火柴事业上，与神户华侨吴锦堂等协作。第二次世界大战后，为神户的日中友好、纪念孙文等活动尽力。〔资〕132；207；《神户新闻》（1924.11.24）。

泷川辨三（たきがわ べんぞう，1851—1925），山口县人，东洋燐寸社长，神户商业会议所会头。1912年2—3月，神户华侨为庆祝中华民国建国，举行祝贺提灯游行，因联系不周，途中被警察阻止。为此泷川居中调解，日后重新安排游行。1913年3月13—14日，孙文访问神户时的各项迎接活动的中心人物之一。与神户华侨吴锦堂为至交。〔资〕134；207。

田口运藏（たぐち うんぞう，1892—1933），新潟县人，在美国受片山潜的影响成为社会主义者。1921年，访问苏联，参加共产国际的活动。1922年2—3月，在东京、热海等地为廖仲恺与越飞的会谈发挥了联络者的作用，实际上是越飞在日本时的秘书。〔资〕197。

竹内维彦（たけうち これひこ），久原矿业人员。1916年3月16日，作为久原房之助的代理，与孙文签订借款合同。〔资〕052。

竹内助七（たけうち すけしち）。1925年3月，孙文逝世时发出唁电。〔资〕001；110。

竹内清兵卫（たけうち せいべえ），住在东京中涩谷道玄坂。1915年12月26日，致函孙文寓所。〔资〕B03050082700－23。

竹内善作（たけうち ぜんさく，1885—1950，本名善朔），神奈川县人，平民社、亚洲和亲会成员。1907年4月，为亚洲和亲会的成立会场做准备，并成为会员。1908年，参加刘师培主编的《衡报》编辑工作。〔资〕269。

竹内岛吉（たけうち とうきち）。1916年5月4日，参与上海的袭击“策电”舰事件。〔资〕039。

竹内正志（たけのうち まさし，1854—1920），冈山县人，《每日新闻》社人员，众议院议员。1918年3月5日，竹内与小寺谦吉、张继、殷汝耕等在日本桥区龟岛町偕乐园会谈。〔资〕B03050083800－53；252。

武田信次郎（たけだ しんじろう）。1925年5月，参加在芝增上寺举行的孙文追悼会。〔资〕B03050148300－1～4。

武田范之（たけだ はんし，1863—1911，号洪畴、保宁山人），福冈县人，曹洞宗显圣寺（新潟）住职，黑龙会成员。1894年，参加内田良平组织的天佑侠社团。甲午战争爆发后归国，与宫崎民藏、宫崎滔天等相识。1895年10月，他参与暗杀闵妃事件。1909年3月29日，在大阪与滔天等会合。参与韩国“并合”。〔资〕B03050066800－26；B03050066900－35；186（2）；016。

竹田奉人（たけだ ほうじん）。1925年3月，孙文逝世时发出唁电。〔资〕001。

武田熙（たけだ ひろし），记者。1924年8月，在广州采访孙文。编译孙文著作《支那革命と孙文主义》。〔资〕103。

武田（たけだ），久原房之助的秘书。1916年3月10日，与松岛重

太郎及其他秘书一起，出席了孙文向久原房之助借款的合同签订仪式。〔资〕B03050083000－10。

竹藤（たけふじ）。1923年8月，参与广州大本营的造币厂建设交涉。〔资〕285。

建部遯吾（たけべ とんご，1871—1945），新潟县人，东京帝国大学教授。1914年2月，政法学校开设，讲授社会学课程。1915年6月5日，参加在筑地同气俱乐部举行的孙文演讲会。〔资〕B03050075300－8；B03050081700－12～14；247。

田岛担（たじま たん，田岛又作浜口）。分别于1897年6月16日、19日、27日，在伦敦与孙文会面。接受孙文赠送的《救伤第一法》。〔资〕243（2）；280。

田岛由太郎（たじま よしたろう），洋服商，住在东京市京桥区加贺町。1913年12月7日，孙文为了订制洋服，前往该店。〔资〕B03050072600－28。

田代（たしろ），早稻田大学同仁会成员。1913年2月25日，出席在大隈重信宅邸举行的孙文欢迎会。〔资〕《早稻田学报》（217，1913.3）；《东京朝日新闻》（1913.2.26）。

立作太郎（たち さくたろう，1874—1943），东京人，东京帝国大学教授。1914年2月，政法学校开设，任教师。1915年6月5日，参加筑地同气俱乐部举行的孙文演讲会。〔资〕B03050075300－8；B03050081700－12～14；054。

橘三郎（たちばなさぶろう，1871—?），长崎县人，大仓组汉口支店长。1911年，在武汉支援黄兴、萱野长知等人撤离。〔资〕259；020。

龙野元四郎（たつの もとしろう）。1909年3月31日，在神户玉川

亭与宫崎滔天豪游。〔资〕B03050066800 - 48。

立石驹吉（たていし こまきち），演出公司人员。1914 年 5 月 1 日，经梅屋庄吉介绍访问孙文。〔资〕B03050075400 - 6。

建川美次（たてかわ よしつぐ，1880—1945），新潟县人，陆军军人。1929 年 6 月，参列孙文奉安大典。1931 年 9 月 18 日，“柳条湖事件”当日，从参谋本部赴奉天出差。〔资〕173。

馆森袖海（たちもり しゅうかい，1863—1942，号拙存园），宫城县人，汉诗人。1895 年，在台湾总督府任职，从事日语教育。与陈少白、章炳麟等人诗文唱和。〔资〕229；107。

田户林太郎（たど りんたろう），树木商，住在东京府北丰岛郡日暮里村。1911 年 9 月 20 日，康有为在此购入树木一枝，植于近卫笃麿墓前。〔资〕B03050069500 - 36。

田中一英（たなか かずひで）。辛亥革命之际，从华南入西南，为革命军尽力。〔资〕262。

田中义一（たなか ぎいち，1864—1929），山口县人，陆军大将，总理大臣。辛亥革命时，向海军提议出兵及占领中国。分别于 1916 年 4 月 7 日在东京、1917 年 5 月 25 日在上海与孙文会谈。1920 年 6 月 29 日，孙文向田中递交书信。1925 年 3 月，孙文逝世时发出唁电。1927 年组阁，兼任外相，对中国推行“积极外交”，三次强行出兵山东。5 月，引发“济南事件”，干涉中国国民革命。1928 年 6—7 月召开“东方会议”，发表了旨在分离中国本土和“满蒙”的《对支政策纲领》。〔资〕B03050083000 - 48 ~ 49；B03050083100 - 1 ~ 2；073；237（5）；269；001；105。

田中喜平（たなか きへい，1880—1945）。1921 年 3 月 6 日，在上海迎接宫崎滔天。1925 年 3 月，孙文逝世时发出唁电。〔资〕

244（5）。

田中昂（たなか こう，昂又作昂夫），印刷业者。1907 年，镇南关起义之际，承接革命军军票的印刷业务。1915 年 11 月 24 日，携妻儿访问孙文；11 月 26 日，孙文来访；11 月 27 日，致函孙文。〔资〕B03050082300 - 37；B03050082300 - 48；046。

田中收吉（たなか しゅうきち）。1918 年 6 月 11 日，在箱根环翠楼与孙文、头山满、萱野长知等同宿。〔资〕B03050084000 - 8；023（6）。

田中侍郎（たなか じろう，侍又作次），群马县人，陆军军人，《九州日の出新闻》人员。1900 年 9 月 3 日，在长崎与孙文会面。〔资〕B03050064500 - 1；262。

田中善立（たなか ぜんりゅう，1874—1955），爱知县人，众议院议员。1912 年 11 月 11 日，作为议员观光团成员会见孙文。〔资〕253；《民立报》（1912. 11. 12）。

田中隆（たなか たかし，1866—1935，隆又作隆三），长崎县人，田隆汽船公司业主。财政上支援孙文。1918 年 6 月 10 日，在门司迎接孙文。当时，接受孙文所赠莲籽（后人称孙文莲）。同年 6 月 12 日，孙文从箱根发来“感谢厚意，现已到三河屋”电报。〔资〕B03050084000 - 14；171；110；057；《关门日日新闻》（1918. 6. 11）；《大阪每日新闻》（1918. 6. 11）。

田中丰春（たなか とよはる），顺华公司人员，住在大连市的山县通。1916 年 3 月 12 日，致函孙文寓所。〔资〕B03050083000 - 11。

田中弘之（たなか ひろゆき，1863—1934，号舍身），岐阜县人。以通过佛教来联合东亚为目标，作为国民外交同盟会及有邻会的干部，支援革命派。〔资〕B03050076400 - 21；262。

田中增太郎（たなか ますたろう），佐贺县人。1900 年 8 月 22 日，与平山周、山崎庸仓一起从香港乘坐日本丸到达长崎。〔资〕B03050064400 – 1。

田中（たなか）。1915 年 12 月 27 日，孙文指示田中，从汇丰银行汇至上海的革命派资金 15000 元。1916 年 3 月 19 日，田中致孙文寓所一封挂号信。〔资〕B03050083000 – 24；231（4）。

谷村伊八郎（たにむら いはちろう），三菱仓库人员。1925 年 3 月，孙文逝世时发出唁电。〔资〕001；110；023（5）。

谷村幸平太（たにむら こうへいた，1884—1912，平太又作太夫），鹿儿岛县人。1911 年参加革命军。1912 年 1 月 29 日，参加袭击天津镇的战斗，阵亡。1914 年 1 月 30 日，举行追悼会。〔资〕B03050080200 – 44；332；262；030。

谷村隆之介（たにむら りゅうのすけ）。1911 年 12 月，参与暗杀袁世凯计划。〔资〕332。

田野橘次（たの きつじ，1877—1904，次又作治），兵库县人，东亚同文书院教员。结识宫崎滔天、宗方小太郎等人后，开始关注中国。任广州万木草堂的教师，戊戌政变时，支援康有为流亡日本。1900 年，参加唐才常自立军起义。1901 年 2 月，参与黑龙会的建立。参加宫崎民藏的土地复权同志会。〔资〕264；104；023（4）；027；106。

田渊铁男（たぶち てつお）。1914 年 1 月 26 日，随何海鸣从福冈市至下关市。〔资〕B03050073700 – 34。

玉水常治（たまみず つねじ，1862—1939），茨城县人，黑龙会成员。在香港与宫崎滔天相识。1900 年 12 月 8 日，在东京对阳馆与孙文等会面。〔资〕B03050065200 – 25；B03050065200 –

41；264。

玉利传十（たまり でんじゅう，又名绍堂），鹿儿岛县人，《实业之世界》杂志记者。1913 年 2 月 19 日，在东京帝国宾馆采访孙文。〔资〕109。

田村俊次（たむら しゅんじ，1872—1941），医生。1909—1916 年任中国驻屯军病院院长。1917 年在天津开设东亚医院。1924 年 12 月，为孙文诊病，认为孙文病情严重。孙文逝世时发出唁电。〔资〕221；《东京朝日新闻》（1924. 12. 8）；001。

田山奇三郎（たやま きさぶろう）。1914 年 5 月，从上海致函黄兴。〔资〕B03050075500－15。

田山（たやま），满铁人员。1914 年 1 月 30 日，孙文发给“大连南满铁道局田山”一封电报。〔资〕B03050073700－46。

丹下良太郎（たんげ りょうたろう），神户市议会议员，共亲社成员。1924 年 11 月 28 日夜，出席欢迎孙文宴会。〔资〕《神户又新日报》（1924. 11. 29）。

丹野谦八（たんの けんぱち）。1916 年，参加在山东的中华革命军东北军。〔资〕262。

千秋（ちあき），海军军人。1914 年 7 月，访问孙文寓所，与头山满、和田瑞等一起交谈。〔资〕B03050076400－43。

筑地宜雄（ついじ よしお），宫崎滔天的外甥，跟随宫崎滔天行动。著有回想录《宫崎滔天》。〔资〕118；023（4—6）。

冢原以势（つかはら いせ），旅馆对阳馆（位于东京爱宕山）的老板娘。宫崎滔天首次赴东京时，就投宿对阳馆。亦被人称为“革命婆”，孙文、头山满等许多人都曾在该馆住宿，对他们的生活也多有照料。〔资〕023（3）；335；336。

冢原嘉一郎（つかはら かいちろう，1884—1960），佐贺县人，矿山业者，住在东京赤坂北町，秋山好古的女婿。1918 年 2 月 26 日，张继、殷汝耕访问冢原宅邸。与何天炯也有交流。1925 年 3 月，孙文逝世时发出唁电。〔资〕B03050083800 - 46；001。

冢原喜三郎（つかはら きさぶろう）。1918 年 1 月 13 日，与张继、菊池良一、《大阪朝日新闻》编集（编辑）长鸟居赫夫一起，在大阪曾根崎新地森福会餐。〔资〕B03050083800 - 8。

冢原周造（つかはら しゅうぞう，1847—1927），茨城县人，东洋汽船社长。1914 年 6 月 30 日，冢原访问黄兴住宅，与约 20 名流亡者以及前田九二四郎、宫崎滔天、萱野长知等人会合。〔资〕B03050076200 - 12。

冢原嘉藤（つかはら よしふじ）。1915 年 4 月 30 日，孙文等访问冢原。〔资〕B03050081200 - 37。

冢平权八（つかひら ごんぱち），对阳馆馆主，以势之夫。宫崎滔天、孙文等曾在此住宿。〔资〕335；336；023。

冢本国三郎（つかもと くにさぶろう），油漆业者，住在东京京桥区木挽町。1916 年 3 月 13 日，冢本访问孙文寓所，想推销俄罗斯制造的枪支，被戴天仇谢绝。〔资〕B03050083000 - 12。

冢本ふじ（つかもと ふじ），神户高等女学校教谕，英语教师。1924 年 11 月 28 日，宋庆龄在对女生演讲时，冢本担任翻译。〔资〕《神户又新日报》（1924. 11. 29）。

津轻英麿（つがる ふさまろ，1872—1919），东京人，贵族院议员，近卫笃麿之弟。1913 年 2 月 15 日，出席东亚同文会在华族会馆举行的孙文欢迎会，16 日，出席近卫笃麿墓前慰灵会。〔资〕

123；134；250。

月成狂介（つきなり きょうすけ）。1916 年 7 月，参加在山东的中华革命军东北军。〔资〕232（46）。

津久居平吉（つくい へいきち，1871—1931），栃木县人，陆军军人。辛亥革命之际，因呼应蓝天蔚的行动被停职，编入预备役。1915 年 1 月 26 日，在山田纯三郎的陪同下访问孙文寓所。1916 年 1 月 9 日，与戴天仇、孙文会面。〔资〕B03050080200 – 44；B03050082700 – 50；262。

佃信夫（つくだ のぶお，1866—?），新潟县人。参与第二次“满蒙独立运动”。〔资〕269；262。

辻嘉六（つじ かろく，1877—1948），岐阜县人，日本化学产业社社长。1914 年 9 月 11 日，受黄兴委任的刘艺舟、张尧卿等希望其援助资金及武器。〔资〕B03050077800 – 12。

辻铁舟（つじ てっしゅう，1880—1931，本名一藏），大阪人。1913 年 7 月，二次革命之际参加攻击南京的战斗，负伤。与张尧卿、何海鸣、刘艺舟等人交往。1918 年 6 月 17 日，从小石川区水道町寺田处寄给戴天仇包裹，转交给逗留箱根的孙文。1924 年 11 月 26 日，赴神户东方宾馆访问孙文。〔资〕B03050076600 – 13；B03050084000 – 24；262；269；《神户新闻》（1924. 11. 27）。

津下纹太郎（つした もんたろう），日本制油公司主要干部。1924 年 11 月 28 日，赴神户东方宾馆访问孙文。1925 年 3 月，孙文逝世时发出唁电。〔资〕B03050764300 – 45；001。

辻村楠造（つじむら くすぞう，1862—1952），高知县人，陆军军人，陆军省经理局长。分别于 1913 年 9 月 21 日、10 月 4 日，在饭野吉三郎宅邸与孙文见面。〔资〕B03050072000 – 15；B030

50072100－24；283。

辻本市藏（つじもと いちぞう）。在大连参与清朝宗社党的活动。同时，为支援三次革命，在奉天的满铁附属地企图发行军票。〔资〕B03050074500－27。

辻本清藏（つじもと せいぞう）。1912年2月3日，访问孙文。〔资〕《临时政府公报》（8，1912.2.5）。

津田几次郎（つだ いくじろう，？—1935），福冈市议员，玄洋社成员，住在福冈县筑紫郡住吉町。1914年1月26日，何海鸣与福田保太郎等一起访问津田。〔资〕B03050073700－38；007。

津田三郎（つだ さぶろう，1857—1901），和歌山县人，海军军人，军舰富士乘员。1897年4月13日，在伦敦与南方熊楠、孙文会面。〔资〕243（2）；280。

土谷佐太郎（つちや さたろう），住在岛根县大原郡大东町。1915年12月31日，土谷发给孙文寓所一封"亲展"（本人开封）信。〔资〕B03050082700－28。

土屋光春（つちや みつはる，1848—1920），爱知县人，陆军大将，台湾军旅团长。1900年8月，参与"厦门事件"。〔资〕262；269；283。

堤正雄（つつみ まさお）。1925年3月，孙文逝世时发出唁电。〔资〕001。

角田宏显（つのだ こうけん）。辛亥革命时，在东北支援革命。〔资〕110。

角田驹吉（つのだ こまきち）。1899年7月，时为布引丸轮机长，罹难。〔资〕341。

角田真平（つのだ しんぺい，1857—1919），律师，众议院议员，早稻田大学同仁会成员。1913 年 2 月 25 日，出席在大隈重信宅邸举行的孙文欢迎会。〔资〕253；《早稻田学报》（217，1913. 3）；《东京朝日新闻》（1913. 2. 26）。

角田浩（つのだ ひろし）《大阪每日新闻》编集局人员。1909 年 2 月22 日，逗留在神户的宫崎滔天，向角田发出信函。〔资〕B03050066800 - 4。

坪谷善四郎（つぼや ぜんしろう，1862—1949，号水哉），新潟县人，从事出版行业，博文馆及《太阳》杂志编辑。1913 年 2 月 19 日，赴帝国宾馆访问孙文。〔资〕109。

津村甚助（つむら じんすけ）。1929 年 3 月，为设置孙文铜像随梅屋庄吉访华。〔资〕110。

鹤冈永太郎（つるおか えいたろう，1873—?），东京人。1911 年 10 月，在纽约与孙文见面。孙文就他经日本回中国事宜，委托其探听日本政府的意向。1925 年 3 月，孙文逝世时发出唁电。〔资〕B08090225100 - 9 ~ 12；001；023（5）。

鹤原定吉（つるはら さだきち，1856—1914），东京人，众议院议员。1913 年 3 月 4 日，出席牧野外相举办的孙文欢迎会。〔资〕253；《东京朝日新闻》（1913. 3. 5）。

鹤见祐辅（つるみ ゆうすけ，1885—1973），群马县人，众议院议员。1923 年 4 月，在广州大本营访问孙文。孙文同他畅谈日俄战争期间，通过苏伊士运河塞得港时，阿拉伯人看见装载俄国伤兵的船，高兴地谈论起俄国人战败的情形。〔资〕121；253。

手崎良助（てざき りょうすけ），兵库县人，木匠。1914 年 8 月 20 日，他参加了与何海鸣等人有关的“冈崎藤次郎义勇队”。〔资〕

B03050078200－9。

出渕胜次（でぶち かつじ，1878—1947），岩手县人，外务省亚细亚局长。1924 年 11 月，到达神户的孙文通过殷汝耕，打探是否可以赴东京。对此，作为加藤高明内阁成员，出渕传达了在神户强化警备等方面的照顾，但为了考虑与北方的张作霖、段祺瑞等人的平衡，希望孙文取消赴东京的意向。〔资〕B03050764600－7。

寺内正毅（てらうち まさたけ，1852—1919），山口县人，陆军元帅，总理大臣，朝鲜总督。1914 年 10 月 8 日，通过中村弥六，革命党员希望从陆军省内借贷用于三次革命的资金及武器，被寺内谢绝。〔资〕B03050078400－39；269。

寺尾亨（てらお とおる，1860—1925），福冈县人，东京帝国大学教授，国际法学者。主张对俄开战的七博士之一。1905 年前后，投入私费在东京开设为培养中国留学生军事人才的东斌学堂。1911 年 12 月，赴华，支援孙文、黄兴等。1912 年，辞去教职就任中华民国临时政府法制顾问，为起草《中华民国临时约法》而尽力。1913 年 8 月 9 日，会见刚流亡日本的孙文，以后结为至交。1914 年 2 月，在东京开设政法学校，为革命派培养人才。1916 年，参列黄兴的葬礼。1919 年，赴上海，为南北和议而努力。1924 年 11 月 25 日，赴神户东方宾馆，访问孙文。〔资〕B03050070300－39；B03050070900－49；262；271；269；166；《神户新闻》（1924. 11. 26）。

寺尾寿（てらお ひさし，1855—1923），福冈县人，东京帝国大学教授，东京帝国大学附属东京天文台首任台长，寺尾亨之兄。1915 年 12 月 22 日，孙文、寺尾亨、戴天仇等人一起访问寺尾寿处。招待晚餐，孙文挥毫题字。〔资〕B03050082700－11。

寺尾（てらお）寺尾亨之妻。1915 年 11 月 25 日，与头山满全家一

起，访问孙文。〔资〕B03050082300－23。

寺岛天园（てらじま てんえん）。1924年11月27日，赴神户东方宾馆访问孙文。〔资〕B03050764300－43。

寺田（てらだ），众议院秘书官。1913年2月19日，寺田出席众议院议长大冈育造主办的孙文欢迎会。〔资〕《东京朝日新闻》（1913.2.20）。

寺中猪介（てらなか いすけ），陆军军人。1911年12月12日，向陆军大臣上原勇作汇报在辛亥革命武汉战斗中，日本人的动向。〔资〕225。

寺西秀武（てらにし ひでたけ，1870—1951），石川县人，陆军军人。辛亥革命时，任武昌武备学堂教官。提出向革命军提供武器援助的建议，接受宇都宫太郎特别机密费。1915年12月，袁世凯称帝之际，提出讨袁策略。1916年8月8日，在汉口总领事濑川浅之进关于汉口暴动事件向临时代理公使小幡西吉发出的电信中，有寺西大佐的名称，疑为寺西秀武。〔资〕B03050083300－49；023（5）；073；227。

土居通夫（どい みちお，1837—1917），爱媛县人，大阪商业会议所会头。1913年3月10日，在大阪宾馆举办孙文欢迎会，致欢迎辞。〔资〕029；134；《大阪朝日新闻》（1913.3.11）。

东乡昌武（とうごう まさたけ）。1914年3月5日，在饭野吉三郎住宅与孙文会谈，向孙文提出申请，希望在东乡宅邸与河野广中等会面。〔资〕B03050074500－38。

桃中轩云右卫门（とうちゅうけん くもえもん，1873—1916，本名山本幸藏），东京人，浪曲家。他是宫崎滔天学习浪曲的师傅。1915年10月14日，欲访问孙文，被谢绝。〔资〕B03050082200－

27，244；023（4～6）。

头山岩生（とうやま いわお），头山满第五女。1915 年 3 月 22 日，头山在国府津与孙文等一起共进午餐，然后赴热海。〔资〕B03050080500－37。

头山立助（とうやま たつすけ，1891—1941），福冈县人，国士馆监事，头山满的长子。1916 年 1 月 18 日，从上海致函孙文寓所，贺年。〔资〕B03050082800－17。

头山满（とうやま みつる，1855—1944，号立云），福冈县人，玄洋社成员。1879（或 1880）年，结成玄洋社。玄洋社“三杰”之一。1898 年，通过宫崎滔天在横滨与孙文相识，以玄洋社的长老身份支援孙文。1911 年，辛亥革命爆发后，头山向日本政府策动，希望能支援革命派，并于 12 月 27 日赴上海。1913 年 8 月，与犬养毅一起说服了山本权兵卫首相，默认二次革命失败后的孙文流亡日本。1924 年 11 月孙文最后访日时，赴神户，11 月 25 日在东方宾馆与孙文会谈。1925 年 3 月，孙文逝世时发出唁电。1929 年 6 月，参列孙文奉安大典。〔资〕B03050064100－6；166；167；269；001；007；《神户新闻》（1924. 11. 26）。

头山峰尾（とうやま みねお），头山满之妻。1915 年 9 月 3 日，访问孙文寓所。〔资〕B03050082000－25。

头山藤子（とうやま ふじこ），头山满次女。1915 年，与头山满一起访问孙文。〔资〕B03050082300－23。

德川赖伦（とくがわ よりみち，1872—1925），东京人，贵族院议员，纪州德川家当主。1897 年 5 月 1 日，在伦敦与南方熊楠会见。〔资〕243（2）；279；250。

德富苏峰（とくとみ そほう，1863—1957，本名猪一郎），熊本县

人。1890 年，创刊《国民の友》。以甲午战争为转机，政治倾向从民权向国权转换。1899 年 3 月，出席菲律宾独立运动家彭西欢迎会。1913 年 2 月 15 日，出席东亚同文会主办的孙文欢迎会。〔资〕023（3）；123。

床次竹二郎（とこなみ たけじろう，1867—1935），鹿儿岛县人，众议院议员，内务大臣。1913 年 3 月 4 日，出席牧野外相主办的孙文欢迎会。1915 年 12 月 10 日，孙文在戴天仇的陪同下访问东京麻布区赤星铁马别邸，与床次、小森雄介会谈。1925 年 3 月，孙文逝世时发出唁电。〔资〕B03050082600 - 21；001；253；110；《东京朝日新闻》（1913. 3. 5）。

户谷银三郎（とたに ぎんざぶろう，1883—1970），爱知县人，大连病院院长。1925 年 1 月 19 日，受满铁北京事务所长的邀请，从大连奔赴天津，听取田村俊次、小菅勇两位医生关于孙文病情的报告。1 月 24 日、25 日，在北京与孙文见面，但未诊病。〔资〕221；340。

留耕一（とまり こういち）。1912 年 11 月，作为议员观光团随行翻译，参加了与孙文的会见。〔资〕《民立报》（1912. 11. 12）。

泊宗一（とまり そういち），长崎县人。辛亥革命时，与志村光治一起，在上海计划爆破清朝军舰。〔资〕262。

富冈よし（とみおか よし）。1900 年 9 月 14 日，与内田良平一起坐列车到达京都，投宿三条通的龟屋旅馆。〔资〕B03050064600 - 39。

富永龙太郎（とみなが りゅうたろう，龙又作重），和歌山县人，海军军人。1914 年 8 月 15 日、9 月 14 日，与王统一一起访问孙文寓所。1914 年 9 月前后，在熊本县鹿本郡作为村部贯雄代理人，劝说预备役海军军人参加革命党义勇队员。〔资〕B03050077000 - 18；B03050078800 - 15。

友枝梅次郎（ともえだ うめじろう），住在福冈县小仓市。1913 年 12 月 17 日，友枝受何海鸣的委托，设法筹措资金。〔资〕B03050073000 - 45。

丰川良平（とよかわ りょうへい，1852—1920），高知县人，三菱合资会社人员，贵族院议员。1912 年 1 月 19 日，参与中央银行的设立计划。〔资〕220；218；250。

丰田利三郎（とよだ りさぶろう），日本矿业会社人员。1913 年 11 月 8 日，与浅野士太郎一起访问孙文寓所。〔资〕B03050072400 - 19。

鸟居赫夫（とりい かくお，1867—1928，号素川），熊本县人，《大阪朝日新闻》编集（编辑）局长。1912 年 10 月 21 日，宗方小太郎从上海向鸟居递送了“关于孙文赴日之件”的报告。1918 年 6 月 12 日，孙文从箱根向鸟居发出“到达三河屋”的电报。〔资〕B03050084000 - 15；023（6）。

な行

内藤湖南（ないとう こなん，1866—1934，名虎次郎），秋田县人，京都帝国大学教授。1900 年赴华。任《大阪朝日新闻》论说委员，发表有关中国的言论。1907 年，任京都大学东洋史学科教授，为京都学派奠定基础。1918 年 6 月，赠送路过京都的孙文自作诗。〔资〕110；217。

内藤正义（ないとう まさよし），肥后农工银行头取（行长）。1913 年 3 月 20 日，内藤在福冈县大牟田迎接孙文。〔资〕《九州日日新闻》（1913. 3. 21）。

内藤（ないとう），陆军军人，亲中义会成员。1911 年 12 月，参加北伐队。〔资〕071；023（5）。

中熊太郎（なか くまたろう），和歌山县人，家具木匠。1914 年8 月18 日，参加与何海鸣等人有关的“冈崎藤次郎义勇队”。〔资〕B03050078200 – 9；B03050078800 – 12。

中井喜太郎（なかい きたろう），《读卖新闻》记者。1911 年 12 月，随何天炯赴东京。〔资〕225。

长江清介（ながえ せいすけ，长又作永，清又作青），熊本县人，新闻记者。辛亥革命后，经宫崎滔天推荐赴上海。1914 年 4 月，走遍满洲与革命党员取得联络。6 月，参加陈中孚的奉天攻击战。9 月，在本溪湖强行袭击官兵，为集合同志被捕，被驱逐出境。〔资〕B03050079500 – 1；262；244（5）；204。

长江虎臣（ながえ とらおみ），熊本县人，陆军军人。1913 年 3 月20 日，长江在福冈县大牟田迎接孙文。〔资〕《九州日日新闻》(1913. 3. 21)。

中小田运次郎（なかおだ うんじろう），熊本县人，海军军人。1914年 9 月前后，受村部贯雄委托，与勇秀彦一起，劝诱人们加入革命党义勇队。〔资〕B03050078800 – 16。

中川恒次郎（なかがわ つねじろう），驻香港领事。1895 年 3 月，孙文计划在举行广州起义时，希望其设法弄到武器，中川拒绝。当时孙文提到了“两广独立，成立共和国”的构想。因中日甲午战争后，停战交涉即将开始，中川向外务省通商局长原敬提议，为了有利于交涉，支援孙文等在南方的举事，也是对北方的一个牵制策略。〔资〕240（2）。

中川传藏（なかがわ でんぞう），住在东京市芝区芝西应寺町。1913年 12 月 13 日，致函黄兴寓所。〔资〕B03050072700 – 25。

中久喜信周（なかくき のぶちか，1878—1915），埼玉县人，《万朝报》《东京每日新闻》等记者。1911 年 10 月，作为《万朝报》记者在中国视察时，武昌起义爆发，立刻及时报道革命派的活动。1914 年 2 月 19 日，会见孙文。〔资〕B03050074400 - 37；046；262。

中泽家康（なかざわ いえやす），飞行家。1916 年 2 月 15 日，在坂本寿一陪同下访问孙文寓所。〔资〕B03050082900 - 13。

中岛胜次郎（なかじま かつじろう），实业家，住在神户。1910 年 1 月，黄花岗起义前，向黄兴提供旅费，在神户常盘花坛为其举行壮行会。〔资〕046；023（5）。

中岛金吾（なかじま きんご）。1913 年 12 月 2 日，孙文出席了梅屋庄吉举办的岩本千纲赴新加坡的欢送会，中岛也在场。〔资〕B03050072600 - 19。

中岛久万吉（なかじま くまきち，1873—1960），三菱商事上海支店、古河矿业等人员，商工大臣。1911 年 12 月，向末永节提供资金。中国兴业公司成立时出资 200 股。〔资〕B04011208800 - 79；094；204。

中岛行一（なかじま こういち），三上丰夷的代理人。1916 年 12 月 5 日，与戴天仇就开设交易所等事宜协议。〔资〕238（4）；《晨钟报》（1917. 4. 6）。

中岛缝二（なかじま ほうじ）。1913 年 10 月 29 日，与张继一起访问孙文寓所。〔资〕B03050072300 - 33。

永屿忠重（ながしま ただしげ）。1924 年 11 月，赴神户访问孙文。〔资〕B03050764300 - 43；239。

长岛隆二（ながしま りゅうじ，1876—1949），桂太郎的秘书、女

婿。1913 年 2—3 月，孙文、桂太郎会谈时同席。1913 年秋，转达了卧病在床的桂太郎对孙文说的话。1929 年 6 月，参列孙文奉安大典。〔资〕075；076；196。

中田郡治（なかた ぐんじ，郡治又作群次），长崎县人，陆军军人，舰船销售商。辛亥革命时，受参谋本部委托赴华，参与革命派的活动。二次革命时，支援柏文蔚。〔资〕B03050077200 - 31；B03050079500 - 19。

中田群二（なかた ぐんじ）。1925 年 3 月，孙文逝世时发出唁电。〔资〕001。

仲田敬义（なかた たかのり），日华实业协会成员。1913 年 2 月 21 日，出席日华实业协会主办的孙文欢迎会。〔资〕《东京朝日新闻》（1913. 2. 22）。

中田良造（なかた りょうぞう）。1916 年 7 月，参加在山东的中华革命军东北军。〔资〕332。

永田耕堂（ながた こうどう），东亚经济通信社通讯员。1914 年2 月至 3 月，两次访问黄兴寓所，均被黄兴以患病为由谢绝。〔资〕B03050074300 - 32。

长田实（ながた みのる）。1913 年 12 月 26 日，预定随谭人凤从东京赴福冈。〔资〕B03050073000 - 34。

中西重太郎（なかにし じゅうたろう，1875—1914），长崎县人，东亚同文书院教员。1899 年，戊戌政变后，康有为流亡日本，旋赴加拿大时，作为翻译同行至夏威夷。1900 年 7 月，在自西贡至新加坡的船上与孙文同船；同月 8 日，在新加坡与康有为会面。〔资〕269；023（3）。

中西正树（なかにし まさき，1858—1923），静冈县人，东亚同文会

成员。1898 年 10 月 22 日，梁启超迁入东京牛込区早稻田鹤卷町高桥琢也的住宅。迁移时，中西与梁启超同行。同年 11 月 12 日，近卫笃麿与康有为会谈时任翻译。〔资〕B03050063900 - 17；288。

中野金次郎（なかの きんじろう），实业家三上丰夷的关联企业，北九州门司的运送公司“巴组”的社长。1907 年 10 月，为幸运丸运输武器尽力。〔资〕059；192。

中野熊五郎（なかの くまごろう，1867—1917），佐贺县人，东亚同文会成员。中日甲午战争时，任随军翻译，赴辽东战线。1900 年 8 月 29 日，与内田良平一起随孙文赴上海。预定参加内田等暗杀总督的计划，因孙文反对，未果。〔资〕B03050064300 - 43；B03050064400 - 14、39；262；027；269。

中野德次郎（なかの とくじろう，1858—1918），福冈县人，煤矿主，众议院议员，东亚同文会成员。与宫崎滔天和玄洋社等有交流，对包括黄兴在内的中国流亡者多有资助。1913 年 3 月 18 日，孙文访问福冈时，赴中野家别墅。〔资〕B03050064100 - 6；262；269；023（3，6）；253；《福冈日日新闻》（1913. 3. 19）。

中野寅吉（なかの とらきち）。1906 年 9 月，参加《革命评论》编辑部。〔资〕244（2）。

中野直吉（なかの なおきち）。1925 年 3 月，孙文逝世时发出唁电。〔资〕001。

中野ノブヲ（なかの のぶお），孙文的佣人。1916 年 1 月 28 日，受孙文指示，将书信送至金佐治（廖仲恺之化名）处。〔资〕B03050082800 - 34。

中野武营（なかの ぶえい，1848—1918，号随乡），香川县人，众议

院议员，东京商业会议所会头。1913 年 9 月 17 日，由铃木宗言介绍，在涩泽荣一宅邸与孙文会谈。〔资〕B03050071600 - 9；272。

中野正刚（なかの まさかた，1886—1943，号耕堂），福冈县人，朝日新闻记者，东方时论社社长兼主笔，众议院议员。1912 年 1 月，作为《东京朝日新闻》特派员，在南京访问孙文、黄兴等人。1918 年 1 月 31 日，张继访问中野。1924 年 11 月，就孙文"大亚洲主义"演讲，以"二十六峰外史"的笔名发表了《孙文君の去来と亚细亚运动》（《我观》1925 年 1 月），作为响应。〔资〕B03050083800 - 28；023（5）；253。

长野益雄（ながの ますお）。1900 年 8 月 24 日，参与南华独立计划。〔资〕B03050064400 - 28。

长野义虎（ながの よしとら）。1898 年 7 月 21 日，在布引丸事件中遇难。〔资〕341。

中桥德五郎（なかはし とくごろう，1861—1937），石川县人，大阪商船人员，众议院议员，文部大臣。1913 年 3 月 11 日，在大阪经济会主办的孙文欢迎会上致欢迎辞。中国兴业公司成立时，出资 200 股。〔资〕B04011208800 - 79；B03050148300 - 1 ~ 4；134；094。

中原（なかはら），住在东京市神田区西小川町。1913 年 11 月 28 日，黄兴收到中原的来函。〔资〕B03050072500 - 44。

中村伊三郎（なかむら いざぶろう，1864—1921），大阪人，中村紧身布纺织公司社主。1913 年 3 月 11 日上午，孙文参观该公司。夫人荣子、女儿文子（7 岁）、孝子（5 岁）一起出迎。孩子们向孙文赠送了鲜花和博多人形（布娃娃）。〔资〕074；《大阪朝日新闻》（1913. 3. 12）。

中村进午（なかむら しんご，1870—1939），新潟县人，早稻田大学教授，东京高等商业学校教授。1914 年 2 月，政法学校开设，讲授法学通论课程。1915 年 6 月 5 日，出席在筑地同气俱乐部举行的孙文演讲会。〔资〕B03050075300 - 8；B03050081700 - 12 ~ 14；247。

中村弼（なかむら ただす），《神户又新日报》记者。1909 年 2—3 月，访问逗留神户的宫崎滔天。〔资〕B03050066800 - 2；B03050083100 - 39。

中村利胜（なかむら としかつ）。1914 年 12 月 5 日，经王统一介绍，与西本银次郎一起和孙文见面。〔资〕B03050079500 - 33。

中村又雄（なかむら またお），陆军军人。1913 年 12 月，作为浩然庐教官，为中国革命党人培训干部。〔资〕B03050075300 - 28、29。

中村万藏（なかむら まんぞう），古董商，住在东京麹町区中六番町。1918 年 2 月 7 日，张继访问中村处。〔资〕B03050083800 - 34。

中村弥六（なかむら やろく，1855—1929），长野县人，众议院议员。1897 年 10 月，经犬养毅介绍认识宫崎滔天。1899 年，中村得巨款后为革命党采购武器，并安排旧船布引丸运输。武器预定运至菲律宾，支援彭西的独立运动。布引丸于 7 月 19 日出发，21 日在宁波海面遇台风沉没，17 名押送人员全部遇难，是为“布引丸事件”。其后，中村受到挪用资金等背信行为的嫌疑，孙文、宫崎滔天等准备告发中村。中村以抵押自宅作为赔偿的条件，谋得了和解。后来，颁布了自著手记《布引丸事件秘录》，主张自己无辜。辛亥革命后，以支援革命军的形式企图恢复名誉。〔资〕B03050064200 - 41；341；271；023（2 ~ 6）；054；253。

中村雄次郎（なかむら ゆうじろう，1852—1928），三重县人，陆军中将，八幡制铁所长，满铁总裁。1912 年 1 月 1 日，参与汉冶萍公司的日中合作事宜。〔资〕023（5）。

中村是公（なかむら よしこと，1867—1927），广岛县人，满铁总裁。1913 年 2 月 28 日，与孙文同行，赴箱根。1925 年 3 月，孙文逝世时发出唁电。〔资〕《东京朝日新闻》（1913. 3. 1）；001；110。

中村利助（なかむら りすけ），人力车夫。1914 年 7 月，为赵宇臣同伴的迁居帮忙。〔资〕B03050076300 - 7。

中家仲助（なかや なかすけ），兵库县警察的武术教练。1913 年 8 月 9 日至 16 日，孙文潜居神户诹访山常盘花坛别庄期间，率弟子担任秘密警戒。〔资〕115。

中安信三郎（なかやす しんざぶろう，1860—1935），京都人，众议院议员。1913 年 2 月 19 日，出席众议院议长大冈育造主办的孙文欢迎会。〔资〕253；《东京朝日新闻》（1913. 2. 20）。

中山佐之助（なかやま さのすけ），关东州警务局长。1924 年 3 月 7 日，在广州与孙文见面。〔资〕285。

中山说太郎（なかやま せつたろう），久原商事取缔役（法定代表）。1916 年 3 月 10 日，松岛重太郎与其他秘书一起，出席了孙文、久原房之助的借款合同签署场面。并作为 3 月 8 日（20 万日元）、16 日（30 万日元）的合同书上的“名宛人”（见证人）签名。1925 年 3 月，孙文逝世时，中山发出唁电。〔资〕B03050083000 - 10；001；052。

中山太一（なかやま たいち）。1913 年 3 月 21 日，孙文赠给中山自己的肖像照。孙文访问日本期间，各家报纸都以醒目版面放大刊

载了该照。〔资〕《东洋日の出新闻》(1913. 3. 21)。

长田(ながた),牧师。1913 年 3 月 11 日,孙文在大阪基督教青年会举行演讲时,担任祈祷。〔资〕《基督教世界》(1913. 3. 13)。

名出保太郎(なで ほうたろう),大阪基督教青年会第三代理事长。1913 年 3 月 11 日,孙文在大阪基督教青年会举行演讲时,担任司会(司仪)。〔资〕《基督教世界》(1913. 3. 13)。

锅岛直大(なべしま なおひろ,1846—1921),佐贺县人,旧佐贺藩主,东亚同文会会长。1912 年 11 月 13 日,发出欢迎孙文访日的电报。〔资〕《民立报》(1912. 11. 13)。

奈良武次(なら たけじ,1868—1962),栃木县人,陆军大将,青岛守备军参谋长。1915 年 12 月,支援山东革命,居正曾访问奈良。〔资〕046。

楢原陈政(ならはら のぶまさ,1862—1900),东京人,外交官。1898 年 12 月 18 日,访问梁启超,劝其赴美,梁不听。〔资〕B03050063900 - 36。

成田惟忠(なりた これただ),神户地方裁判所长。1924 年 11 月 28 日,出席在神户东方宾馆举行的孙文欢迎宴。〔资〕《神户又新日报》(1924. 11. 29)。

成田武司(なりた たけし),住在上海的胜田馆。1913 年 12 月 27 日,孙文向成田发出一封英文电报。〔资〕B03050073000 - 43。

成富半三郎(なるとみ はんざぶろう)。辛亥革命时,支援满洲的革命党活动。1914 年 9 月,为三次革命提供食品、准备武器等。〔资〕B03050077700 - 9。

西尾大次郎(にしお だいじろう),基尔(音)商会经理。1911 年

3 月，宋教仁曾打算向西尾贩卖湖南省黄州产的锑。〔资〕B03050068000 - 4。

西冈竹次郎（にしおか たけじろう，1890—1958），长崎县人，众议院议员。1924 年 11 月，赴神户东方宾馆访问孙文。〔资〕239；253。

西川庄三（にしかわ しょうぞう，1868—1945），兵库县人，三上合资会社支配人，神户商业会议所副会头，神户市议会副议长。1913 年 8 月 7 日，向外务省政务局书记官出渊胜次提出关于孙文流亡日本事宜请愿书。1924 年 11 月 25 日，根据神户商业会议所会头泷川仪作的指示，委托访问在神户举行演讲的孙文。11 月 28 日，以"大亚洲主义"为题的孙文演讲会，在兵库县立高等女子学校礼堂（现兵库县政府所在地）举行。〔资〕B03050070300 - 45；B03050070400 - 16；239。

西川四郎（にしかわ しろう），住在东京。1909 年 2 月 5 日，逗留神户的宫崎滔天致函西川。〔资〕B03050066800 - 3。

西川德三郎（にしかわ とくさぶろう），陆军军人。1913 年 12 月，浩然庐开设，任教官。〔资〕B03050075300 - 5。

锦织刚诚（にしきおり たけまさ，诚又作清）。1913 年 12 月 19 日，与中西正树一起访问黄兴。〔资〕B03050073000 - 14。

西岛良尔（にしじま りょうじ，1870—1923，号函南），静冈县人，神户日华实业协会成员。毕业于日清贸易研究所。1913 年 5 月，编辑刊行汉文照片集《孙文先生东游纪念写真帖》（日华新报社）。1918 年起，任《日华新报》主笔。〔资〕084。

西田畊一（にしだ こういち，1884—？，畊又作耕），驻上海总领事馆书记官。1912 年 8 月 7 日，孙文与黄兴一起，对在上海的西

田书记官表示访日的意向。〔资〕C08040674000 - 4。

西松（にしまつ），京都站站长。1913 年 3 月 9 日，在京都站迎接孙文。〔资〕《京都日の出新闻》（1913. 3. 10）。

西村竹四郎（にしむら たけしろう，1871—1942），福冈县人，医生。1902 年赴新加坡，次年开业。1907 年开始与中国革命党人接触。1909 年，在新加坡为孙文诊病。1925 年 3 月，孙文逝世时，参加追悼会，在当地的《新国民日报》上发表追悼文。1935 年任新加坡日本人会会长。〔资〕140；023（5）。

西村彦马（にしむら ひこま），军人。1913 年 7 月，在汉口参加二次革命。〔资〕073。

西村八重吉（にしむら やえきち，1867（8）—1904），福冈县人，黑龙会成员。西村参与了 1900 年夏的南华独立计划。〔资〕B03050064300 - 30；262。

西村（にしむら），新闻记者。1924 年 12 月 4 日，在天津出席孙文的记者招待会。〔资〕237（11）。

西本银次郎（にしもと ぎんじろう）。1914 年 12 月 5 日，在王统一的介绍下与中村利胜一起访问孙文寓所。〔资〕B03050079500 - 33。

西山（にしやま）。1916 年 3 月 6 日，从汉口日本租界全德医院西山处致函孙文寓所。〔资〕B03050082900 - 51。

新田德兵卫（にった とくべい，1878—1919），宫城县人，陆军军人。辛亥革命时，为从华南进入西南的革命军尽力。二次革命时，支援李烈钧。〔资〕262。

新渡户稻造（にとべ いなぞう，1862—1933），岩手县人，东京帝国

大学教授。1913 年 2 月 22 日，出席留日学生大会主办的孙文欢迎会。〔资〕144。

二宫靖（にのみや やすし）。参与 1900 年夏的南华独立计划。〔资〕B03050064300－30。

丹羽翰山（にわ かんざん），东邦协会干事。1913 年 2 月 17 日，在东邦协会主办的欢迎会上，孙文题字数幅，其中“诗人雅兴”赠与丹羽。同年 3 月 23 日，在长崎迎接孙文。〔资〕110。

额田传七（ぬかだ でんしち），医生。1915 年 10 月 1 日，与和田瑞一起访问孙文寓所。〔资〕B03050082100－42。

根岸治卫门（ねぎし ちえもん），相扑协会人员。1913 年 3 月 2 日，带领孙文参观国技馆。〔资〕《东京朝日新闻》（1913. 3. 3）。

根岸（ねぎし），神户丸船员。1900 年 8 月 26 日夜，孙文乘坐神户丸抵达长崎，27 日，根岸与孙文一起上岸。〔资〕B03050064400－39。

根津一（ねづ はじめ，1860—1927），山梨县人，东亚同文会干事长，陆军军人。1890 年 11 月至 1893 年，任日清贸易研究所代理所长。1900 年 5 月，任南京同文书院院长，同年 8 月任东亚同文会干事长。1901 年在上海设立东亚同文书院以来，任第 1 代、第 3 代院长。1911 年 12 月 27 日，在东京结成善邻同志会，支援中国革命。1913 年 2 月 15 日，出席同文会主办的孙文欢迎会。〔资〕B03050064300－34；073；269。

根本正（ねもと ただし，1851—1933），茨城县人，众议院议员。1913 年 2 月 23 日，孙文在东京基督教青年会作讲演时，根本致欢迎辞。同年 3 月 5 日，在东京站送别孙文。〔资〕253；《东京朝日新闻》（1913. 3. 6）；《基督教世界》（1913. 2. 27）。

野入三郎（のいり さぶろう），《大阪朝日新闻》门司支局记者。1918 年 6 月 10 日，孙文一行乘坐信浓丸自基隆到达门司时，上船采访。〔资〕B03050084000－12。

野口忠雄（のぐち ただお），陆军军人。1913 年 12 月，浩然庐开设，任教官。与赵宇臣一起为三次革命制造弹药。〔资〕B03050076100－46。

野口多内（のぐち たない，1876—1945），新潟县人。1898 年 10 月，支援梁启超流亡日本。〔资〕269；216。

野崎四郎（のざき しろう）。1915 年 12 月 20 日，与萱野长知、陈仲孚一起访问孙文寓所。但野崎没有与孙文见面即退出。〔资〕B03050082700－9。

野添宗三（のぞえ そうぞう，1870—1919），兵库县人，众议院议员。1912 年 11 月 11 日，野添作为议员观光团成员会见孙文。1913 年 2 月 19 日，出席众议院议长大冈育造主办的孙文欢迎会。〔资〕《民立报》（12. 11. 12）；《东京朝日新闻》（13. 2. 20）；253。

野田卯太郎（のだ うたろう，1853—1927），福冈县人，众议院议员。1913 年 2 月 19 日，出席众议院议长大冈育造主办的孙文欢迎会。〔资〕253；《东京朝日新闻》（1913. 2. 20）。

野田道三（のだ どうさん），《大阪朝日新闻》记者。1917 年 9 月 13 日，与村山龙平社长、今井嘉幸等一起，访问逗留大阪的张继、殷汝耕。〔资〕B03050083500－39。

野田兵次郎（のだ へいじろう），三重县人，《台湾民报》人员。1900 年 10 月前后，与岛田经一等一起计划，为支援孙文的惠州起义准备赴华，后因战况不利中止。〔资〕B03050065100－3；

023（3）；129。

野田兵太郎（のだ へいたろう）。参与1900年夏的南华独立计划。〔资〕244（1）。

野中保教（のなか やすのり，1878—？，笔名林一郎），爱媛县人，陆军军人。1911年11月，参加武昌战斗。1913年7月17日，从南京向参谋本部第二部长宇都宫太郎发出电报，希望在二次革命开始时支援黄兴，20日，黄兴发电给宇都宫，希望救援。旋掩护黄兴从南京逃脱。〔资〕B03050070100－9；B03050070200－27；046；287（2）。

野村岩藏（のむら がんぞう），大和商会南京外派员，陆军军人。1913年7月27日，在日本军人的合作下，支援黄兴从南京逃脱。〔资〕B03050070200－24。

野村淳治（のむら じゅんじ，1876—1950），石川县人，东京帝国大学教授。1914年2月，政法学校开设，讲授比较宪法课程。〔资〕B03050075300－8。

は行

萩野芳藏（はぎの よしぞう）。1925年3月，孙文逝世时发出唁电。〔资〕001。

萩野（はぎの）。1912年1月16日，为中国中央银行事宜，访问阪谷芳郎。〔资〕289；220。

萩屋坚藏（はぎや けんぞう，1887—1941），秋田县人。1911年11月，根据梅屋庄吉的指示，随萱野长知赴武汉拍摄纪录影片。〔资〕023（5）；343。

桥本海关（はしもと かいかん，1852—1935，本名德，号海关），兵库县人，教员，汉学者。与清朝驻神户大阪理事郑孝胥交往。为《东亚报》（神户，1898 年）翻译多项报道，著译书籍多种。曾任神户师范学校（神户大学发达科学部前身）的助教谕。〔资〕284；087。

桥本胜次郎（はしもと かつじろう）神奈川县人，海军军人。1916 年 5 月 4 日，桥本在上海参加袭击“策电”舰，阵亡。〔资〕B03050084000－28；039。

桥本才吉（はしもと さいきち）。1912 年 2 月 3 日，会见孙文。〔资〕《临时政府公报》（8，1912. 2. 5）。

桥本辰二郎（はしもと たつじろう），长崎商业会议所会头。1913 年 3 月 22 日，桥本出席了在长崎凤鸣馆举行的孙文欢迎会。〔资〕212。

桥本（はしもと）。1914 年 1 月，桥本援助何海鸣 30 日元。〔资〕B03050073600－35。

长谷川好道（はせがわ よしみち，1850—1924），山口县人，陆军大将，参谋总长。1910 年 5 月，会见宫崎滔天。1913 年 2 月 18 日，会见孙文。〔资〕《东京朝日新闻》（1913. 2. 19）；110。

长谷川（はせがわ），住在东京千驮谷。1914 年 1 月 25 日，致函黄兴寓所。〔资〕B03050073600－12。

秦狂介（はた きょうすけ），翠屋旅馆主。1896 年 10 月，宫崎滔天投宿其处。〔资〕244（5）；023（3）。

波多博（はた ひろし）。1925 年 3 月，孙文逝世时波多博发出唁电。〔资〕001。

波多野春房（はたの はるふさ，1885—?），福冈县人，大陆通信社人员。支援在日印度人的民族运动。1915 年 3 月 29 日，会见孙文。1915 年 6 月 5 日，主办在筑地同气俱乐部的孙文演讲会。1915 年 11 月 27 日，访问孙文寓所。〔资〕B03050081000－31；B03050081700－12～14；B03050082300－40；054；062。

波多野（はたの）。1911 年 11 月，作为翻译参加黄兴的部队。〔资〕110。

八田裕次郎（はった ゆうじろう），海军军人。1911 年 12 月 28 日，随何天炯访问阪谷芳郎。〔资〕289；220。

服部一三（はっとり いちぞう，1851—1929），山口县人，兵库县知事。1913 年 8 月 14 日夜，秘密赴神户诹访山看望孙文，劝说孙文早日离开日本赴美国。15 日夜，设宴送别孙文，并赠和歌一首。〔资〕B03050070200－39；B03050070400－18；102；《神户新闻》（1913. 8. 19）。

服部辰次郎（はっとり たつじろう）。1909 年 2 月 6 日，孙文致函服部。〔资〕B03050066800－3。

服部常吉（はっとり つねきち），旅馆主。1898 年 8 月 14 日，陈少白（服部二郎）到达福冈，投宿中岛町旅舍服部常吉处。〔资〕B03050063900－8。

鸠山和夫（はとやま かずお，1856—1911），东京人，东京专门学校校长，众议院议长。1898 年 10 月 22 日，梁启超迁入东京牛込区早稻田鹤卷町高桥琢也的住宅时，赴该处访问梁启超。1900 年 12 月 11 日，宫崎滔天曾与鸠山商量，如何起诉在布引丸事件过程中，中村弥六的贪污等事宜。〔资〕B03050063900－17；244（3）；271；253。

花井卓藏（はない たくぞう）。1908 年 10 月 10 日，在“禁止民报发行事件”中，宫崎滔天向章炳麟介绍花井。〔资〕244（5）。

花冈敏隆（はなおか としたか），《大阪每日新闻》记者。1914 年 4 月，何海鸣一行从下关赴大阪时，向大阪的友人发出介绍何海鸣的信函。〔资〕B03050075300 - 14。

马场命英（ばば のぶひで，1850—1917），奈良县人，少将。1913 年 3 月 10 日，孙文从奈良县厅坐马车赴大佛寺等处参观时，马场作为向导。〔资〕283；《大阪朝日新闻》（1913. 3. 11）。

浜冈光哲（はまおか こうてつ，1853—1936），京都人，京都商业会议所会头，众议院议员。1913 年 3 月 9 日，在京都宾馆举办孙文欢迎会。1925 年 3 月，孙文逝世时发出唁电。〔资〕001；134；050；253；《京都日の出新闻》（1913. 3. 10）。

浜田盛之助（はまだ せいのすけ），鹿儿岛县人，报人。《东洋日の出新闻》记者。与金子克己一起，安排孙文与尼古拉・拉塞尔的会谈。〔资〕262。

浜田彦三郎（はまだ ひこさぶろう），住在台北县古亭。1910 年 6 月，浜田彦三郎接到萱野长知有关调动武器的信函。〔资〕B03050067500 - 7。

浜野末太郎（はまの すえたろう，1890—1950），栃木县人，日本电报通信社广东、天津、北京支局长。1923 年 2—5 月，在广州大本营访问孙文，孙文赠以《致日本国民》英文稿。〔资〕156；345；091。

浜野让（はまの ゆずる，1853—1936）。作为有邻会派遣医师团成员，1911 年 10 月赴南京，从事医疗活动。〔资〕023（5）；262。

早川千吉郎（はやかわ せんきちろう，1863—1922），石川县人，满

铁社长，三井银行人员。1912 年 1 月，参与中国中央银行的设立计划。1913 年 8 月，中国兴业公司成立时，出资 100 股。〔资〕B04011208800－79；094；220；269。

早川平吉（はやかわ へいきち），奈良县人。1914 年 10 月，何海鸣为了参加挥毫会，赴奈良时投宿该处。〔资〕B03050078400－26；B03050078500－20。

林清胜（はやし きよかつ），陆军军人。1914 年 4 月，在上海参加谢持等人策划的在杭州的起义。〔资〕262。

林スエ（はやし すえ）。1908 年 11 月，"民报社毒茶事件"时，在民报社工作。〔资〕023（5）。

林末次郎（はやし すえじろう），回漕店（船运公司）人员。1899 年 7 月，将大仓组从门司陆军兵器厂收购来的弹药，装上布引丸。〔资〕B03050065200－27。

林正耕（はやし せいこう），满铁人员。1924 年 11 月 28 日，赴神户东方宾馆访问孙文。〔资〕B03050764300－45。

林千八（はやし せんぱち），熊本商业会议所会头。1913 年 3 月 20 日，在福冈县大牟田车站迎接孙文。〔资〕《九州日日新闻》(1913. 3. 21)。

林龙雄（はやし たつお）。1916 年 4 月 26 日，与菊池良一一起访问孙文寓所。〔资〕B03050083100－35。

林传作（はやし でんさく，？—1913，作又作助），佐贺县人。1913 年 7 月，二次革命时，受金子克己劝说，参加南京攻略战，负伤后死亡。〔资〕262。

林德藏（はやし とくぞう），住在东京市小石川区行岛町。1913 年

10 月 25 日，访问黄兴，对弈围棋。以后多次与黄兴对弈。〔资〕B03050072300 - 15。

林田亀太郎（はやしだ かめたろう，1863—1927），熊本县人，众议院议员。1913 年 2 月 19 日，出席众议院议长大冈育造主办的欢迎孙文午餐会。〔资〕B03050077800 - 14；《东京朝日新闻》(1913. 2. 20)；253。

林田忠五郎（はやしだ ちゅうごろう）。1900 年 8 月 26 日，孙文从长崎赴上海时，林田同行。〔资〕B03050064400 - 7。

原一郎（はら いちろう）。1916 年 3 月 12 日，与坂本寿一一起访问孙文寓所。〔资〕B03050083000 - 11。

原敬（はら たかし，1856—1921），岩手县人，总理大臣。1918 年 1 月19 日，张继访问原敬宅邸。1918—1919 年，原内阁在列强协调下，摸索改善对华关系。对孙文等要求支援南方政府的希望不作回应。孙文在 1920 年 10 月 5 日致宫崎滔天的信函中，严厉批判了原内阁“扶旧抑新”的对华政策。〔资〕B03050083800 - 16；023 (6)；161。

原祯（はら てい，又名近藤五郎），长野县人，陆军军人。先后任职参谋本部、台湾总督府幕僚。1899 年辞职陆军后，参加菲律宾独立运动。1899 年布引丸事件中，他被认为是揭露了中村弥六的不正当行径的人物。1900 年南华独立计划时，接受孙文指示，与平山周等一起赴香港活动。〔资〕B03050064200 - 41；245 (1，4)；023 (3，4)；341；152。

原二吉（はら にきち），1911 年 11 月，在大原武庆麾下参加革命。〔资〕046；023 (5)。

原弘（はら ひろし），陆军军人。1914 年 8 月，为实行三次革命，

受铃木势次郎委托，募集军人。〔资〕B03050077100－17。

原口要（はらぐち かなめ，1852—1927），长崎县人，东亚铁道研究会成员。1905年，视察中国铁道。翌年，作为张之洞的顾问，实施川汉铁路的路线调查。1912年1月，就任中华民国临时政府财政顾问，参与中国中央银行的设立计划。1913年2月20日，出席铁道协会举办的欢迎孙文午餐会。〔资〕063；220；269。

原口闻一（はらぐち ぶんいち，1873—1935），长崎县人，奉天商业会议所副会头，东亚同文会广东支部长。1900年8月，为参加孙文革命运动，与平山周等一起赴香港。辛亥革命及二次革命时，奔赴满洲援助革命党，遭驱逐，归国。1914年6月25日，原口与戴天仇、山田纯三郎一起，访问孙文寓所。〔资〕B03050076100－35；023（3）；262；263。

原田助（はらだ たすく，1863—1940），熊本县人，同志社社长。1913年3月9日，出席在京都宾馆举行的孙文欢迎会。〔资〕《京都日の出新闻》（1913.3.10）。

坂西利八郎（ばんざい りはちろう，1871—1950，又名班志超），和歌山县人，陆军中将，贵族院议员。1904年2月，任袁世凯的顾问。辛亥革命后，袁重返政界，坂西作为驻在北京的参谋本部人员，支援袁世凯。1916年，袁死后，与段祺瑞政权保持密切关系，至1927年编入预备役归国时为止，一直居住北京。是“支那通”军人的代表之一，中国名“班志超”为袁世凯所授。〔资〕B03050071400－4；130；283；260。

半田一郎（はんだ いちろう）。1909年7月，宫崎滔天在浪花节巡回演出时，访问长野县上田町，住宿在半田一郎家。〔资〕B03050066900－46～48；023（5）。

阪东勘五郎（ばんどう かんごろう，1861—1918），德岛县人，众议院议员。1913 年 2 月 19 日，阪东出席众议院议长大冈育造主办的欢迎孙文午餐会。〔资〕134；253；《东京朝日新闻》（1913. 2. 20）。

东丸兼吉（ひがしまる けんきち），鹿儿岛县人，陆军军人。1914 年 10 月，在鹿儿岛从事招募革命辅佐人员的活动。〔资〕B03050078900 - 15。

东丸（ひがしまる），鹿儿岛县人，东丸兼吉之兄。1914 年 10 月，在鹿儿岛从事招募革命辅佐人员的活动。〔资〕B03050078900 - 14。

樋口典常（ひぐち のりつね，1868—1946），福冈县人，众议院议员。1912 年 11 月 11 日，作为议员观光团成员会见孙文。〔资〕253；《民立报》（1912. 11. 12）。

樋口秀雄（ひぐち ひでお，1875—1929），长野县人，众议院议员。住在东京小石川区白山御殿山。1918 年 1 月 22 日，访问张继寓所。〔资〕B03050083800 - 17。

樋口满（ひぐち みつる，1880—1919），福冈县人，玄洋社成员。樋口曾经参与 1900 年夏的南华独立计划。〔资〕B03050064300 - 30；262；263。

久原仲东（ひさはら なかはる），三井物产人员，住在长崎县壱岐郡石田村大字池田。1913 年 12 月 19 日，随谭人凤赴东京。〔资〕B03050073000 - 20；B03050073100 - 48。

日高进（ひだか すすむ），三井物产上海支店人员。第一次世界大战时，受田中隆的指示，为革命派运送武器。〔资〕110。

日野熊藏（ひの くまぞう，1878—1946），熊本县人，陆军军人。1903 年 8 月，创设青山军事学校，任校长，为革命派培养军事

人才。1906 年以后，向革命派提供自己发明的手枪、手榴弹。1910 年，在日本首次成功地实施了公开飞行。〔资〕269。

日野强（ひの つよし，1867—1920），爱媛县人，陆军军人。1913 年二次革命时，支援李烈钧撤退。〔资〕262；283。

樋野富藏（ひの とみぞう，藏又作三），大阪人。参与 1900 年夏的南华独立计划。8 月 16 日，从东京新桥出发赴神户。〔资〕B03050064300 – 19、25。

平井澂水（ひらい ちょうすい），新闻通信员。1913 年 12 月，在上海租界与革命党员密谋，被日本领事馆命令禁止驻留。1914 年 10 月 27 日，在古川清住宅与何海鸣等见面，商议支援革命。〔资〕B03050073200 – 25；B03050074200 – 41；B03050078900 – 23。

平井三男（ひらい みつお），宫崎滔天之妻槌子的外甥，1914 年 4 月 8 日，访问黄兴寓所。〔资〕B03050075200 – 15。

平井晴二郎（ひらい せいじろう，1856—1926），石川县人，铁道院副总裁。1912 年任中华民国铁道部顾问。1913 年 2 月 20 日，出席铁道协会主办的孙文欢迎会。3 月 4 日，出席牧野外相主办的孙文欢迎会。12 月 29 日，平井从朝鲜致函黄兴寓所。〔资〕B03050073100 – 3；063；《东京朝日新闻》（1913. 3. 5）。

平井（ひらい）。1915 年 12 月 27 日，从东京神田区中猿乐町平井处发来一封快递信函至孙文寓所。〔资〕B03050082700 – 30。

平冈浩太郎（ひらおか こうたろう，1851—1906），福冈县人，实业家，众议院议员，玄洋社成员，内田良平的叔父。1879 年，与箱田六辅、头山满、进藤喜平太等结成向阳社，1880 年结成玄洋社，任第一任社长。1897 年以后，支援流亡日本的孙文。1900 年 9 月 8 日，孙文访问了平冈在东京的宅邸。1913 年 3 月

18日，孙文赴博多圣福寺平冈墓凭吊。〔资〕B03050064200－27；110；023（2～6）；262；269；007；253；《福冈日日新闻》（1913.3.19）。

平冈德次郎（ひらおか とくじろう，？—1911），平冈浩太郎的叔父，玄洋社成员。1899年7月，为布引丸提供煤炭。〔资〕262；023（3）。

平冈则孝（ひらおか のりたか），熊本县荒尾村村长。1913年3月19日，平冈在万田车站迎接孙文。〔资〕《九州日日新闻》（1913.3.20）。

平川清风（ひらかわ せいふう，1891—1940），熊本县人。1914年入大阪每日新闻社，曾任上海特派员等。1917年6月上旬，平川访问孙文。〔资〕A1114844500－6～11；《大阪每日新闻》（1917.6.11）。

平田东助（ひらた とうすけ，1849—1925），山形县人，内务大臣。1908年10月19日，下令《民报》停刊。〔资〕110；271。

平田久（ひらた ひさし），三井物产人员。1918年6月17日，与上海支店长藤村义朗等访问逗留箱根的孙文，并与戴天仇一起密议。〔资〕B03050084000－22。

平田（ひらた）。1906年5月9日，孙文在给萱原传的信中，记述与平田有见面之约。〔资〕237（1）。

平冢广义（ひらつか ひろよし），兵库县知事。1924年11月28日，出席在神户东方宾馆举行的欢迎孙文宴会。〔资〕《神户新闻》（1924.11.29）。

平山岩彦（ひらやま いわひこ），东亚同志会成员。1911年11月19、20日，在汉口访问黄兴、黎元洪等。〔资〕《九州日日新

闻》(1911.12.2,3);021。

平山茂(ひらやま しげる)。1914 年 3 月 24 日,平山致函黄兴寓所。〔资〕B03050075000 – 15。

平山周(ひらやま しゅう,1870—1940),福冈县人。1897 年,与宫崎滔天、可儿长一一起,接受外务省命令,赴华调查秘密结社。同年 9 月,在横滨与孙文相识,以平山聘请的汉文教师的名义提出申请,安排孙文在居留地以外的地方居住。1905 年,中国同盟会结成时,与宫崎滔天一起参加。1925 年 3 月,孙文逝世时发出唁电。〔资〕B03050063900 – 8;269;001。

平山(ひらやま)。1898 年 10 月 22 日,梁启超迁入东京牛込区早稻田鹤卷町高桥琢也的住宅时,平山赴该处访问梁。〔资〕B03050063900 – 17。

平山(ひらやま)。1913 年 7 月,二次革命中阵亡。〔资〕204。

广冈喜一(ひろおか きいち,喜一又作喜一郎),新潟县人,陆军军人。1914 年 9 月,经一之濑斧太郎劝说,为支援革命在杭州潜伏。〔资〕B03050079700 – 15。

广濑寿太郎(ひろせ じゅたろう)。1918 年 6 月 12 日,胡汉民、孙文从逗留的箱根,致函东京市千驮谷原宿广濑寿太郎。〔资〕B03050084000 – 15。

广田四郎(ひろた しろう),《报知新闻》门司支局记者。1918 年 6 月10 日,孙文一行乘坐信浓丸从基隆赴门司入港时,广田上船采访。〔资〕B03050084000 – 12。

弘田治十郎(ひろた ちじゅうろう)。1915 年 3 月 4 日,弘田与萱野长知、须藤荣吉、大石茂美等一起访问孙文寓所。〔资〕B03050080100 – 10。

深川（ふかがわ），佐贺银行人员。1914 年 2 月 18 日，与何海鸣见面，以润笔费的形式援助何的生活。〔资〕B03050074400 - 13。

福冈秀猪（ふくおか しゅうい），东京帝国大学教授。1915 年 6 月 5 日，福冈出席了在筑地同气俱乐部举行的孙文演讲会。〔资〕B03050081700 - 12。

福岛长发（ふくしま ちょうはつ），《东洋日の出新闻》社人员。1909 年 2 月 5 日，逗留神户的宫崎滔天向福岛发出电报或书信。〔资〕B03050066800 - 3。

福岛贞治（ふくしま ていじ），米商。1914 年 2 月 18 日，在下关援助与福田保太郎断绝关系的何海鸣的生活。〔资〕B03050074500 - 11。

福岛友吉（ふくしま ともきち），旅馆主。1900 年 1 月 29 日，宫崎滔天到达长崎，径入旅宿福岛处投宿。〔资〕B03050064200 - 22。

福岛安正（ふくしま やすまさ，1852—1919），长野县人，陆军大将，参谋总长。1892 年，单独步行穿越西伯利亚。1899 年，布引丸事件时，参与向革命派销售陆军的武器。〔资〕262；263；341。

福田玄德（ふくだ げんとく）。辛亥革命时，三上丰夷用哈德森丸向南京运送武器时，担任修缮工作。〔资〕262。

福田阐正（ふくだ せんせい）。1912 年 2 月 3 日，作为革命战乱地方慰问、视察使，会见孙文。〔资〕《临时政府公报》（8，1912. 2. 5）。

福田辰五郎（ふくだ たつごろう，1869—1918），埼玉县人，律师，众议院议员。1913 年 2 月 19 日，出席众议院议长大冈育造主办的欢迎孙文午餐会。〔资〕253；《东京朝日新闻》（1913. 2. 20）。

福田德三（ふくだ とくぞう，1874—1930），东京人，庆应义塾大学教授。在1914年2月开设的政法学校讲授经济原论课程。1920年，孙文赠送福田签名本 *The International Development of China*。〔资〕B03050075300－8；036。

福田ナイ（ふくだ ない）。1905年赴东京，至1907年11月止，在黄兴寓所以佣人名义在《民报》社工作。1909年1月12日，在荒尾与宫崎滔天、黄兴会面。〔资〕B03050066500－21。

福田英子（ふくだ ひでこ，1865—1927），冈山县人。妇女参政权运动的先驱者。1914年2月，访问孙文，又与宫崎滔天之妻槌子一起与黄兴会谈。〔资〕B03050074400－21；187。

福田雅太郎（ふくだ まさたろう，1866—1932），长崎县人，陆军大将。辛亥革命时，接受参谋本部第二部长宇都宫太郎提供的活动经费。1914年10月10日，与张尧卿见面。1925年3月，孙文逝世时发出唁电。〔资〕001；257（4）。

福田又一（ふくだ またいち，1864—1939），埼玉县人，众议院议员。1913年2月19日，出席众议院议长大冈育造主办的欢迎孙文午餐会。〔资〕253；《东京朝日新闻》（1913.2.20）。

福田保太郎（ふくだ やすたろう），贸易商，住在姬路。1909年2—3月，访问逗留神户的宫崎滔天。〔资〕B03050066800－2。

福地善二（ふくち ぜんじ），佐贺县人。辛亥革命时，与志村光治等一起，在上海计划爆破清朝军舰。〔资〕262。

福原俊丸（ふくはら としまる，1876—?），贵族院议员。1924年11月27日，赴神户东方宾馆访问孙文。〔资〕B03050764300－43；250。

福本义亮（ふくもと ぎりょう，1873—1962，号椿水），山口县人，

神户水上署长，神户商业会议所成员。1913 年 8 月，孙文在神户上陆时，担任警备。〔资〕275（中）。

福本诚（ふくもと まこと，1857—1921，号日南），福冈县人，报人，众议院议员，东亚同文会成员。1897 年，与陆羯南、池边吉太郎等设立东亚会，翌年参加东亚同文会的结成。1899 年，结识孙文。1900 年 7 月 9 日，与孙文一起赴新加坡，为释放宫崎滔天、清藤幸七郎而奔走。参与南华独立计划。惠州起义时，策划组建南京同文书院学生义勇兵，未果。〔资〕B03050064200－29；214；269；253。

藤井悟一郎（ふじい ごいちろう）。1913 年 8 月 5 日，孙文从福州到达基隆，来到台北的梅屋敷与藤井会见。〔资〕110；233。

藤井种太郎（ふじい たねたろう，1870—1914），福冈县人，穗波煤矿运煤部长，玄洋社成员。日俄战争时参加“满洲义军”。1911 年 12 月 23 日随头山满访华，27 日到达上海。〔资〕166。

藤井トメ（ふじい とめ，又名留香），艺妓。1898 年，宫崎滔天为救援康有为流亡日本，从香港归国，其时与滔天相识。〔资〕B03050065200－10；244；023（3）。

藤冈幸一郎（ふじおか こういちろう，1881—1920），和歌山县人，海运业柏屋成员。1907 年 10 月，向三上丰夷提供幸运丸。〔资〕046；346。

藤泽外吉（ふじさわ そときち），印刷业秀光社社长。1906 年 9 月，《革命评论》创刊时，承担其印刷业务。〔资〕244（5）。

藤泽（ふじさわ），新闻记者。1924 年 12 月 4 日，在天津出席孙文的记者招待会。〔资〕237（11）。

藤濑政次郎（ふじせ まさじろう，1866—1927），长崎县人，三井物

产上海支店长。1911 年 12 月 25 日（或 29 日），通过山田纯三郎的中介与孙文会谈。12 月 31 日，通过宫崎滔天、山田纯三郎与孙文会谈，商议资金援助事宜。翌年 1 月，在山本条太郎的指挥下，启动汉冶萍公司借款计划，还通过森恪向孙文提供资金。二次革命失败后，将上海的三井社宅作为山田纯三郎住宅使用，支援革命派。〔资〕269；023（5，6）；196。

藤田末吉（ふじた すえきち），陆军军人。1914 年 10 月 20 日，为支援二次革命，在杭州潜伏。〔资〕B03050079700－16。

藤田竹次郎（ふじた たけじろう），大阪商船会社所属天草丸事务长。1910 年 6 月，在神户数次会见萱野长知。兵库县警察怀疑他可能为革命党秘密输送武器。〔资〕B03050067500－6。

藤田礼造（ふじた れいぞう，1881—1957），佐贺县人，神户的煤炭贸易商藤田洋行人员。1915 年 2 月 5 日，在陈其美的陪同下访问孙文寓所。2 月 10 日，访问孙文寓所，并与陈其美会面。〔资〕B03050079900－24；B03050079900－37。

藤波（ふじなみ）。1916 年 7 月，参加在山东的中华革命军东北军。〔资〕232（46）。

藤村义朗（ふじむら よしろう，1871—1933），熊本县人，三井物产取缔役（法定代表），递信大臣，贵族院议员。1918 年 6 月 17 日，在该社社员的陪同下，访问逗留箱根的孙文，并与戴天仇密议。1924 年 11 月 29 日，藤村赴神户东方宾馆访问孙文。〔资〕B03050084000－22；B03050764400－43；250。

藤村（ふじむら）。1916 年 3 月 16 日，从大连近江町藤村处致函孙文寓所。〔资〕B03050083000－18。

藤本尚则（ふじもと なおのり，1888—1970，号天道真人），高知县

人，《朝日新闻》社记者。1922年著《巨人头山满翁》。1924年11月25日，在神户东方宾馆的孙文、头山满会谈时同席。1929年6月，藤本参列孙文奉安大典。〔资〕166；173；《朝日新闻》(1970.5.29)。

藤矢（ふじや），《读卖新闻》社人员。1909年3月29日，在大阪站前的旅馆瓢屋，和尾崎行昌、武田范之等一起，与宫崎滔天共进午餐。〔资〕B03050066800－26。

藤原喜代间（ふじわら きよま，1895—1980)，爱媛县人，海军军人。1929年6月，参列孙文奉安大典。〔资〕173。

布施茂（ふせ しげる)。1911年11月，随萱野长知参加汉阳战斗。〔资〕046；023（5)。

船津辰一郎（ふなつ たついちろう，1873—1947)，佐贺县人，香港总领事代行。1904年后，在中国各地的领事馆工作。1911年12月21日，在香港迎接孙文。1926年，任在华纺同业会理事。〔资〕023（5)；204；170。

古家实三（ふるいえ じつぞう，1890—1966)，兵库县人。1924年11月29日，古家致函逗留在神户东方宾馆的孙文。〔资〕B03050764400－44；172；201。

古市公威（ふるいち きみたけ，1854—1934)，兵库县人，日本铁道协会会长。1913年2月19日，出席后藤新平主办的孙文欢迎宴会。20日，铁道协会举办孙文欢迎会，致欢迎辞。〔资〕142；132；《铁道时报》(702，1913.3.1)。

古川市太郎（ふるかわ いちたろう，1888—?)，大阪人。1914年8月，与刘艺舟接近，希望参加革命军。10月29日，赴上海。〔资〕B03050079000－3。

古川岩太郎（ふるかわ いわたろう，1870—1940），兵库县人，陆军军人。1914 年 4 月 1 日，与黄兴会谈。后又致函黄兴。〔资〕B03050075100－19。

古川清（ふるかわ きよし，清又作洁，又名王国立），岛根县人，陆军军人。1907 年 3—4 月，与宋教仁一起赴东北。武昌起义时，与萱野长知一起参加在武汉的战斗。二次革命后，在下关保护革命党员，支援何海鸣等人。〔资〕B03050072300－1；B03050072300－50；290；332。

古荘韬（ふるしょう とう），东亚同志会成员。1911 年 11 月，作为东亚同志会成员赴汉口，11 月 19—20 日，访问黄兴、黎元洪等人。〔资〕021；《九州日日新闻》（1911. 12. 2，3）。

降旗元太郎（ふるはた もとたろう，1864—1931），长野县人，众议院议员。降旗与平冈浩太郎是知己。在满蒙问题上经常提倡积极主义。曾经向何海鸣介绍长野县会议员木下重太郎。〔资〕B03050079200－15；262；268；253。

古谷（ふるや），美国驻日大使馆书记官。1914 年 9 月 19 日，在美国驻日大使馆与孙文会谈。〔资〕B03050078200－20；B03050078300－36。

星野光多（ほしの こうた，1860—1932），群马县人。1899 年，任日本基督教会两国教会第二代牧师。1913 年 2 月 23 日，孙文赴东京基督教青年会演讲会时，担任散会前的祷告。〔资〕《基督教世界》（1913. 2. 27）。

星野晴然（ほしの せいぜん）。1916 年 1 月 9 日，从东京本乡区千驮木町星野处，致函孙文寓所贺年。〔资〕B03050082700－50。

星野米藏（ほしの べいぞう）。1916 年 5 月，参加在山东的中华革命军东北军。〔资〕332。

堀清（ほり きよし），汤浅洋行汉口支店长。武昌起义时，在武汉支援革命派齐济民等人。1925 年 3 月，孙文逝世时发出唁电。〔资〕001；262。

堀才吉（ほり さいきち），大宇宙教成员。1921 年 8 月 27 日，宫崎滔天向孙文赠送其画的达摩像。〔资〕244（1）。

堀千代子（ほり ちよこ），福岛熊次郎的夫人。教员，后参与主办《东洋日の出新闻》。在长崎，担任尼古拉·拉塞尔制造炸弹时的翻译。〔资〕262。

堀井觉太郎（ほりい かくたろう）。1904 年，在黄兴设立的湖南明德学堂任理科教员，指导革命派制造炸弹。〔资〕080。

堀井サト（ほりい さと）。1914 年 3 月 29 日，访问黄兴寓所。〔资〕B03050075100－2。

堀内谦介（ほりうち けんすけ），日本驻青岛领事。1925 年 3 月，孙文逝世时发出祭文。〔资〕001。

堀内静宇（ほりうち せいう）。1913 年 8 月 8 日，委托门司市的前田久太郎，希望其为“支那亡命者救护团”的设立尽力。〔资〕B03050070800－50。

堀内寅吉（ほりうち とらきち），元商船学校教员。1914 年 11 月 12 日，在王统一的陪同下，与小田切良吉一起访问孙文寓所。〔资〕B03050079100－14。

堀江归一（ほりえ きいち，1876—1927），东京人，庆应义塾大学教授，友爱会评议员。1914 年 2 月，政法学校开设，讲授财政原论课程。〔资〕B03050075300－8。

本庄繁（ほんじょう しげる，1876—1945），兵库县人，陆军大将。辛亥革命时，驻在上海，支援北一辉、萱野长知等人的活动。1912 年 6 月 30 日，在上海与孙文见面。1913 年 2 月 15 日，出席东亚同文会主办的孙文欢迎会。1916 年 4 月 26 日，通过驻扎在千驮谷的陆军少将福田雅太郎，与孙文取得联络。同夜，本庄访问孙文寓所。1925 年 3 月，孙文逝世时发出唁电。1931 年 9 月，"柳条湖事件"时任关东军司令官。〔资〕B03050083100－36；157；023（5）；227；001。

本城安太郎（ほんじょう やすたろう，1860—1918），福冈县人，玄洋社成员。与宫崎民藏、宫崎滔天交流。1911 年 12 月，赴武昌。〔资〕226；220；023（2）；262。

本多浅治郎（ほんだ あさじろう），早稻田大学教授。1914 年 2 月，政法学校开设，讲授西洋史课程。〔资〕B03050075300－8。

本多一太郎（ほんだ いちたろう），神户商业会议所副会头。1918 年 6 月 11 日，在神户迎接孙文。〔资〕228（大正 7，2，上）。

本堂平四郎（ほんどう へいしろう），赤坂警察署长，亲中义会成员。1908 年，《民报》停刊时，想收买宫崎滔天，被殴打。1911 年 12 月 21—25 日，从香港坐"地湾夏"（Devanha）号轮赴上海，与孙文、宫崎滔天等同行。〔资〕244（5）；023（5）。

ま行

前田下学（まえだ かがく），宫崎滔天妻兄。1909 年 1 月 11 日，在熊本县荒尾前田家与宫崎滔天、黄兴共餐。1913 年 3 月 21 日，在长崎与会见孙文。1916 年 4 月 23 日，访问孙文寓所。〔资〕B03050066500－20；《福冈日日新闻》（1913. 3. 22）。

前田亀千代（まえだ かめちよ，1885—?），青森县人。1918 年 6 月住在京都时，访问戴天仇。〔资〕347。

前田久太郎（まえだ きゅうたろう）。1913 年 8 月 8 日，受友人堀内静宇委托，答应为设立“支那亡命者救护团”尽力。12 日，亚米利加丸进入门司港时，上船访问胡汉民。〔资〕B03050070800－50。

前田九二四郎（まえだ くにしろう，1877—1948），熊本县人，宫崎滔天妻弟。1907 年 10 月，幸运丸事件时，与萱野长知等一起参与武器输送。1909 年 3 月 11 日，在神户站前的吉田旅馆访问滔天。〔资〕B03050066800－2；046。

前田行藏（まえだ こうぞう，1874—1938），熊本县人，前田九二四郎之兄。1911 年 4 月，保管为广州起义筹备的武器。〔资〕023（5）。

前田ツナ（まえだ つな，1868—1938，ツナ又作卓子），熊本县人，宫崎滔天妻姐。被称为“《民报》大妈”。1905 年 11 月，担任《民报》社的管理事务。夏目漱石《草枕》中那美的模特儿。〔资〕023（5）。

前田ハツ（まえだ はつ）。1914 年 2 月 6 日，访问黄兴寓所。〔资〕B03050074200－14。

前田一二雄（まえだ ひふお）。1916 年 12 月 14 日，访问张继寓所。〔资〕B03050083400－45。

蒔田荣助（まきた えいすけ）。1925 年 3 月，孙文逝世时发出唁电。〔资〕001。

牧田祥哉（まきた しょうさい，1880—1946），东京人，雕刻家。1929 年，受梅屋庄吉委托，制作孙文铜像 4 座。现在分别安放在南京、广州（2 座）、澳门。〔资〕086。

牧田环（まきた たまき，1871—1943），大阪人，三井矿山取缔役（法定代表）。1913 年 3 月 19 日，在大牟田三池煤矿迎接孙文。〔资〕《九州日日新闻》（1913. 3. 20）。

牧野英一（まきの えいいち，1878—1970），岐阜县人，东京帝国大学教授。1914 年 2 月，政法学校开设，讲授刑法课程。〔资〕B03050075300 - 8。

牧野谦二（まきの けんじ），陆军军人。1914 年 8 月前后，牧野接受小幡缪藏的劝说，招募在乡军人参加革命党义勇队。〔资〕B03050078200 - 34。

牧野伸显（まきの のぶあき，1861—1949），鹿儿岛县人，外务大臣。1913 年 3 月 4 日，牧野在外相官邸举行午餐会，招待孙文一行。同年 7 月，二次革命期间，重视与袁世凯政权的关系。8 月 8 日，指示兵库县知事服部一三，劝说潜居神户的孙文转赴美国。〔资〕B03050070200 - 39；269；073；《东京朝日新闻》（1913. 3. 5）。

牧卷太郎（まき まきたろう）。1909 年 3 月 3 日，在大阪会见程家柽。〔资〕B03050066700 - 10。

正木贞次郎（まさき ていじろう），和歌山县人，富士屋旅馆主人。1901 年 2 月 13—15 日，孙文在和歌山访问南方熊楠时，投宿富士屋。在外务省的记录中，富士屋仍采用旧屋号“藤源”。〔资〕B03050065300 - 2；243（2）；025；120。

增岛六一郎（ますじま ろくいちろう，1857—?），滋贺县人，东京辩护士会会长。1913 年 8 月 14 日，召开东京辩护士会协议会，审议袁世凯政府为暗杀孙文悬赏刺客一事，次日发表了谴责袁政府行径的意见书。〔资〕B03050070400 - 23、49；255。

益田孝（ますだ たかし，1848—1938，号钝翁），新潟县人，三井物产总辖（第一任社长），《中外物价新报》（现《日本经济新闻》）创刊者。辛亥革命时，向孙文提供借款，支援中华民国临时政府。1913 年 2 月 20 日，与访日的孙文会谈，任中国兴业公司成立委员。8 月，中国兴业公司成立时，出资 300 股。同月 29 日，与孙文在御殿山宅邸会谈，山本条太郎、森恪同席。〔资〕B03050072300 - 14；269；094。

增田增藏（ますだ ますぞう），增田商会店主。1918 年 6 月 23 日，招待张继，在日本桥福井楼，与吉野作造、今井嘉幸等会餐。〔资〕B03050084000 - 37。

町田（まちだ），海军军人。1918 年 2 月 6 日，出席在华族会馆由一水会举办的张继演讲会，仓知铁吉、犬冢信太郎等也出席。〔资〕B03050083800 - 33。

松井石根（まつい いわね，1878—1948），爱知县人，陆军大将。1913 年 2 月 15 日，出席东亚同文会举办的孙文欢迎会。1924 年 11 月 27 日，赴神户东方宾馆访问孙文。1925 年 3 月孙文逝世时发出唁电。1929 年 6 月参列孙文奉安大典。1937 年 12 月，作为中支那方面军司令官指挥南京大屠杀。第二次世界大战后，在东京审判中被判绞刑。〔资〕B03050764300 - 43；001；121；269。

松浦厚（まつうら あつし，1864—1934），长崎县人，贵族院议员。1915 年 6 月 5 日，出席在筑地同气俱乐部举行的孙文讲演会。〔资〕B03050081700 - 12 ~ 14；250。

松浦翠（まつうら みどり）。1914 年 2 月 10 日，在福冈与何海鸣、潘鼎新一起参列革命阵亡者追悼会。〔资〕B03050074300 - 35。

松尾（まつお），东邦协会成员。1913 年 2 月 17 日，出席东邦协会主办的孙文欢迎会。〔资〕《福冈日日新闻》（1913. 2. 18）。

松冈驹吉（まつおか こまきち，1884—1958），鸟取县人。1925年5月9日，出席在东京芝增上寺举行的孙文追悼会。〔资〕B03050148300-1~4。

松冈千寿（まつおか せんじゅ）。1915年12月17日，与水野梅晓一起访问孙文寓所。〔资〕B03050082700-2。

松冈（まつおか）。1924年12月4日，在天津，为孙文诊病。〔资〕110。

松方幸次郎（まつかた こうじろう，1866—1950），鹿儿岛县人，川崎造船所社长，众议院议员，松方正义三男。1913年8月，中国兴业公司成立时出资100股。同月9日，与兵库县知事服部一三、海运商三上丰夷一起策划，让孙文在神户的川崎造船所秘密上岸。1924年11月27日，在神户东方宾馆访问孙文。1925年3月，孙文逝世时发出唁电。〔资〕B03050070200-41；B03050070300-40；B03050764300-43；B04011208800-79；001；092；253。

松方五郎（まつかた ごろう，1871—1956），东京人，瓦斯电气工业社长。1916年3月19日，访问久原房之助宅邸，孙文、秋山定辅等也在场。〔资〕B03050083000-23。

松方正义（まつかた まさよし，1835—1924），鹿儿岛县人，大藏大臣，首相。1912年1月，松方参与中国中央银行设立计划。〔资〕220。

松下军治（まつした ぐんじ，1867—1915，治又作二），长野县人，《やまと新闻》社长，众议院议员。1910年6月21日，在上野精养轩与黄兴、儿玉右二、萱野长知等会面，密议革命运动的资金调度计划。〔资〕B03050067500-8；046；273；253。

松岛宗卫（まつしま しゅうえ，1871—1935），熊本县人，《九州日日新闻》记者，金鸡学院教授。甲午战争时参军，与坂西利八郎有交往。1909年，创办《香港日报》。1924年2月，在广州大元帅府采访孙文。〔资〕177；161。

松岛重太郎（まつしま じゅうたろう），日俄贸易合名会社社长。1916年3月10日，在东京京桥区银座的松岛重太郎处，与孙文、戴天仇、久原房之助的3名秘书会谈。在松岛斡旋下，孙文、久原房之助签订借款30万日元的合同。〔资〕B03050083000－10；052。

松平康国（まつだいら やすくに，1863—1945，平又作本），东京人。1911年12月19日，随犬养毅赴华。〔资〕223；110。

松永安左卫门（まつなが やすざえもん，1875—1971），长崎县人，参与中国兴业公司的设立。1919年11月16日，在上海访问孙文。〔资〕176。

松原铁城（まつばら てつじょう），诗人。1913年3月15日，在广岛县严岛迎接孙文。〔资〕《中国新闻》（1913.3.15）。

松峰槙太郎（まつみね しんたろう），长野县诹访郡上诹访町常盘馆主。1909年7月9日，浪曲巡回演出的宫崎滔天投宿于此。〔资〕B03050066900－46。

松本菊熊（まつもと きくくま）。辛亥革命时，跟随川岛浪速活动，后参加金子克己等在天津暗杀袁世凯的计划。〔资〕046。

松本龚逸（まつもと きょういつ），满铁经理主任。1914年7月9日，在安东与山田纯三郎会面。〔资〕B03050076500－36。

松本藏次（まつもと くらじ，1883—1962，又名田绅），千叶县人，宫崎滔天的友人。辛亥革命时，支援黄一欧参加南京攻击战。

1916年4月24日，访问孙文寓所。〔资〕B03050083100－33；046；262；023（6）；257（1）。

松本君平(まつもと くんぺい，1870—1944)，静冈县人，众议院议员。1929年6月，参列孙文奉安大典。〔资〕173；179；138；253。

松本蒸治（まつもと じょうじ，1877—1954），东京人，东京帝国大学教授。1914年2月，政法学校开设，松本担任讲师。〔资〕B03050075300－8。

松本善之助（まつもと ぜんのすけ），职业介绍业，军人。1914年8月前后，受牧野谦二委托，发广告招募在乡军人参加革命党义勇队。〔资〕B03050078200－35。

松本寿彦（まつもと としひこ）。1907年10月，乘上幸运丸，担任武器的运输工作。〔资〕054；262。

松本丰次郎（まつもと とよじろう），电器商，住在福冈市博多吴服町。1914年1月9日，松本资金援助在博多的何海鸣。〔资〕B03050073200－44～45；B03050073600－35。

松本寅男（まつもと とらお），大分县人，朝鲜总督府巡查。1914年8月18日，参加与何海鸣等人有关的“冈崎藤次郎义勇队”。〔资〕B03050078200－9。

松本实（まつもと みのる）。1925年3月，孙文逝世时发出唁电。〔资〕001。

的野半介（まとの はんすけ，1858—1917），福冈县人，众议院议员，玄洋社成员。1897年前后，通过平冈浩太郎与孙文相识。参与1900年的南华独立计划。1913年9月23日，访问孙文。1914年1月8日，向孙文报告末永纯一郎的死讯。9月1日，与萱野长知一起，同孙文会谈。〔资〕B03050067800－6；262；

244；253。

的场中（まとば なか，1856—1933），明治专门学校校长。1913 年 3 月 16 日，迎接孙文参观该校。〔资〕《福冈日日新闻》（1913. 3. 17）。

丸山干冶（まるやま かんじ），《大阪朝日新闻》社人员。1917 年 9 月13 日，与村山龙平社长、今井嘉幸等一起，访问逗留大阪的张继、殷汝耕等。〔资〕B03050083500－39。

丸山传太郎（まるやま でんたろう）。1903—1906 年，丸山在中国天津、保定传播基督教。1913 年 2 月 23 日，孙文在东京基督教青年会演讲时，致欢迎辞，并简述在中国传教的经验，为接受中国、亚洲留学生和禁止鸦片运动尽力。〔资〕《基督教世界》（1913. 2. 27）。

丸山丰（まるやま ゆたか）陆军军人。1911 年 11 月，作为寺西秀武的部下，参加汉口战斗。〔资〕263；023（5）。

丸山余四彦（まるやま よしひこ），陆军军人。1914 年 8 月 24 日，就日本对德参战、向胶州湾派遣军队事宜，刘艺舟希望他提供情报。〔资〕B03050077600－28。

身内三郎（みうち さぶろう），和田瑞的佣人。1914 年 9 月 16 日，经和田瑞介绍，访问孙文寓所，并与戴天仇一起交谈。〔资〕B03050077800－30。

三上丰夷（みかみ とよつね，1863—1942），福井县人，三上合资会社社长，内国通运社长。1906 年秋，经萱野长知介绍与孙文相识。1907 年，受孙文委托租赁幸运丸，装载武器弹药，运至广东省海丰县海面，因与陆上失去联络，未果。1909 年 1 月 19 日、20 日，宫崎滔天与黄兴一起访问三上。2 月 5 日，宫崎滔天单独访问三上。1911—1912 年，为设立中国中央银行，多次与孙文、黄兴等会谈。提供运输船哈德逊丸，为革命党人从广州运输士兵至南京。1913 年 8 月，二次革命失败后，支援孙文在神户秘密上岸。1924 年 11 月 28 日，在神户东方宾馆访问孙文。1907 年正月，受赠孙文题字“革命”，现藏神户孙文记念馆。〔资〕B03050066500－38；B03050066600－27；B03050764300－45；192。

水越耕南（みずこし こうなん，1849—1933，名成章），兵库县人，公证人、汉诗人。编辑刊行《翰墨因缘》（1884 年），记录与 25 名中国人的诗文交流事迹。与清朝驻神户大坂理事郑孝胥有诗文交流。1898 年 10 月 19 日，吴瀚涛、恽玉茗在神户上岸，与胡铁梅一起访问水越。〔资〕B03050063900－18；087。

水岛金吾（みずしま きんご，水又作中）。1913 年 12 月 2 日，出席梅屋庄吉主办的冈本大尉送别会，当时孙文也在场。〔资〕B03050072600－12、19。

水岛忠堂（みずしま ちゅうどう）。1924 年 11 月 27 日，赴神户东方宾馆访问孙文。〔资〕B03050764300－43。

水田弥八（みずた やはち）。1915 年 12 月，参加在山东的中华革命军东北军。〔资〕232（46）。

水谷幸二郎（みずたに こうじろう）。1914 年 5 月 6 日，访问孙文寓所。〔资〕B03050075400－21。

水野直（みずの なおし，1879—1929），京都人，贵族院议员，陆军省政务次官。1924 年 10 月 3 日，水野直与李烈钧会晤。〔资〕161；250。

水野梅晓（みずの ばいぎょう，1877—1949），广岛县人，西本愿寺、东亚同文书院人员。1911 年 11 月 5 日，从参谋本部宇都宫

太郎处领取工作费 1000 日元。同年，在《中央公论》等处撰文，宣传在两湖、江西地方的民众中，孙文德望不断扩大的情形。在江浙一带救护负伤的中国人。1913 年 12 月，参与设立浩然庐。同时也参与肃亲王的“满蒙独立运动”。1915 年 12 月 18 日，访问孙文寓所。〔资〕B03050082700 - 2；269；291；073。

水野秀雄（みずの ひでお，秀又作季、雄又作男），冈山县人，陆军军人。为支援革命，1914 年 10 月 18 日赴上海潜伏，同月 22 日撤退。〔资〕B03050079700 - 16。

三谷一二（みたに いちじ）三菱合资会社支社长。1913 年 3 月 22 日，出席在长崎凤鸣馆举行的孙文欢迎会。〔资〕212。

三井八郎右卫门（みつい はちろうえもん，1857—1948，本名高栋），京都人，实业家，三井总领家第 10 代当主，三井财阀宗帅。1925 年 3 月，孙文逝世时发出唁电。〔资〕001；272。

三井八郎次郎（みつい はちろうじろう，1849—1919，本名高弘），京都人，三井物产社长。1912 年 1 月 24 日，陈其美接受三井的借款。〔资〕196；271。

三井（みつい）。1916 年 3 月 19 日，住在上海的三井寄给孙文寓所一封挂号信。〔资〕B03050083000 - 24。

光冈（みつおか），住在东京市芝区白金今里町。1913 年 10 月 30 日，致函孙文。〔资〕B03050072300 - 38。

三土忠造（みつち ちゅうぞう，1871—1948），香川县人，众议院议员，大藏大臣。1917 年 5 月 18 日，出席在红叶馆举行的陈仲孚招待会。〔资〕B03050083500 - 11。

光永星郎（みつなが せいろう，1866—1945），熊本县人，电通会社的创立者。1913 年 3 月 20 日，光永在福冈县大牟田迎接孙文。

1929 年 6 月，参列孙文奉安大典。〔资〕173；《九州日日新闻》(1913. 3. 21)。

翠川铁三（みどりかわ てつぞう，1861—1916），长野县人，众议院议员。1913 年 2 月 19 日，出席众议院议长大冈育造主办的欢迎孙文午餐会。〔资〕《东京朝日新闻》(1913. 2. 20)；253。

南方楠次郎（みなかた くすじろう，1876—1921），和歌山县人，熊楠之弟。1901 年 2 月 15 日，在和歌山与孙文见面。〔资〕279。

南方熊楠（みなかた くまぐす，1867—1941），和歌山县人，博物学者。1897 年 3 月 16 日，在伦敦大英博物馆与孙文相识，多次见面。分手时，孙文在熊楠的手册簿上题签"海外逢知音"，赠送宣传册子《原君原臣》（明末黄宗羲著《明夷待访录》节录）。1901 年 2 月 15 日，孙文访问和歌山，与熊楠重温旧谊。辛亥革命爆发后，在给柳田国男的信中，熊楠回顾了与孙文在伦敦的交流。据称，孙文问其"一生之所期为何事?"时，熊楠当着大英博物馆东方书籍部长道格拉斯的面回答："我等东洋人尽力将西洋人驱赶出国境之外。"〔资〕242；243 (2)。

南方常楠（みなかた つねぐす，1870—1954），和歌山县人，南方酒造人员，熊楠之弟。1901 年 2 月 15 日，在和歌山与孙文见面。〔资〕279。

南方常太郎（みなかた つねたろう，1876—1921），和歌山县人，常楠长子。1901 年 2 月 15 日，在和歌山与孙文见面。〔资〕279。

皆川芳造（みながわ よしぞう），东京商业会议所会头。1924 年 11 月 29 日，赴神户东方宾馆访问孙文。〔资〕B03050764400 – 44。

南浦正吉（みなみうら しょうきち），《东云新闻》和歌山支局主任。1914 年 7 月，委托何海鸣演讲。〔资〕B03050076400 – 33。

南川（みなみかわ）。1915年12月27日，谭人凤在赴长崎途中，投宿京都市外田中村南川处。〔资〕B03050082700－22。

峰川晴次郎（みねかわ せいじろう）。1906年8月16日，作为《革命评论》社同人，与孙文见面。〔资〕244（5）。

箕浦胜人（みのうら かつんど，1854—1929），报人，东亚同文会春秋会会长，递信大臣，贵族院议员。1913年2月23日，出席东亚同文会春秋会主办的孙文欢迎会。〔资〕134；250；《东京朝日新闻》（1913. 2. 24）。

美浓部达吉（みのべ たつきち，1873—1948），兵库县人，东京帝国大学教授。1914年2月，政法学校开设，讲授行政论课程。〔资〕B03050075300－8。

三桥常吉（みはし つねきち），旅馆主。1900年9月7日，孙文投宿东京麹町区平河町旅宿三桥处。同日，内田良平也投宿于此。〔资〕B03050063900－17；B03050064500－33。

三原千寻（みはら ちひろ）。1907年10月，参与幸运丸向中国运输武器。1909年8月12日，在佐世保访问金子克己。1911年11月，与萱野长知一起参加武汉战斗。〔资〕B03050067000－2；046；244（5）。

宫内（みやうち）。1913年12月，借给何海鸣300日元。〔资〕B03050073000－23。

宫川经辉（みやがわ つねてる，1857—1936），熊本县人。1882年，任大阪基督教徒青年会首任会长。1913年3月11日，孙文在大阪基督教青年会演讲时，宫川致欢迎辞。〔资〕《基督教世界》（1913. 3. 13）。

宫川东一（みやがわ とういち，1928—?），神奈川县人，经营企业智囊公司。〔资〕181；055。

宫川富美子（みやがわ ふみこ，1906—1990），神奈川县人。后作为鲜鱼小卖商宫川梅吉之养女。〔资〕181；055。

三宅雪岭（みやけ せつれい，1860—1945，本名雄二郎），石川县人，评论家。1898 年 3 月 13 日，出席菲律宾独立运动家彭西欢迎会。〔资〕023（3）。

宫崎サキ（みやざき さき，1829—1909），宫崎滔天兄弟的母亲。〔资〕244（1，5）。

宫崎震作（みやざき しんさく，1894—1990，艺名桃中轩梦之助，震作又作新策），熊本县人，浪曲家，宫崎滔天次男。1911 年 4 月，宫崎参与向中国运送武器的包装工作。1913 年 12 月 11 日，与宋嘉树一起访问黄兴。1915 年 5 月 16 日，携带滔天信件访问孙文寓所。〔资〕B03050072700 - 15；B03050081400 - 15；023（1—6）。

宫崎世民（みやざき せいみん，1901—1985），熊本县人，宫崎民藏次男。1913 年 3 月 19 日，与访问熊本县荒尾村宫崎家的孙文见面。战前曾在华中水电等处工作，战后任日中友好协会全国本部事务局长等，从事日中友好活动。〔资〕185；244（5）；023（1，4，6）。

宫崎世龙（みやざき せいりゅう，1904—1995），熊本县人，宫崎民藏三男。1913 年 3 月 19 日，与访问熊本县荒尾村宫崎家的孙文见面。任《朝日新闻》社南京支局长、上海支局长、东京本社东亚部长等职。〔资〕183；244（5）；023（1，6）。

宫崎民藏（みやざき たみぞう，1865—1928，别名巡耕），熊本县

人，土地复权同志会成员，宫崎滔天之兄。青年期在中江兆民的“佛学塾”学习自由民权思想，立志恢复人民的土地权利。视察欧美各国后，1902 年，在东京设立土地复权同志会。1908 年 12 月 16 日，回到荒尾故乡。与孙文等中国革命家均有交谊。1925 年 2 月，赴北京探望卧病在床的孙文。〔资〕B03050066400 - 19；244；186；023（1—6）。

宫崎长藏（みやざき ちょうぞう，1818—1879），熊本县人。宫崎滔天之父。〔资〕244（1），023（1，3—6）。

宫崎ツチ（みやざき つち，1872—1942，ツチ又作槌），熊本县人，宫崎滔天之妻，旧姓前田。不仅支撑着只顾谈论天下国家而置家庭于不顾的丈夫滔天，而且还照顾了孙文等许多中国革命家。养育黄兴的儿子一欧。〔资〕B03050066800 - 4；244（1—5）；023（1—6）。

宫崎滔天（みやざき とうてん，1871—1922，本名虎藏，通称寅藏、白浪庵滔天、桃中轩牛右卫门等），熊本县人。1897 年 9 月，在横滨与孙文相识。为支援中国革命贡献了全部生涯。1902 年，其自传《三十三年之梦》先是在《二六新报》上连载，后来发行单行本。即刻被抄译成中文，孙文之名一举在中国人之间传开。1905 年 7 月，安排孙文与黄兴会见，为中国同盟会的结成创造契机。为《民报》《革命评论》的刊行尽力。养育黄兴之子，照顾中国的革命家、留学生。生活时有潦倒，甚至要接受来自孙文、黄兴的经济支援。1911 年 12 月，在香港迎接孙文。1914 年，安排孙文与黄兴会谈。〔资〕B03050067400 - 7、30、38；B03050067800 - 6；244；185；186；023（1—6）。

宫崎蕗苳（みやざき ふき，1925—?），东京人，花道家，宫崎龙介、烨子（白莲）的长女，宫崎滔天之孙女。主持“滔天会”。〔资〕127。

宫崎弥藏（みやざき やぞう，1867—1896，又名岛津弥藏），熊本县人，宫崎滔天之兄。为避兵役，入岛津家做养子。赴东京游学后关心中国，1895 年 10 月，在渡边元的介绍下，住进横滨居留地的中国人商馆学习汉语。1895 年 11 月，孙文来到横滨时，与陈少白相识。1896 年 7 月，因患肠结核去世。提倡“四海兄弟”，对滔天中国革命志向的形成、结识孙文等革命工作均有重要影响。〔资〕244（1）；186；023（1—6）。

宫崎龙介（みやざき りゅうすけ，1892—1971），熊本县人，宫崎滔天长子。1911 年 4 月，广州起义时，仓地铃吉收集的武器弹药秘密放在滔天亲戚前田行藏家里，龙介与弟弟震作一起为这些武器包装，由吴玉章等将这些武器从横滨运出去。参加新人会，与陈独秀、李大钊有交往。与柳原白莲的恋爱、结婚受到世人注目。1925 年 3 月，孙文逝世时发出唁电。〔资〕B03050066800－3；023（1，3—6）；001。

宫岛大八（みやじま だいはち，1867—1943，本名吉美，字咏士），山形县人，善邻书院院长，书法家。1887 年，赴保定莲池书院，师从张裕钊。1899 年 3 月 18 日，出席在横滨大同学校的犬养毅就任校长承诺祝贺宴会。1913 年 2 月 15 日，出席东亚同文会举办的孙文欢迎会。〔资〕B03050064000－14。

三好退藏（みよし たいぞう，1845—1908），宫崎县人，律师。1900 年 12 月 20 日，孙文访问三好退藏，就布引丸事件委托其起诉。三好退藏受诺，但此事未至裁判。〔资〕B03050065300－2；245（1）；271。

三好（みよし）。1929 年 6 月，参列孙文奉安大典。〔资〕173。

美和作次郎（みわ さくじろう，？—1943），玄洋社社长。1911 年 12 月 27 日，与头山满一起赴上海。1913 年 8 月 17 日，在横滨与国

民党干事前川虎造等一起出迎流亡日本的孙文。以后作为头山满与孙文的联系人，多次访问孙文寓所。〔资〕B03050070900 - 16，37；B03050071000 - 36，39；B03050071100 - 11；166；007。

三轮信次郎（みわ しんじろう，1853—1943），山口县人，众议院议员。1913 年 2 月 19 日，出席众议院议长大冈育造主办的欢迎孙文午餐会。〔资〕253；《东京朝日新闻》（1913. 2. 20）。

三轮德宽（みわ よしひろ，1859—1933），爱知县人，医生。1911 年 11 月，时任千叶县立病院院长。千叶医学专门学校获生录造等人与中国归国留学生一起赴中国，参加红十字会活动。三轮特意为他们举办医学速成讲习会。〔资〕111；273；《报知新闻》（1913. 11. 1）。

陆奥正义（むつ まさよし），住在东京市芝区二本榎町。1913 年 10 月 26 日，黄兴为了会晤周震麟，赴陆奥宅邸访问。〔资〕B03050072300 - 15。

武藤金吾（むとう きんご，1866—1928），群马县人，众议院议员。1915 年 11 月 28 日，与萱野长知等一起访问孙文寓所。〔资〕B03050082300 - 48；253。

武藤山治（むとう さんじ，1867—1934），岐阜县人，钟纺社长，众议院议员。1913 年 3 月 11 日，作为大日本纺织联合会成员，出席在堺市卯楼的孙文欢迎会。1913 年 3 月 13 日，出席在神户凑川的常盘花坛举行的孙文欢迎会。同年 8 月中国兴业公司成立时，出资 100 股。与神户华侨吴锦堂有交流。〔资〕B04011208800 - 79；094；134；129；253；《大阪每日新闻》（1913. 3. 12）；《大日本纺织联合会月报》（247，1913. 3. 25）。

宗方小太郎（むなかた こたろう，1864—1923），熊本县人，海军嘱托人员，东方通信社创设人。1897 年 11 月 20 日，访问荒尾的

宫崎滔天宅邸，与孙文相识。1899 年 7 月 27 日，在东京，孙文与刘学询会谈时亦在场。1911 年 10 月 16 日，赴汉口，向海军报告革命的情况。1913 年 3 月 20 日，在福冈大牟田站迎接孙文。1914 年，在上海设立东方通信社。〔资〕B03050064400 - 1；244；020；023（3，5，6）；269。

村井启次郎（むらい けいじろう），满铁上海事务所长。1916 年 5 月，孙文在上海法租界内村井宅暂住约三周。1925 年 3 月，孙文逝世时发出唁电。〔资〕057；001。

村冈恒利（むらおか つねとし，1866—1921），陆军中将，大阪炮兵工厂提理。1913 年 3 月 12 日，迎接孙文参观大阪炮兵工厂。〔资〕《大阪朝日新闻》（1913. 3. 13）。

村上一郎（むらかみ いちろう），熊本县实业团成员。1913 年 3 月 19 日，在福冈县大牟田车站迎接孙文。〔资〕《九州日日新闻》（1913. 3. 20）。

村上胥（むらかみ かなり），经营洗衣店，住在洛杉矶。1904 年，与孙文相识。〔资〕348。

村上光之进（むらかみ こうのしん），大藏省印刷局人员。1914 年 11 月 10 日，萱野长知就设立中央银行时印刷纸币事宜向其咨询，村上向萱野介绍田中印刷所。〔资〕B03050079100 - 2。

村上定次（むらかみ ていじ）。1914 年 2 月，与陈其美、金子克己等人在大连活动。与陈其美、金子等人一起奔赴朝鲜。〔资〕B03050074600 - 33。

村上浩（むらかみ ひろし）。1909 年 7 月 26 日，在长野县上田参加迎接宫崎滔天等人的恳亲会。〔资〕B03050066900 - 47。

村田孜郎（むらた しろう，？—1945，号乌江），《大阪每日新闻》

社上海支局长。1910 年 6 月，在乘坐安芸丸赴香港时，与孙文邂逅。1922 年 9 月，在上海访问孙文。1924 年 11 月，孙文访日时，搭乘上海丸赴长崎，村田在船上采访孙文、戴天仇。〔资〕188；《大阪每日新闻》（1922. 9. 27、1924. 11. 23）。

村田忠三郎（むらた ちゅうざぶろう，1872—1946，三郎又作五郎、次郎），山梨县人，东亚同文会成员。1900 年 8 月 29 日，与赴上海的孙文、内田良平、安永东之助等同行。同年 11 月下旬归国。〔资〕B03050064600 - 6；B03050064900 - 7；269。

村部贯雄（むらべぬきお），长崎县人，纺织业者。1914 年，作为富永龙太郎的代理，劝说人们加入革命党义勇队员。他在九州地方活动，因为应募者人数极少，中止。〔资〕B03050078800 - 16；B03050078800 - 26；B03050079500 - 10。

村山崎太郎（むらやま さきたろう，1873—1921），福冈县人，电器技师。1898 年，为孙文与平冈浩太郎做翻译。与内田良平有交流。〔资〕262。

村山龙平（むらやま りょうへい，1850—1933），三重县人，《大阪朝日新闻》社长。1917 年 9 月 13 日，与今井嘉幸等人访问逗留大阪的张继。同夜，主办张继的演讲会。〔资〕B03050083500 - 39；110。

村山（むらやま），大藏省造币技师。1907 年镇南关起义时，受孙文委托，印制军票。〔资〕046。

目贺田种太郎（めがた たねたろう，1853—1926），静冈县人，贵族院议员。1913 年 3 月 4 日，出席牧野外相主办的孙文欢迎会。〔资〕《东京朝日新闻》（1913. 3. 5）；252。

毛里保太郎（もうり やすたろう，里又作利），住在福冈县门司市。

1913 年 12 月，借给何海鸣 300 日元。〔资〕B03050073000 - 45、23。

望月小太郎（もちづき こたろう，1866—1927），山梨县人，众议院议员。1899 年 3 月 18 日，出席犬养毅承诺就任横滨大同学校校长的祝贺宴会。〔资〕B03050064000 - 14；253。

望月三郎（もちづき さぶろう）。1907 年 7 月，参与幸运丸事件。〔资〕216。

望月（もちづき），美国驻日大使馆翻译官。1914 年 9 月 19 日，在美国大使馆，望月担任孙文与书记官古谷会谈的翻译。〔资〕B03050078200 - 20。

元田肇（もとだ はじめ，1858—1938），大分县人，众议院议长。1917 年 5 月 18 日，出席在红叶馆举行的陈仲孚招待会。〔资〕B03050083500 - 11；253。

本山彦一（もとやま ひこいち，1853—1932），熊本县人，《大阪每日新闻》社长，贵族院议员。1913 年 3 月 11 日，在大阪本社迎接孙文。1929 年 6 月，参列奉安大典。〔资〕134；173；250。

百崎俊雄（ももさき としお）。1924 年 11 月 29 日，在神户东方宾馆访问孙文。〔资〕B03050764400 - 44。

百瀬渡（ももせ わたる，1874—1945），长野县人，众议院议员，松本市长。1914 年 11 月 19 日，参加木下重太郎举办的恳亲会，与何海鸣相识。〔资〕B03050079200 - 15；268；253。

森茂（もり しげる），满铁人员。1916 年 1 月 8 日，与菊池良一一起访问孙文寓所。〔资〕B03050082700 - 48。

森恪（もり つとむ，1882—1932），大阪人，三井物产人员，众议院

议员。1911 年 12 月 25 日（或 29 日），出席孙文与三井物产上海支店长藤濑政次郎的会谈。1912 年 2 月 3 日，与孙文会谈，建议以日本租借满洲为财政援助的交换条件。1913 年 8 月中国兴业公司成立时，出资 100 股，任取缔役（法定代表）。22 日，与萱野长知、岛田经一一起访问孙文寓所。27 日，访问黄兴寓所。29 日，驾车带孙文赴御殿山的元三井物产第一任社长益田孝的宅邸，实现了孙文与益田、山本条太郎等人的密谈。后成为对中强硬派。〔资〕B03050071000 - 19；B03050071100 - 16，46；B03050072300 - 14；195；023（5，6）；094；253；269。

森ふく（もり ふく，ふく又作フク），旅馆主。1918 年 6 月，与孙文同行赴箱根。6 月 11 日，在箱根奈良屋旅馆与宫崎寅藏等同宿。〔资〕B03050084000 - 8。

森冈竹之助（もりおか たけのすけ）。1900 年 10 月，与山田良政、出水茂雄一起赴华。〔资〕B03050065000 - 18；B0305006 5000 - 19；023（3）。

森下国雄（もりした くにお，1896—1975），栃木县人，众议院议员。1929 年 3 月，随梅屋庄吉护送孙文铜像至上海。〔资〕253；110。

森下博（もりした ひろし，1868—1943），广岛县人，森下仁丹会社的创始者。1913 年 3 月，孙文访问大阪、神户时，该社在各大报纸登载欢迎孙文的整版广告。1914 年 6 月，在《大阪每日新闻》记者佐藤智恭的协助下，森下援助何海鸣的生活。〔资〕B03050076100 - 9。

森田晓（もりた あきら，森又作盛），《东京日日新闻》记者。1913 年 11 月 1 日，访问黄兴寓所。以后多次采访黄兴。1915 年 3 月 12 日，跟随王统一访问孙文寓所。〔资〕B03050072300 - 42；

B03050080500 - 18。

森田金藏（もりた きんぞう，1896—1975），兵库县人，神户基督教青年会第二代理事长，众议院议员。1913 年 3 月 13 日，孙文出席神户基督教青年会举办的演讲会时，致欢迎辞。1924 年 11 月 24 日，在神户迎接孙文。〔资〕B03050764300 - 22；253；《基督教世界》（1913. 3. 20）。

森田熊次郎（もりた くまじろう），高等商业学校学生。1914 年 11 月 7 日，在铃木久五郎的陪同下访问孙文寓所。〔资〕B03050079000 - 20。

森田甚二（もりた じんじ），陆军军人。1914 年 10 月 18 日，为支援革命，赴上海潜伏。〔资〕B03050079700 - 16。

守田有秩（もりた ゆうちつ）。1907 年 4 月，参加亚洲和亲会。〔资〕110。

森近运平（もりちか うんぺい，1880—1911），冈山县人。1907 年 4 月，参加亚洲和亲会。1910 年，在大逆事件中被判刑。〔资〕023（5）。

森永傅次郎（もりなが でんじろう），村上院（位于东京麻布）僧侣。1915 年 10 月 9 日，致函孙文。〔资〕B03050082200 - 7。

森村市左卫门（もりむら いちざえもん，1839—1919），东京人，森村组人员。1913 年 8 月中国兴业公司成立时，出资 200 股。〔资〕B04011208800 - 79；094。

森本厚吉（もりもと こうきち，1877—1950），京都人，北海道帝国大学农学部教授。1920 年 9 月，在上海访问孙文。〔资〕205；《东京朝日新闻》（1920. 9. 17）；《读卖新闻》（1920. 9. 17）。

守屋此助（もりや これすけ，1861—1931），冈山县人，律师，众议院议员，对支联合会成员。1900 年 12 月 11 日，在犬养毅宅邸会见孙文，讨论布引丸事件的诉讼事宜。〔资〕B03050065200－48；262；253。

门也守九郎（もんなり もりくろう）。1925 年 3 月，孙文逝世时发出唁电。〔资〕001。

や行

八木林作（やぎ りんさく），兵库县警察部长。1924 年 11 月 26 日，访问孙文。〔资〕《神户新闻》（1924. 11. 25）。

安井谦吉（やすい けんきち）。1924 年 12 月 4 日，随同孙文访问张作霖。〔资〕216。

安川敬一郎（やすかわ けいいちろう，1849—1934），福冈县人，煤矿经营者，明治专门学校创办者。1909 年，在福冈县户畑设立明治专门学校（现九州工业大学），接受中国留学生入学。1913 年 3 月 16 日，在该校迎接来访的孙文，并举行演讲会。8 月中国兴业公司成立时，出资 500 股。12 月 18 日，头山满为流亡日本的孙文安排寓所时，对房东海妻猪勇彦说，孙文在发起三次革命时，只要和安川取得联系，不断探听中国南北双方动静，就没有什么可担心的。〔资〕B03050073000－10；B04011208800－79；094；269；《福冈日日新闻》（1913. 3. 17）。

安川敬次郎（やすかわ けいじろう）。1925 年 3 月，孙文逝世时发出唁电。〔资〕001。

安河内（やすこうち），八幡制铁所次长。1913 年 3 月 17 日，迎接孙文参观八幡制铁所。〔资〕《福冈日日新闻》（1913. 3. 18）。

安田善三郎（やすだ ぜんざぶろう），安田财阀成员。1913 年 2 月 20 日，参加中国兴业公司发起人大会，出资 500 股。〔资〕B04011208800 - 79；094。

安永驹三郎（やすなが こまさぶろう），福冈县人，安永东之助之弟。参与 1900 年夏的南华独立计划。〔资〕B03050064300 - 30。

安永三郎（やすなが さぶろう）。1900 年 9 月 14—15 日，内田良平致函住在神户市下山手通的安永三郎。〔资〕B03050064600 - 39。

安永东之助（やすなが とうのすけ，1873—1905），福冈县人，玄洋社成员。参与 1900 年的南华独立计划，参加内田良平的实战部队。1904 年日俄战争中，参加"满洲义军"。1913 年 3 月 19 日，孙文凭吊在博多崇福寺的安永东之助之墓。〔资〕B03050064300 - 18；262；023（3，4，6）；《福冈日日新闻》（1913. 3. 19）。

安广伴一郎（やすひろ ばんいちろう，1859—1951），福冈县人，满铁总裁，贵族院议员，山县有朋亲信。1925 年 3 月，孙文逝世时发出唁电。〔资〕001；110。

八角三郎（やすみ さぶろう，1880—1965），岩手县人，海军军人。1925 年 3 月，孙文逝世时表示哀悼之意。〔资〕110。

矢田七太郎（やだ しちたろう，1871—1936），静冈县人，驻上海总领事。1924 年 11 月 17 或 18 日，接待到达上海的汪兆铭、戴天仇、李烈钧等人的来访。〔资〕229（大正 13，2）。

柳泽保惠（やなぎさわ やすとし，1871—1936），奈良县人，贵族院议员。1913 年 3 月 10 日，孙文访问在奈良的柳泽宅邸。1925 年 3 月，孙文逝世时发出唁电。〔资〕001；110；250；《东京朝日新闻》（1913. 2. 28）。

柳田国男（やなぎだ くにお，1875—1962），兵库县人，民俗学者。

1917年4月，柳田国男在上海会见孙文。〔资〕245；246；023（6）。

矢野荘三郎（やの しょうざぶろう，1867—1925），爱媛县人，矿山业者，众议院议员，住在东京京桥区筑地明石町。1916年1月18日，孙文在王统一等的陪同下访问矢野宅邸，与萱野长知等恳谈。〔资〕B03050082800－18；253。

矢野铁吉（やの てつきち，又名北海浪士）。1913年8月15日，向外务大臣提交保护中国流亡者的请愿信。〔资〕B03050070400－28，30。

山井利男（やまい としお），陆军军人。1914年9月中旬，受一之濑斧太郎的委托，发出了征集退役陆军军人的新闻广告，支援革命。〔资〕B03050079700－16。

山内嵓（やまうち いわお，1864—1926），福岛县人，东亚同文会干事。1913年2月15日，出席东亚同文会举办的孙文欢迎会。8月19日，山内向外务省有关人员提出，为了保护孙文等流亡者，希望取缔各新闻社到处调查孙文等人住所的行为。〔资〕B03050070900－22；262；263。

山县有朋（やまがた ありとも，1838—1922），山口，陆军元帅，首相，元老。辛亥革命时希望保存清朝，为了防止革命波及满洲，维持秩序，主张出兵。第一次世界大战时，主张援助袁世凯。〔资〕269；073。

山川均（やまかわ ひとし，1880—1958），冈山县人，亚洲和亲会成员。1907年10月6日，在张继等主办的社会主义研究会上演讲。参加亚洲和亲会。〔资〕B03050065500－32；271；071。

山川义太郎（やまかわ よしたろう）。1915年6月5日，出席在筑

地同气俱乐部举行的孙文演讲会。〔资〕B03050081700 - 12。

山口四郎（やまぐち しろう）。1911 年 11 月，参加在武汉的战斗。〔资〕263。

山口政二（やまぐち せいじ，1887—1927），埼玉县人，众议院议员。1924 年 11 月 29 日，山口赴神户东方宾馆访问孙文。〔资〕B03050764400 - 44；253。

山口升（やまぐち のぼる，1886—1927），千叶县人。1909 年 2 月，在新加坡与孙文有交流，根据领事馆的意向，调查孙文、康有为等人的动静。〔资〕B03050066600 - 17；30；42。

山口まき（やまぐち まき，1894—?），住在长崎县北高来郡北谏早村。1913 年 11 月 23 日受雇于谭人凤。〔资〕B03050073100 - 48。

山座圆次郎（やまざ えんじろう，1886—1914），福冈县人，外交官，玄洋社成员。1909 年 9 月 9 日，孙文在伦敦访问山座参事官，希望访问日本，并交换意见。辛亥革命时，肩负与英国一起调整对华政策的任务。1913 年，作为驻华公使，应付二次革命。〔资〕B0305006700 - 14；262；263。

山崎觉次郎（やまざき かくじろう，1868—1945），静冈县人，东京帝国大学教授。1914 年 2 月，政法学校开设，讲授课程。〔资〕B03050075300 - 8。

山崎幸内（やまざき こうない），讲谈师（说书艺人）。1909 年 3 月，与逗留神户的宫崎滔天往来。〔资〕B03050066800 - 2。

山崎宗吾（やまざき そうご），住在福冈市福冈吴服町。1914 年 1 月 5 日，山崎致函头山满寓所。〔资〕B03050073100 - 28。

山崎庸仑（やまざき つねのり），佐贺县人。1900 年 8 月 22 日，与平山周、田中增太郎一起，从香港乘坐日本丸赴长崎。〔资〕B03050064400－1。

山崎与藤次（やまざき よとじ，1872—?），鹿儿岛县人。1914 年 8 月 18 日，参加与何海鸣等人有关的“冈崎藤次郎义勇队”。〔资〕B03050078200－9；B03050078500－3。

山崎（やまざき）。1914 年 2 月 2 日，与吉田忠真一起访问孙文寓所，希望孙文题字。〔资〕B03050074100－25。

山路成夫（やまじ しげお），陆军军人。1913 年 11 月 20 日，访问孙文寓所。〔资〕B03050072500－19。

山下稻三郎（やました いねさぶろう，稻三郎又作稻）。1899 年 7 月，参加有关布引丸的武器输送事宜的协商。〔资〕160。

山下吉十郎（やました きちじゅうろう），吴市议会副议长。1913 年 3 月 15 日，在吴市迎接孙文。〔资〕《中国新闻》（1913. 3. 16）。

山下敬太郎（やました けいたろう），富士商会人员。1899 年 2 月，受彭西的委托，孙文给山下 1 万日元。〔资〕113。

山科多久马（やましな たくま），医生，有邻会成员。1911 年 11 月，作为有邻会救疗班成员，参加救护革命军伤员的活动，在南京的陆军病院任职。1913 年 9 月 16 日，访问暂住赤坂的孙文。〔资〕B03050071500－38；262；023（5）。

山田胜治（やまだ かつじ，1873—1916），福岛县人，教员，报人。毕业于上海东亚同文书院，任武昌法政学堂教习。辛亥革命时，参加黎元洪部队，后任《顺天时报》主笔。〔资〕262。

山田喜代（やまだ きよ），山田纯三郎之妻。1924 年 11 月 24 日，在神户迎接孙文。1925 年 3 月，孙文逝世时发出唁电。〔资〕001；《神户新闻》（1924.11.25）。

山田纯三郎（やまだ じゅんざぶろう，1876—1960，字子纯），青森县人，满铁人员，山田良政之弟。1911 年 12 月 25 日（或 29 日），受孙文委托，筹集资金。31 日，与宫崎滔天一起，担任孙文与三井物产上海支店长藤濑政次郎会谈的中介。1912 年 2 月 3 日，与滔天一起，参与孙文和森恪的会谈。1913 年 2—3 月，随行孙文访日。9 月 25 日，与戴天仇同行，流亡日本。28 日，与戴天仇、工藤十三雄、菊池良一等一起，访问孙文，以后多次访问戴天仇与孙文。1922 年陈炯明兵变时，支援孙文赴上海避难。1924 年 11 月，孙文北上时，从神户至天津同行。在北京探望病重时的孙文。〔资〕B03050072000－8，36；B03050072100－1，9；269；023（5，6）；196。

山田民子（やまだ たみこ，？—1991），山田纯三郎的女儿。1916 年 5 月 18 日，在陈其美暗杀事件中负伤，留下重度后遗症。〔资〕175；057。

山田升（やまだ のぼる，1889—？，别名涩川一郎），北海道人，关东都督府嘱托。参加辛亥革命。1913 年参与本溪湖事件。〔资〕B03050078800－40；B03050079700－49；B03050081800－34。

山田良政（やまだ よしまさ，1868—1900），青森县人，上海东亚同文会干事。1899 年 7 月，通过平山周在东京结识孙文，从支持改良派转为支持革命派。同年，任南京东亚同文书院教员。1900 年 8 月在上海与孙文相见，决意参加起义，辞职同文书院，10 月惠州起义时牺牲。1913 年 2 月 27 日，孙文参加在东京谷中的全生庵（铁舟寺）举行的追悼祈念会，建碑，追悼这位最早为中国革命牺牲的外国人。〔资〕B03050064100－1；269。

大和宗吉（やまと そうきち），台北梅屋敷主人。1913 年 8 月 5 日，二次革命失败后，孙文坐抚顺丸至基隆，赴台北访问梅屋敷，与大和恳谈并赠题字。〔资〕110；233。

山中峰太郎（やまなか みねたろう，1885—1966），大阪人，陆军军人，文学者，《东京朝日新闻》记者。二次革命时，参加李烈钧军部队，支援李烈钧流亡日本。三次革命时，被孙文任命为中华革命军东北军参谋长。同时作为特派员，报道了革命军的情况。1916 年 5 月 18 日，在上海遭遇陈其美被暗杀的现场。〔资〕200；269。

山根重武（やまね しげたけ），大阪商船抚顺丸船长。1913 年 8 月 4—5 日，二次革命失败后，孙文、胡汉民等从福州乘坐抚顺丸赴基隆。山根得孙文题字“博爱”，胡汉民题字“卷土重来未可知”。现藏神户孙文记念馆。〔资〕239。

山林秀雄（やまばやし ひでお），位于神户市海岸通的谷道回漕店（船运公司）人员。1909 年 2—3 月，与逗留神户的宫崎滔天往来。〔资〕B03050066800 - 2。

山村吾市（やまむら ごいち，1883—?），山形县人。1914 年 8 月 19 日，参加与何海鸣等人有关的“冈崎藤次郎义勇队”。〔资〕B03050078200 - 9。

山本邦之助（やまもと くにのすけ，1869—1955），岛根县人，东京基督教青年会第二代总主事。1913 年 2 月 23 日，孙文赴东京基督教青年会演讲时，担任主持。〔资〕《基督教世界》（1913. 2. 27）。

山本宪（やまもと けん，1852—1928，号梅崖），高知县人，民权派儒学者，教育家。在大阪开设汉学私塾——梅清处。1897 年秋冬，赴中国旅行，与汪康年、罗振玉等结交。1898 年 1 月 16

日，与随曾广铨、汪康年等从东京赴大阪的孙文（中山樵）会见，同席者有孙实甫、汪有龄、嵇侃、白岩龙平等。〔资〕《大阪每日新闻》（1898. 1. 17）；110；222。

山本权兵卫（やまもと ごんべえ，1852—1933），鹿儿岛县人，海军大将，总理大臣。辛亥革命时，阻止陆军向中国派兵。1913 年 3 月 3 日，孙文访问山本首相官邸。同年 8 月，在犬养毅、头山满等人的说服下，默认孙文流亡日本。〔资〕《读卖新闻》（1913. 3. 4）；283；269；073。

山本贞美（やまもと さだみ，又名倬也）。1911 年 12 月 23 日，随头山满访华。27 日，到达上海。〔资〕166。

山本三郎（やまもと さぶろう），久原矿业人员。1918 年 1 月 18 日，访问张继。〔资〕B03050083800 – 15。

山本条太郎（やまもと じょうたろう，1867—1936），福井县人，三井物产常务取缔役（法定代表），众议院议员，满铁社长。1912 年 2 月，向孙文提供汉冶萍公司借款 300 万日元。1913 年 8 月，中国兴业公司成立时出资 100 股。同月 29 日，与流亡日本的孙文在御殿山的益田孝宅邸密谈。1914 年“西门子事件”后退社。1925 年 3 月，孙文逝世时发出唁电。1927 年任满铁社长。〔资〕B03050071100 – 46；262；269；094；023（5，6）；001。

山本次郎（やまもと じろう），住在东京。1909 年 2 月，孙文致函前山西巡抚胡聘之时，寄信人姓名和地址（东京下大久保百人町）借用山本的名义。〔资〕B03050066600 – 40。

山本圣峰（やまもと せいほう，1876—1948，本名慎平），长野县人，《长野新闻》人员，众议院议员。1914 年 11 月 19 日，参加木下重太郎主办的恳亲会，与何海鸣相识。〔资〕B03050079200 – 15；268；253。

山本唯三郎（やまもと たださぶろう，1873—1927），冈山县人，实业家。1917年3月23日，山本唯三郎在上海访问孙文、唐绍仪。〔资〕202。

山本忠（やまもと ただし，又名安男、安久、安夫）。1916年12月14日与张继同行，途中与头山满会合。〔资〕B03050083400－45。

山本达雄（やまもと たつお，1856—1947），大分县人，日本银行总裁，大藏大臣，住在东京麹町区上二番町。1913年3月4日，出席在东京举行的孙文送别会。1918年3月9日，张继访问山本达雄宅邸。〔资〕B03050083900－2；《东京朝日新闻》（1913.3.5）。

山本俊麿（やまもと としまろ），东京人，律师。山本分别于1915年1月2日、1月6日、5月20日、10月3日访问孙文寓所。1916年元旦，致函孙文贺年。〔资〕B03050079700－22；B03050081400－25；278。

山本彦郎（やまもと ひころう），《长崎新报》记者。1909年1月15日，访问逗留在长崎市内福岛屋旅馆的宫崎滔天和黄兴。与宫崎滔天是卡部理（音）学校（镇西学院前身）的同窗学友。〔资〕B03050066500－29；023（2）。

山本安夫（やまもと やすお，1878—?），千叶县人，宫崎滔天挚友。1911年11月28日，在镇江迎接从武汉东行的滔天、金子克己等人。〔资〕332；023（5，6）。

山本良三郎（やまもと りょうさぶろう）。1910年6月30日，与萱野长知在大阪的花屋旅馆密谈。此人名疑为某人之假名。〔资〕B03050067500－9。

山本（やまもと），警官。1913 年 7 月 30 日，黄兴从南京乘坐日本军舰嵯峨号进入上海码头，在换乘赴香港的静冈丸时，山本担任中转地点的满铁公司栈桥的警备。在其掩护下，黄兴不经满铁栈桥而直接转乘静冈丸，次日扬帆赴香港。〔资〕B03050070000 -54。

结城虎五郎（ゆうき とらごろう），矿山业者。1918 年 2 月 19 日至 23 日，张继逗留在牛込区仲町其所有的千叶县安房郡的别墅。〔资〕B03050083800 -42。

雪泽千代治（ゆきざわ ちよじ），兵库县外事课长。1924 年 11 月 30 日，护送孙文离开神户港。〔资〕《神户新闻》（1924. 12. 1）。

行友（ゆくとも），广岛严岛神社祢宜（神职人员）。1913 年 3 月 15 日，在严岛神社迎接孙文。〔资〕《中国新闻》（1913. 3. 15）。

由良崎诚（ゆらざき まこと）。1913 年 10 月 6 日，致黄兴一封挂号信。〔资〕B03050072100 -36。

与仓太郎（よくら たろう），陆军军人。1911 年 11 月，投身黎元洪军，参加革命。同年 12 月，随同何天炯到达东京。〔资〕227。

横田英之助（よこた えいのすけ）。1929 年 6 月，参列孙文奉安大典。〔资〕173。

横山贺前（よこやま がぜん），兵库县立神户高等女学校教谕。1924 年 11 月 29 日，访问孙文。〔资〕B03050764400 -44。

芳川宽治（よしかわ ひろはる，1882—1956），三井物产人员。1918 年 6 月 17 日，与藤村义朗等访问逗留箱根的孙文，与戴天仇等密谈。与秋山真之、何天炯也有交往。〔资〕B03050084000 -22。

吉仓汪圣（よしくら おうせい，1868—1930），石川县人，新闻记者。1900 年 9 月 14 日，投宿京都三条通龟屋处，内田良平也同

宿。〔资〕B03050064300－18；B03050064600－39；023（3）。

吉泽吉次（よしざわ きちじ）。1914年1月9日，访问孙文。〔资〕B03050073200－6。

吉住庆二郎（よしずみ けいじろう，1874—1943，二又作次），长崎县人，有邻会成员。1911年11月，在武昌战地从事医疗活动。〔资〕262。

吉田矶吉（よしだ いそきち），住在福冈县远贺郡若松町。1914年1月，援助何海鸣100日元。〔资〕B03050073600－35。

吉田茂（よしだ しげる，1878—1967），东京人，天津总领事，总理大臣。1924年12月5日，接受作为孙文使者的戴天仇、山田纯三郎的来访，就派遣医生事宜进行协商。同年12月12日，吉田茂访问孙文。1925年3月，孙文逝世时发出唁电。〔资〕B030500801900－37；001；110；《大公报》（天津，1924.12.7）；《上海民国日报》（1924.12.13）。

吉田正平（よしだ しょうへい），军人。1907年，在幸运丸事件时担任大炮的调度。1911年10月29日，与末永节一起赴武昌，参加战斗。〔资〕046；023（5）。

吉田亲一（よしだ しんいち）。1911年11月，跟随萱野长知参加武汉战斗。〔资〕023（5）。

吉田新三郎（よしだ しんざぶろう）。1915年2月9日，与刘佐成一起访问孙文寓所。〔资〕B03050079900－35。

吉田忠真（よしだ ただまさ）。1913年12月6日，访问孙文寓所，并向戴天仇告别赴国外。〔资〕B03050072600－27。

吉田藤太（よしだ とうた），陆军军人，住在东京。1909年4月，

与清国政府派遣的孙竹潭（孙静仁之化名）有交流。与和田三郎、北一辉等也有交流。辛亥革命时在南京支援革命军。〔资〕B03050066900－22、42、43；262。

吉田俊雄（よしだ としお）。1898 年 10 月，访问住在早稻田的高桥琢也寓所的梁启超。〔资〕B03050063900－17。

吉田（よしだ）。1911 年 10 月 29 日，在末永节的率领下登陆汉口。〔资〕020。

吉田（よしだ），贸易新闻社社长。1914 年 7 月，通过辻一藏的介绍，委托刘艺舟就中国形势为新闻社写稿。〔资〕B03050076600－13。

吉谷矶一（よしたに いそいち，1880—?），长野县人。1914 年 8 月 19 日，参加与何海鸣等人有关的“冈崎藤次郎义勇队”。〔资〕B03050078200－9。

吉富完尔（よしとみ かんじ），《六连报》记者。1914 年 1 月 11 日，访问逗留在下关的何海鸣。〔资〕B03050073300－1。

吉野作造（よしの さくぞう，1878—1933），宫城县人，东京帝国大学教授。1914 年 2 月，政法学校开设，讲授政治学课程。1915 年 6 月 5 日，出席在筑地同气俱乐部举行的孙文演讲会。1917 年，受寺尾亨、头山满的委托，执笔《支那革命小史》。〔资〕B030 50075300－8；036；247。

吉福奥四郎（よしふく おくしろう）。辛亥革命时，作为汉口驻屯军的翻译，支援金子克己等人的行动。〔资〕262。

由丸佑正（よしまる ゆうせい）。1911 年 11 月 15 日，提供宫崎滔天等访问中国的旅费。〔资〕244（5）。

吉见（よしみ）。1913 年 8 月 28 日，吉见访问头山满宅邸。〔资〕

B03050071100 - 24。

吉村常次郎（よしむら つねじろう），海军军人。1916 年 5 月 4 日，参加在上海的“策电”舰袭击事件。〔资〕039。

依田丑之助（よだ うしのすけ）。1916 年，参加在山东的中华革命军东北军。〔资〕262。

依田四郎（よだ しろう），驻广州领事馆武官。1918 年 5 月，与田中义一参谋次长联系，希望孙文访日，孙文同意。同年 6 月，孙文委托菊池良一致电依田。〔资〕228（大正 7，2，上）。

米内光政（よない みつまさ，1880—1948），岩手县人，海军大将，海军大臣。1929 年 6 月，参列孙文奉安大典。〔资〕173。

米仓かほる（よねくら かほる）。1909 年 1 月 7 日，与程家柽同赴神户，在神户市内西村旅馆与从京都赴神户的宋教仁会谈。宋教仁因《民报》事宜访问神户的日华新报社。〔资〕B03050066500 - 9，10。

米田（よねだ）。1922 年 12 月 10 日，在上海与孙文会餐。〔资〕229（大正 11，2）。

米山清太郎（よねやま せいたろう），旅馆主。1918 年 2 月，张继逗留在千叶县安房郡的结城虎五郎的别庄时，举行招待米山等人的宴会。〔资〕B03050083800 - 44。

ら行

李家隆介（りのいえ たかすけ，1866—1933），山口县人，长崎县知事。1913 年 3 月 21 日，欢迎孙文。1916 年 4—12 月，将滞留在长崎的谭人凤、戴天仇、张继等人的动静向内务大臣等报告。

〔资〕B03050083200－15；《长崎日の出新闻》（1913. 3. 22）。

わ行

胁川文近（わきかわ ふみちか，1882—？），长崎县人，陆军军人。1912 年 1—5 月，指挥湖北新军的机关枪队。将《中华民国军政府鄂军都督黎布告（黄帝纪元四千六百零九年八月二十日示）》《本都督黎示》作为纪念品带回日本。〔资〕344。

和久政太郎（わく せいたろう），《东京每夕新闻》门司特派员。1913 年 8 月 14 日，与《六连报》主笔佐佐木安五郎、门司市议会前议员石田平吉等一起，提倡设立"支那亡命者救护团"。〔资〕B03050070800－11；B03050071100－12。

鹫泽与四二（わしざわ よしじ，1883—1956），长野县人，《时事新报》社北京特派员，众议院议员。1913 年 8 月 31 日，访问黄兴寓所。〔资〕B03050071100－45；269；253。

和田三郎（わだ さぶろう，1871—1926），高知县人，《土阳新闻》记者。受板垣退助影响参加自由民权运动。中国同盟会会员，策划《革命评论》的刊行。辛亥革命时，在南京设置临时野战病院，救护革命军战士。在板垣退助主办的《社会政策》杂志上撰文拥护革命。〔资〕B03050066800－12；B03050066900－42；046；055。

和田长史（わだ ながふみ）。1924 年 11 月，在神户访问孙文。〔资〕239。

和田英松（わだ ひでまつ，1865—1937），广岛县人。1915 年 6 月 5 日，出席在筑地同气俱乐部举办的孙文演讲会。〔资〕B03050081700－12；247。

和田瑞（わだ みず，1879—1945），东京人，中国贸易商。设立中国贸易商社大和组，后入日本劝业银行。1913 年 9 月 5 日，在萱野长知的陪同下访问黄兴寓所。17 日，与萱野一起访问孙文寓所。19 日，单独访问孙文，以后与孙文多次交流。1915 年 10 月 25 日，任孙文与宋庆龄的证婚人。〔资〕B03050071300 - 51；B03050071500 - 47；B03050071600 - 14；B03050082300 - 3；227；053。

和田（わだ），和田瑞之妻。1915 年 11 月 14 日，访问孙文寓所。〔资〕B03050082300 - 22。

渡边嘉一（わたなべ かいち），1925 年 3 月，孙文逝世时发出唁电。〔资〕001。

渡部信（わたべ しん，1884—1973），递信省书记官。在 1914 年 2 月开设的政法学校，渡部信讲授比较宪法课程。〔资〕B03050075300 - 8。

渡边千冬（わたなべ ちふゆ，1876—1940），长野县人，众议院议员。1915 年 6 月 5 日，出席在筑地同气俱乐部举办的孙文演讲会。〔资〕B03050081700 - 12 ~ 13；253。

渡边信孝（わたなべ のぶたか）。1916 年 7 月，参加在山东的中华革命军东北军。〔资〕332。

渡边元（わたなべ はじめ，1885—1918），长崎县人。1897 年 11 月，向孙文提供资金。据说宫崎滔天的“白浪庵滔天”，就是渡边赠送的号。〔资〕244（5）；023（2，3）；211。

渡边操（わたなべ みさお），下关警察署巡查部长。1914 年 1 月 24 日，与刘艺舟面谈。〔资〕B03050073600 - 23。

渡边巳之次郎（わたなべ みのじろう），《大阪每日新闻》编集长、

主笔。1918 年 6 月 12 日，孙文从箱根致电渡边巳之次郎，“到达三河屋”。〔资〕B03050084000 - 15。

渡边（わたなべ），广岛县吴站长。1913 年 3 月 15 日，迎接孙文。〔资〕《中国新闻》（1913. 3. 16）。

补遗

高田慎藏（たかた しんぞう，1852—1921），藏又作三，新潟县人，机械贸易商。1880 年创设高田商会，经营军需、矿业机械贸易。1908 年，高田商会与三井物产、大仓组一起组建了泰平组合，又称泰（太）平公司（Taiping Company），从事日本陆军的对华武器军械贸易。1913 年 2 月 18 日，高田设午宴招待孙文一行。2 月 21 日，出席实业家欢迎孙文晚餐会。〔资〕234；《东京朝日新闻》（1913. 2. 19）

福井菊三郎（ふくい きくざぶろう，1866—1946），东京人，三井物产常务取缔役（董事）。1913 年 2 月 18 日出席欢迎孙文午宴。2 月 21 日，出席实业家欢迎孙文晚餐会。〔资〕234；《读卖新闻》（1913. 2. 19）。

典据文献一览

凡例

1. 排列按照日文略称的50音顺序。日文略称格式比较宽泛，既有按作者，也有按论著名排列的。中文版以编号与各词条后资料栏所提示的编号相对应之故，省略日文略称。
2. 为了便于读者检索，用原文字标出论著全名。日文论著使用日文常用汉字；中国大陆的论著基本上使用简体字，大陆1949年以前和台湾、香港的论著使用繁体字。
3. 为适合中文的阅读习惯，对引用文献做了简单分类。即论著、文集资料集、辞典人名录、未刊文稿等。其中未刊文稿是有关人员寄赠给神户孙文记念馆的资料原件或复制件。

论著

001. 孫中山先生國葬紀念委員會編《哀思録》（近代中國史料叢刊第57輯，文海出版社，1970年）。
002. 赤城源三郎、牧野登《山嵐西郷四郎》（歴史春秋出版，1987年）。
003. 新城俊昭《教養講座琉球・沖縄史》（編集工房，東洋企画，

2014 年）。
004. 安在恭子《〈草枕〉の那美と辛亥革命》（白水社，2012 年）。
005. 飯田幸二郎《ホノルルにおける日本人旅館の変遷（2）》（《大阪商業大学商業史博物館紀要》9，2008 年 11 月）。
006. 池亨吉《支那革命実見記》（金尾文淵堂，1911 年）。
007. 石瀧豊美《玄洋社・封印された実像》（海鳥社，2010 年）。
008. 石母田正《辛亥革命と幸徳秋水》（《続歴史と民族の発見》，東京大学出版会，1953 年）。
009. 井芹経平先生伝記刊行会《井芹経平先生伝》（熊本県教育会，1933 年）。
010. 板垣征四郎刊行会《秘録板垣征四郎》（芙蓉書房，1972 年）。
011. 一隅社編集部《通運読本通運史料三上豊夷》（通運業務研究会，1958 年）。
012. 一海知義《河上肇と孫文》（《近きに在りて》21，1992 年 5 月）。
013. 春畝公追頌会《伊藤博文伝》（統正社，1940 年）。
014. 稲葉正夫（解説）《辛亥革命関係資料》（《軍事史学》1，2，1965 年）。
015. 犬養健《揚子江は流れている》（中央公論社，1960 年）。
016. 井上右《興亜風雲譚：伝記・武田範之》（大空社，1994 年）。
017. 井上馨公伝記編纂会《世外井上公伝》（原書房，1968 年）。
018. 井上雅二《興亜一路》（刀江書院，1939 年）。
019. 岩崎家伝記刊行会《岩崎久弥伝　岩崎家伝記 5（復刊）》（東京大学出版会，1979 年）。
020. 上村希美雄《辛亥革命と大陸浪人》（《熊本短大論集》42 巻 1 – 3，1991—1992 年）。
021. 上村希美雄《辛亥革命と熊本》（《熊本学園創立 50 周年記念論集》，1992 年）。

022. 上村希美雄《初期社会主義者と辛亥革命——第一革命を中心に》（《近代熊本》23，1992 年 3 月）。
023. 上村希美雄《宮崎兄弟伝》（葦書房・熊本出版文化会館，1984—2004 年）。
024. 大牟田市史編集委員会編《大牟田市史》下巻（大牟田市，1965—1969 年）。
025. 宇田川文海《南海鉄道案内》（南海鉄道，1899 年）。
026. 内田立身《わが祖父と孫文》（《日本医事新報》4516，2010 年 11 月 13 日）。
027. 内田良平《硬石五拾年譜：内田良平自伝（復刻）》（葦書房，1978 年）。
028. 遠藤芳三《鈴木久五郎》（《実業之日本》1310，1953 年）。
029. 《大阪商業会議所事務報告（大正 2 年）》（大阪商業会議所，1913 年）。
030. 王勇则《日医小菅勇生平续考》（《孙中山宋庆龄研究动态》2012 年第 5 期，2012 年 10 月）。
031. 大谷秀樹《具島鉱業合名会社〈総勘定元帳〉に見る財務構造の変化》（《九州大学学術情報リポジトリ》，2003 年 3 月 25 日）。
032. 太田雅夫《不遇の放浪詩人　児玉花外・明治社会主義の魁》（文芸社，2007 年）。
033. 小笠原謙三《孫文を支えた横浜華僑温炳臣・惠臣兄弟》（八坂書房，2009 年）。
034. 岡実《孫文の思い出》（《外交時報》488，1925 年 4 月）。
035. 緒方修《孫文と熊本〈九州日日新聞〉》（《季刊日本主義》18，2012，夏）。
036. 尾崎護《吉野作造と中国》（中央公論新社，2008 年）。
037. 奥津成子《私の祖父古賀廉造の生涯——葬られた大正の重鎮

の素顔》(慧生社，2011 年)。

038. 小野和子《下田歌子と服部宇之吉》（竹内好・橋川文三編《日本と中国》上，朝日新聞社，1974 年)。

039. 小野信爾《“策電”艦襲撃事件——第三革命と日本海軍傭兵》（《花園大学文学部研究紀要》第 34 号，2002 年 3 月)。

040. 海妻玄彦《孫文の日本亡命とその隠家の生活（付ラス・ビハリ・ボースの失踪)》（《亜細亜大学アジア研究所報》第 18 号)。

041. 鶴友会《大倉鶴彦翁》(鶴友会，1924 年)。

042. 鹿児島市《郷土出身海外関係功労者慰霊祭芳名録》（1941 年)。

043. 片倉芳和《宋教仁の研究：清末民初の政治と思想》(清流出版，2004 年)。

044. 桂瀬三《長江十年：支那物語》(同文館，1917 年)。

045. 加藤高明伝記編纂会《加藤高明》（加藤伯伝記編纂委員会，1929 年)。

046. 萱野長知《中華民国革命秘笈》（帝国地方行政学会，1940 年)。

047. 川崎万蔵《日本の対支使命：日支共存同盟の期待》（1928 年)。

048. 北岡伸一《日本陸軍と大陸政策》（東京大学出版会，1987 年)。

049. 京口元吉《高田早苗伝》(早稲田大学出版部，1962 年)。

050. 京都商工会議所《京都経済の百年》(京都商工会議所百年史编纂委员会，1982—1985 年)。

051. 草野心平《支那点点》(三和書房，1939 年)。

052. 久原房之助翁伝記編纂会《久原房之助》(日本鉱業株式会社，1970 年)。

053. 久保田博子《宋慶齡：人間愛こそ正義》（汲古書院，2016年）。

054. 久保田文次《萱野長知・孫文関係史料集》（高知市民図書館，2001年）。

055. 久保田文次《孫文・辛亥革命と日本人》（汲古書院，2011年）。

056. 車田譲治《国父孫文と梅屋庄吉》（六興出版，1975年）。

057. 结束博治《醇なる日本人——孫文革命と山田良政・純三郎》（プレジデント社，1992年）。

058. 黄昌穀《孫中山先生由上海過渡日本與逝去後詳細》（廣州民智書局，1925年）。

059. 興亜火災海上保険株式会社中野金次郎追想録編纂委員会編《中野金次郎追想録》（1959年）。

060. 向野康江《直方に生まれたつよくやさしい日本人向野堅一》（茨城大学《紀要（人文・社会科学・芸術）》59，2010年3月）。

061. 黑龍倶楽部《国士内田良平伝（復刻）》（原書房，1967年）。

062. 小坂文乃《革命をプロデュースした日本人》（講談社，2009年）。

063. 《孫文君歓迎午餐会》（《帝国鉄道協会会報》第十四巻第二号，1913年4月25日）。

064. 小島喜一《辛亥革命と福島県出身者の動向》（《福島中国交流史学》第一号，2012年1月）。

065. 古島一雄《一老政治家の回想》（中央公論社，1975年）。

066. 児島道子《孫文を繞る日本人——犬養毅の対中国認識》（平野健一郎編《近代日本とアジア——文化の交流と摩擦》東京大学出版会，1983年）。

067. 児玉花外《孫逸仙に与ふる詩》（《太陽》19－3，1913年3月）。

068. 小林一博《〈支那通〉一軍人の光と影——磯谷廉介中将伝》（柏書房，2000 年）。
069. 小林道彦《桂太郎》（ミネルヴァ書房，2006 年）。
070. 近藤達児《孫文移霊の記（附：新支那旅行記）》（近藤達児，1929 年）。
071. 近藤秀樹《辛亥革命と滔天》（《宮崎滔天全集》2，平凡社，1971 年）。
072. 嵯峨隆《近代中国の革命幻想——劉師培の思想と生涯》（研文出版，1996 年）。
073. 﨑村義郎著、久保田文次編《萱野長知研究》（高知市民図書館，1996 年）。
074. 酒井道雄《孫文と祖父中村伊三郎》（《日本工業経済》1993 年 3 月 3 日）。
075. 桜井良樹《辛亥革命と日本の政治の変動》（岩波書店，2009 年）。
076. 桜田倶楽部《秋山定輔伝》（桜田倶楽部，1977—1982 年）。
077. 佐佐木到一《ある軍人の自伝》（勁草書房，1963 年）。
078. 佐佐木安五郎《敗軍の将——天涯の孤客孫文訪問記》（《日刊新聞・不二》1913 年 8 月 12—16 日）。
079. 佐藤茂教《興亜会創設者曽根俊虎の基礎的研究》（《聖徳学園短期大学研究紀要》18，1985 年 12 月）。
080. 左舜生《黄興評傳》（傳記文学出版社，1968 年）。
081. 沢村幸夫《孫文送迎私記》（《支那》8，1937 年）。
082. 幣原喜重郎《外交五十年》（読売新聞社，1951 年）。
083. 重光葵《昭和の動乱》（中央公論社，1952 年）。
084. 柴田清継《西島函南（1870—1922）》（《孫文研究》42，2007 年 9 月）。
085. 柴田幹夫《大谷光瑞とアジア》（勉誠社，2010 年）。

086. 蔣海波《孫文の銅像製作者・彫刻家牧田祥哉について》(《孫文研究》31, 2002年1月)。

087. 蔣海波《明治前期東亜文化交流の一側面——漢詩人水越耕南の交友を中心に》(《東アジア三国の文化——受容と融合》,関西文化研究叢書12, 2009年)。

088. 蔣海波《〈東亜報〉に関する初歩的研究——近代日中"思想連鎖"の先陣として》(《現代中国研究》第32号, 2013年3月)。

089. 庄司一郎《菅原伝先生ノ生涯ト其ノ遺稿》(菅原伝翁建碑協賛会, 1938年)。

090. 勝田龍夫《中国借款と勝田主计》(ダイヤモンド社, 1972年)。

091. 徐小潔《"日本政府"と"日本人民"二分論の原型——『濱野末太郎資料』からみる孫文晚年の対日認識》(《孫文研究》54, 2014年6月)。

092. 雑賀博愛《杉田鶉山翁》(鶉山会, 1928年)。

093. 杉村伸《随筆集のきしのぶ》(講談社出版サービスセンター, 1989年)。

094. 須永徳武《中国への資本輸出と借款投資会社の活動——中日実業会社を中心として》(《経済集志》60-2, 1990年)。

095. 副島義一《支那革命に参加せる余が抱負と実歴》(《早稲田講演》改巻記念号, 1913年)。

096. 租界警務處《一九二三年孫中山与蘇聯特使越飛在滬会談情况的警務情報》(《革命史資料》6, 1982年)。

097. 《孫文記念館概要》(財団法人孫中山記念会, 初版2001年, 再版2006年)。

098. 高木陸郎《日華交遊録》(救護会出版部, 1943年)。

099. 高木陸郎《私と中国》(高木翁喜寿祝賀会, 1956年)。

100. 戴季陶《日本論》(1928 年，民智書局)。日訳：市川宏訳（社会思想社，1972 年)。
101. 多賀宗之《福州より孫文を日本の亡命せしめたる顛末》(《中華民国革命秘笈》，帝国地方行政学会，1940 年)。
102. 武上真理子《服部一三（1851—1929)》（《孫文研究》42，2007 年 9 月)。
103. 武田熙《支那革命と孫文主義》(大同館，1931 年)。
104. 田嶋信雄《第一次世界大戦後孫文の“日独ソ三国連合”構想と日本（1917—1924 年)》(服部龍二、土田哲夫、後藤春美編著《戦期間の東アジア国際政治》，中央大学出版部，2007 年)。
105. 田中義一伝記刊行会編《田中義一伝》(上下，原書房，1957—1960 年)。
106. 田野橘次《最近支那革命運動》(上海新智社，1903 年)。
107. 田村紀雄・陳立身《梁启超の日本亡命直後の“受け皿”》(《東京経済大学人文自然科学論集》118，2004 年 12 月)。
108. 《元男装スター——田村淑子さん》(《読売新聞》，1983 年 12 月 22 日)。
109. 玉利紹堂（伝十)《孫逸仙氏と语る》(《実業之世界》第十巻第六号，1913 年 3 月 15 日)。
110. 段云章《孙文与日本史事编年（增订本)》(广东人民出版社，2011 年)。
111. 千葉大学《千葉医学専門学校中国留学生と辛亥革命》(2012 年)。
112. 陳固亭《國父與日本友人》(幼獅社，1965 年)。
113. 陳錫祺主編《孫中山年譜長編》(中華書局，1991 年)。
114. 陳少白《興中會革命史要》(《建國月刊》1—3，1929 年)。
115. 陳徳仁《辛亥革命と神戸（最終回)》(《神戸史談》255，1984

年）。
116. 陳德仁《父は孫文の革命に莫大な資金援助を！鈴木久五郎と加藤文子さんの話》（1986 年）。
117. 陳德仁・安井三吉《孫文と神戸（補訂版）》（神戸新聞総合出版センター，2002 年）。
118. 陳鵬仁《孫中山先生與日本友人》（水牛圖書出版事業有限公司，1990 年）。
119. 陳鵬仁《中國國民黨在日本》（中國國民黨黨史會，1994 年）。
120. 築地宜雄《宮崎滔天》（《宮崎滔天全集》5，平凡社，1976 年）。
121. 鶴見祐輔《広東大本営の孫文》（《改造》23—7，1923 年）。
122. 土井吉十郎《明治新選——紀伊繁昌志》（大橋鎌之助，1893 年）。
123. 東亜文化研究所《東亜同文会史》（霞山会，1988 年）。
124. 湯志鈞《近代中国の革命思想と日本——湯志鈞論文集》（日本経済評論社，1986 年）。
125. 遠山芳造《波乱万丈の相場師——鈴木久五郎》（《実業之日本》1310，1953 年）。
126. 頭山満翁正伝編纂委員会《頭山満翁正伝（未定稿）》（葦書房，1981 年）。
127. 財団法人としま未来文化財団《白蓮宮崎燁（あき）子》（2008 年）。
128. 栃木利夫《辛亥革命と鈴木天眼——一人の対外硬論者の対応》（《歴史評論》295，1974 年 11 月）。
129. 鳥羽欽一郎《武藤山治と相場師・鈴久の対決》（《別冊中央公論秋季号》，1965 年 9 月）。
130. 戸部良一《日本陸軍と中国》（講談社，1999 年）。
131. 戸水万頃《台湾みやけ》（明治印刷，1905 年）。
132. 土木学会土木図書委員会編《古市公威とその時代》（社団法人

土木学会，2004 年）。

133. 豊田穣《北洋の开拓者——郡司成忠大尉の挑戦》（講談社，1994 年）。

134. 日華新報社編《孫文先生東游紀念写真帖》（日華新報社，1913 年）。

135. 中井一夫《百年を生きる》（中井一夫伝編集委員会，1975 年）。

136. 中村哲夫《移情閣遺聞——孫文と呉錦堂》（阿吽社，1990 年）。

137. 中村哲夫《同盟の時代——中国同盟会の成立過程の研究》（人文書院，1992 年）。

138. 成瀬公策《松本君平》（静岡県近代史研究会《近代静岡の先駆者——時代を拓き夢に生きた19 人の群像》，静岡新聞，1999 年）。

139. 西村竹四郎《在南三十五年》（安久社，1936 年）。

140. 西村貫一《西村旅館年譜》（西村マサ，1980 年）。

141. 玉水常治他《日本人の自伝 2》（平凡社，1982 年）。

142. 読売新聞社《明治・大正・昭和日本徳行録御大典記念》（読売新聞社，1929 年）。

143. 《孫中山先生日本遊記》（《民誼》6，1913 年）。

144. 財団法人日本経営史研究所《日本郵船百年史資料》（日本郵船株式会社，1983 年）。

145. 野沢豊《辛亥革命と大正政変》（東京教育大学アジア史研究会編《中国近代化の社会構造》教育書籍，1960 年，汲古書院，1970 年）。

146. 野村浩一《犬養毅と辛亥革命》（《中央公論》1，1965 年）。

147. 萩野修二《ある“支那通”の軌跡——沢村幸夫について》（《関西大学中国文学会紀要》15，1994 年 3 月）。

148. 狹間直樹《初期アジア主義についての史的考察（2）——曽根俊虎と振亜社》（《東亜》411，2001年）。
149. 狹間直樹《今井嘉幸（1878—1951）》（《孫文研究》42，2007年9月）。
150. 長谷川興蔵・小笠原謙三《竹马の友へ——南方熊楠小笠原誉至夫宛書简》（八坂書房，1993年）。
151. 波多野勝《満蒙独立運動》（PHP 選書，2001年）。
152. 初瀬龍平《伝統的右翼内田良平の研究》（九州大学出版社，1980年）。
153. 服部龍二《幣原喜重郎と二十世紀の日本——外交と民主主義》（有斐閣，2006年）。
154. 浜田直也《賀川豊彦と孫文》（神戸新聞総合出版センター，2012年）。
155. 濱野末太郎《現代支那人物批判》（世界出版社，1927年）。
156. 林政春《陸軍大将本庄繁》（青州会陸軍大将本庄繁伝記刊行会，1967年）。
157. 比嘉康文《“沖绳独立”の係譜——琉球国を夢見た6人》（琉球新報社，2004年）。
158. 馮自由《中華民國開國前革命史》（良友發行公司，1928年）。
159. 冯自由《革命逸史》（中华书局，1981年）。
160. 藤井昇三《孫文の研究——とくに民族主義理論の発展を中心として》（勁草書房，1966年）。
161. 藤井昇三《二十一条交渉時期の孫文と〈中日盟约〉》（市古教授退官記念論集編集委員会編《近代中国研究論集》，山川出版社，1981年）。
162. 藤井昇三《孫文と河上清の対談——1917年9月》（《辛亥革命研究》5，1985年）。
163. 藤井昇三《孙文与“满洲问题”——在反对帝国主义和“亚洲

主义”之间》（《孙中山和他的时代》，中华书局，1989 年）。
164. 藤井昇三《孫文と日本——〈中日盟约〉を中心に》（日本孫文研究会・神戸華僑華人研究会编《孫文と華僑》，汲古書院，1999 年）。
165. 藤本尚則《巨人頭山満翁》（山水社書房，1930 年）。
166. 藤本尚則《頭山満翁写真伝》（頭山満翁写真伝刊行会，1935 年）。
167. 布施勝治《ソウエート東方策》（燕塵社，1926 年）。
168. 船木勝《支那派遣軍総司令官岡村寧次大将》（河出書房新社，1984 年）。
169. 在華日本紡績同業会《船津辰一郎》（東邦協会，1958 年）。
170. 古川薫《海と西洋館》（筑摩書房，1973 年）。
171. 古家実三《孫文先生宛書簡（下書き）》（ひょうご労動図書館所藏，1924 年）。
172. 總理奉安専刊編纂委員會《總理奉安大典實録》（1929 年）。
173. 彭泽周《宮崎滔天與中國革命》（《中國現代史叢刊》5，1964 年）。
174. 保阪正康《孫文の辛亥革命を助けた日本人》（ちくま文庫，2009 年）。
175. 松永安左衛門《支那我観》（改造研究会，1920 年）。
176. 松島宗衛《故孫文の偽らざる告白》（《日本及日本人》136，1927 年）。
177. 松本英纪《二十一条问题与孙中山》（《孙中山和他的时代》，中华书局，1989 年）。
178. 松本君平《徳教とは?》（社団法人青年教団，1935 年）。
179. 三浦隆《孫文革命と新嘉坡：主治医西村竹四郎の記録》（鈴木与巳，2008 年）。
180. 宮崎世龍《宮崎世龍遺稿集》（宮崎光子，1998 年）。

181. 宫崎つち《亡夫滔天回顧録》（《宮崎滔天全集》5，平凡社，1976 年）。
182. 宮崎世民《宮崎世民回想録》（青年出版社，1984 年）。
183. 宮崎滔天、宮崎龍介、衛藤瀋吉《三十三年の夢》（東洋文庫，1967 年）。
184. 宮崎兄弟資料館《夢翔ける宮崎兄弟の世界へ》（荒尾市宮崎兄弟資料館，1995 年）。
185. 村田静子《福田英子——婦人解放運動の先駆者》（岩波書店，1959 年）。
186. 村田孜郎《支那の左翼戦線》（萬里閣書房，1930 年）。
187. 村田弘《中野金次郎伝》（東洋書館，1957 年）。
188. 村松梢風《秋山定輔は語る》（大日本雄弁会講談社，1938 年）。
189. 明治大学百年史編纂委員会《明治大学百年史》（明治大学，1986 年）。
190. 安井三吉《三上豊夷（1863—1942）》（《孫文研究》42，2007 年 9 月）。
191. 安井三吉《草野心平と中国》（《草野心平研究》13，2010 年）。
192. 安福重人《中井一夫（1889—1991）》（《孫文研究》42，2007 年 9 月）。
193. 山浦貫一《森恪》（森恪伝記編纂会，1940 年）。
194. 山田純三郎《シナ革命と孫文の中日聯盟》（嘉治隆一《第一人者の言葉》，亜東倶楽部，1961 年）。
195. 山田辰雄《关于廖仲恺一九二二年和一九二三年的两次访日》（《廖仲恺研究》，广东人民出版社，1989 年）。
196. 山田勝昌《溥儀、忠臣工藤忠——忘れられた日本人の満洲国》（朝日新聞社，2010 年）。
197. 山名正二《満洲義軍》（大空社，1997 年）。

198. 山中峰太郎《実録アジアの曙》(文芸春秋新社，1962 年)。

199. 山本かえ子《古家実三個人年表》(《古家実三日記研究》5，2005 年 5 月)。

200. 山本唯三郎《支那漫游五十日》(神田文吉，1917 年)。

201. 有隣堂《孫文と横浜》(有隣堂，1989 年)。

202. 俞辛焞《孫文の革命運動と日本》(六興出版，1989 年)。

203. 俞辛焞《孙中山宋庆龄与梅屋庄吉》(中华书局，1991 年)。

204. 杨天石、狭间直树《何天炯与孙中山》(《历史研究》5，1987 年 9 月)。

205. 横田健一《日本のマッチ工業と瀧川儀作翁》(日本のマッチ工業と瀧川儀作翁刊行会，1963 年)。

206. 横山健堂《加納先生伝》(講道館，1941 年)。

207. 横山宏章《長崎で出会った近代中国》(海鳥社，2006 年)。

208. 横山宏章《池亨吉と中国革命》(《孫文研究》40、41 合併号，2007 年 3 月)。

209. 横山宏章《草莽のヒーロー：无名の英雄渡辺元と東アジアの革命家》(長崎新聞社，2002 年)。

210. 横山宏章・陳東華《孫文と長崎——辛亥革命 100 周年》(長崎文献社，2011 年)。

211. 読売新聞西部本社編《梅屋庄吉と孫文：盟约ニテ成セル》(海鳥社，2002 年)。

212. 羅家倫主編，黄季陸、秦孝儀增訂《國父年譜》(中國國民黨中央委員會黨史委員會，1985 年)。

213. 羅剛《中華民國國父實録》(正中書局，1988 年)。

214. 李吉奎《孙中山与日本》(广东人民出版社，1996 年)。

215. 李坚《日本史学家内藤湖南的汉语》(《广州日报》，1993 年 12 月 14 日)。

216. 李廷江《日本财界与辛亥革命》(中国社会科学出版社，1994

年）。
217. 李廷江《臨時大総統孫文と日本人顧問》（《孫文研究》27，2000 年 1 月）。
218. 李廷江《日本財界と近代中国》（御茶の水書房，2003 年）。
219. 戸谷银三郎《探视孙文先生病况复命书（秘）》（《满铁“探视”孙中山病情史料一组》《民国档案》，1999 年 3 月）。
220. 呂顺長《山本梅崖と汪康年の交遊》（《四天王寺国際佛教大学紀要》第 45 号，2008 年 3 月）。
221. 鷲尾義直《犬養木堂伝》（東洋経済新報社，1938 年）。
222. 和田裕《風に向って走れ》（文芸社，2011 年）。

文集・资料集

223. 上原勇作関係文書研究会編《上原勇作関係文書》（東京大学出版会，1976 年）。
224. 小川平吉関係文書研究会編《小川平吉関係文書》（みすず書房，1973 年）。
225. 外務省記録《各国内政関係雑纂/支那ノ部/革命党関係（亡命者ヲ含ム）》。
226. 外務省編《外交文書》（1964 年—　）。
227. 神田喜一郎編《明治漢詩文集》（筑摩書房，1983 年）。
228. 北一辉《支那革命外史》（《北一辉著作集》第 2 卷，みすず書房，1959 年）。
229. 國父全集編輯委員會編《國父全集》（近代中国出版社，1989 年）。
230. 黄季陸《革命文獻》（中央文物供應社，1969 年）。
231. 黄純青《國父與日本》（傳記文學出版社，1965 年）。
232. 渋沢青淵記念財団龍門社《渋沢栄一伝記資料 38》（渋沢栄一

伝記資料刊行会，1961 年）。
233. 上海档案馆编《辛亥革命与上海——上海公共租界工部局档案选译》（中西书局，2011 年）。
234. 外務省編《清国事変（辛亥革命）》（巖南堂書店，1961 年）。
235. 广东省社会科学院等编《孙中山全集》（中华书局，1981—1986 年）。
236. 陈旭麓编《宋教仁集》（中华书局，1981 年）。
237. 陳徳仁・安井三吉《孫文・講演〈大アジア主義〉資料集》（法律文化社，1989 年）。
238. 原敬文書研究会編《原敬関係文書 2》（日本放送出版協会，1984 年）。
239. 深町英夫編訳《孫文革命論集》（岩波文庫，2011 年）。
240. 南方熊楠《南方熊楠全集》（平凡社，1987 年）。
241. 南方熊楠《南方熊楠全集別巻 2》（平凡社，1975 年）。
242. 宮崎滔天、宮崎龍介、小野川秀美編《宮崎滔天全集》（平凡社，1971—1976 年）。
243. 柳田国男《定本柳田国男集 23》（筑摩書房，1964 年）。
244. 柳田国男《定本柳田国男別巻 5》（筑摩書房，1971 年）。
245. 吉野作造《吉野作造選集》（岩波書店，1996 年）。

辞典・人名录

246. 愛知県教育会・愛知一師偉人会編《愛知歴史人名事典》（ブックショップ・マイタウン，2002 年）。
247. 秋田魁日報社編《秋田人名大事典》（秋田魁日報社，1974 年）。
248. 参議院《議会制度百年史——贵族院議員・参議院議員名鑑》（1990 年）。
249. 《国史大辞典》（吉川弘文館，1988 年）。

250. 産業人名資料事典編集委員会《日本産業人名資料事典》（日本図書センター，2002 年）。
251. 衆議院《議会制度百年史——衆議院議員名鑑》（1990 年）。
252. 《昭和人名事典》第三巻（日本図書センター，1987 年）。
253. 《人事興信録・第 3 版》（人事興信所，1911 年）。
254. 柏原祐泉他《真宗人名辞典》（宝蔵館，1999 年）。
255. 伊藤隆、季武嘉也編《近現代日本人物史料情報辞典》（吉川弘文館，2004—2011 年）。
256. 日外アソシエーツ《新訂政治家人名事典（明治—昭和）》（日外アソシエーツ，2003 年）。
257. 対支功労者伝記編纂会編《続対支回顧録》（大日本教化図書，1941—1942 年。復刻，原書房，1973 年）。
258. 帝国秘密探偵社編《大衆人事録》（皓星社，1999 年，復刻）。
259. 平凡社編《平凡社大百科事典》（平凡社，1984—1991 年）。
260. 対支功労者伝記編纂会編《對支回顧録》（1936 年。復刻，原書房，1968 年）。
261. 葛生能久著《東亜先覚志士記伝》（黒龍会出版部，1933—1936 年。復刻，原書房，1966 年）。
262. 張家鳳《中山先生與國際人士》（秀威資訊科技，2010 年）。
263. 鉄道史学会編《鉄道史人物事典》（日本経済評論社，2013 年）。
264. 長崎新聞社編《長崎県大百科事典》（長崎新聞社，1984 年）。
265. 永代静雄《新聞通信記者名鑑》（《新聞人名辞典》第 2 巻，新聞及新聞記者，1921 年）。
266. 赤羽篤他《長野歴史人物大事典》（郷土出版社，1989 年）。
267. 中村義、藤井昇三、久保田文次、陶徳民、町泉寿郎、川辺雄大編《近代日中関係史人名辞典》（東京堂，2010 年）。
268. 外務省外交史料館・編纂委員会《日本外交史辞典》（山川出版

社，1992年）。

269. 臼井勝美、鳥海靖、高村直助、由井正臣編集《日本近現代人名辞典》（吉川弘文館、2001年）。

270. 日本工業倶楽部《日本の実業家——近代日本を創った経済人伝記目録》（日外アソシエーツ，2003年）。

271. 上田正昭他《日本人名大辞典》（講談社，2001年）。

272. 平凡社《日本人名大事典（復刻）》（平凡社，1979年）。

273. のじぎく文庫編《兵庫県人物事典》（上、中、下）（のじぎく文庫，1966—1968年）。

274. 神戸新聞出版センター《兵庫大百科事典》（神戸新聞出版センター，1983年）。

275. 広島中国新聞社《広島県大百科事典》（中国新聞社，1982年）。

276. 藤井兵次郎《日本弁護士会名簿》（帝国弁護士会，1927年）。

277. 松居龍五《南方熊楠を知る事典》（講談社，1993年）。

278. 松居龍五、田村義也編《南方熊楠大事典》（勉誠出版，2012年）。

279. 宮武外骨、西田長寿編《明治新聞雑誌関係者略伝》（みすず書房，1985年）。

280. 秦郁彦編《日本陸海軍総合辞典》（東京大学出版会，1991年）。

281. 福川秀樹編《日本陸軍将官辞典》（芙蓉書房，2001年）。

282. 山内直一編《兵庫県人物列伝》（我観社，初版1913年，増訂版1914年）。

日记

283. 天羽英二《天羽英二日記・資料集》（天羽英二日記・資料集刊

行会，1984 年）。
284. 内田顾一《湖北革命战见闻日记》（《辛亥革命研究》第三辑，中华书局，1981 年 8 月）。
285. 宇都宮太郎著，宇都宮太郎関係資料研究会編《日本陸軍とアジア政策——陸軍大将宇都宮太郎日記》（岩波書店，2007 年）。
286. 近衛笃麿日記刊行会《近衛笃麿日記》（鹿島研究所出版会，1968—1969 年）。
287. 阪谷芳郎《阪谷芳郎日記》（国会図書館憲政資料室）。
288. 宋教仁著、松本英紀訳《宋教仁の日記》（同朋舎，1989 年）。
289. 中村義《水野梅晓在清日記》（《辛亥革命研究》第 6 号，辛亥革命研究会，1986 年 10 月）。
290. 中村義《白岩龍平日記——アジア主義実業家の生涯》（研文出版，1999 年）。

报纸·杂志

291. 《秋田魁新報》（秋田，日文）
292. 《大阪朝日新聞》（大阪，日文）
293. 《大阪每日新聞》（大阪，日文）
294. 《関门日日新聞》（下関，日文）
295. 《基督教世界》（東京，日文）
296. 《九州新聞》（福岡，日文）
297. 《九州日日新聞》（福岡，日文）
298. 《京都新聞》（京都，日文）
299. 《京都日の出新聞》（京都，日文）
300. 《神戸新聞》（神戸，日文）
301. 《神戸又新日報》（神戸，日文）

302. 《時報》（上海，中文）
303. 《晨鐘報》（北京，中文）
304. 《大公報》（天津，中文）
305. 《中外商業新報》（東京，日文）
306. 《中国新聞》（広島，日文）
307. 《東京朝日新聞》（東京，日文）
308. 《東洋日の出新聞》（長崎，日文）
309. 《長崎新聞》（長崎，日文）
310. 《長崎日日新聞》（長崎，日文）
311. 《名古屋新聞》（名古屋，日文）
312. 《二六新報》（東京，日文）
313. 《報知新聞》（東京，日文）
314. 《福岡日日新聞》（福岡，日文）
315. 《民国日報》（上海，中文）
316. 《民立報》（上海，中文）
317. 《読売新聞》（東京，日文）
318. 《万朝報》（東京，日文）
319. 《大日本紡績聯合会月報》（大阪，日文）
320. 《革命評論》（東京，日文）
321. 《國民》（東京，中文）
322. 《新愛知》（名古屋，日文）
323. 《東邦協会会報》（東京，日文）
324. 《鉄道時報》（東京，日文）
325. 《日華》（神戸，日文/中文）
326. 《北京週報》（北京，日文）
327. 《臨時政府公報》（南京，中文）
328. 《早稲田学報》（東京，日文）

未刊文稿

329. 孫連徳《浅井敬吾関係資料》（2011 年）。
330. 金子克己《支那の革命と其の前夜》（2006 年私家版）。
331. 孫連徳《小山亨三関係資料》（2011 年）。
332. 坂井悠治《坂井次郎関係資料》。
333. 杉山龍丸《中国革命関係者日本人名簿（写）》（京都大学人文研究所蔵，初版 1957 年、再版 1959 年）。
334. 杉山龍丸《中国革命関係者日本人履歴書（名簿附属）》（京都大学人文研究所蔵，初版 1957 年、再版 1959 年）。
335. 青木櫄子《副島八十六関係資料》（2011 年）。
336. 猪股せい子《高野太吉関係資料 1》。
337. 柴田誠《高野太吉関係資料 2》。
338. 戸谷徳潤・俊子《志の婦ぐさ父戸谷銀三郎・母戸谷千代子の足跡》（1990 年）。
339. 中村弥六《布引丸事件秘録》（1942 年）。
340. 日本郵船歴史博物館《日本郵船史に関する質問への回答》（2010 年 10 月 21 日）。
341. 萩屋信《萩屋坚藏〈辛亥革命写真帐〉》（1911 年）。
342. 狹間直樹《布告蒐集者脇川文近氏について》（2001 年）。
343. 滨野憲《滨野末太郎関係資料》（2011 年）。
344. 藤岡幸一郎《藤岡幸一郎関係資料》。
345. 前田惠子《前田亀千代関係資料》（2007 年）。
346. 孫連徳《村上䂓関係資料》（2011 年）。

附录一

表1 孙文逗留日本一览表（1895年11月—1924年11月）

次数	出发地	到达地	年月日	离日地	目的地	年月日	逗留期间	逗留地
1	香港	神户	1895/11/10	横滨	夏威夷	1895/11	约20天	横滨
2	维多利亚	横滨	1897/8/16	横滨	香港	1900/6/8	将近3年	横滨
3	香港	神户	1900/7/24	横滨	上海	1900/8/22	2个月	横滨
4	上海	长崎	1900/9/4	神户	台湾	1900/9/24	约20日	横滨
5	台湾	神户	1900/11/15	横滨	夏威夷	1901/4/9	5个月	横滨
6	夏威夷	横滨	1901/6/16	横滨	香港	1902/1/17	7个月	横滨
7	香港	横滨	1902/2/13	横滨	西贡	1902/12/4	10个月	横滨
8	西贡	横滨	1903/7/22	横滨	夏威夷	1903/9/26	2个月	横滨
9	马赛	横滨	1905/7/19	横滨	西贡	1905/10/7	3个月	横滨
10	马赛	横滨	1906/4	横滨	新加坡	1906/7	2个月?	横滨
11	西贡	横滨	1906/10/9	横滨	西贡	1907/3/4	5个月	东京
12	夏威夷	横滨	1910/6/10	神户	新加坡	1910/6/25	15天	东京
13	上海	长崎	1913/2/13	长崎	上海	1913/3/23	40天	东京
14	上海	神户	1913/8/9	横滨	上海	1916/4/27	2年8个月	东京
15	广州	门司	1918/6/10	神户	上海	1918/6/23	14天	箱根
16	广州	神户	1924/11/24	神户	天津	1924/11/30	7天	神户

表 2 辛亥革命时期在华日本人分布表（1911 年 12 月）

领事馆所在地	男	女	计	领事馆所在地	男	女	计
安东	4808	3966	8774	上海	3862	3174	7036
牛庄	2965	2559	5524	苏州	65	47	112
辽阳	1735	1411	3146	杭州	22	20	42
奉天	6520	4698	11218	南京	116	54	170
铁岭	2199	1834	4033	汉口	441	231	672
间岛	*231	281	512	长沙	49	8	57
长春	2952	2324	5276	沙市	31	2	33
吉林	87	110	197	重庆	62	25	87
哈尔滨	513	836	1349	**华中小计**	4648	3561	8209
齐齐哈尔	201	576	777	福州	*69	43	112
东北小计	21980	18314	40294	厦门	*143	83	226
关东州	22786	18427	41213	汕头	*61	44	105
天津	1171	1034	2205	广东	*75	71	146
北京	456	313	769	**华南小计**	348	241	589
芝罘	325	491	816	**合计**	51714	42381	94095
华北小计	1952	1838	3790	香港	*616	483	1099
				澳门	5	13	18
				港澳小计	621	496	1117
				台湾	65158	44628	109786
				总计	117493	87505	204998

说明：都市名表示领事馆辖范围，其中天津、北京、香港、澳门以城市为单位。* 是指包括中国台湾人、朝鲜人的数字。总计为各城市的合计数。东北包括旅顺、大连的日本租借地（关东州）。

出典：副岛昭一《战前期中国在留日本人人口统计（稿）》（和歌山大学教育学部纪要《人文科学》第 33 集，1984 年）。

表3　辛亥革命时期日本陆军特别机密费（宇都宫太郎关系）支出一览表

1. 电报金额区分表

19（）年月日	地点	收件人	金额（圆）
11.12.12	上海	本庄繁	84.99
11.12.13	北京	多贺宗之	58.59
11.12.14	上海	本庄繁	26.43
11.12.18	北京	多贺宗之	44.19
11.12.21	北京	坂西利八郎	27.87
11.12.21	北京	多贺宗之	17.31
11.12.21	上海	本庄繁	39.87
11.12.22	上海	井户川辰三	20.67
12.1.5	汉口	寺西秀武	92.75
12.1.6	上海	本庄繁	5.79
12.1.23	南京	井户川辰三	102.75
12.1.24	南京	井户川辰三	25.95
12.1.27	南京	井户川辰三	64.83
12.5.10	奉天	多贺宗之	12.48
13.5.3	上海	齐藤恒	49.95
13.5.19	奉天	松本菊熊	1.03
13.5.20	上海	齐藤恒	47.31
13.5.24	旅顺	福田雅太郎	0.98
13.5.31	大连	片谷传造	0.98
13.6.2	营口	片谷传造	1.03
13.6.5	上海	齐藤恒	44.43
13.6.6	北京	坂西利八郎	8.83
13.6.19	上海	齐藤恒	43.20
13.7.3	云南	蔡锷	13.63
13.7.10	云南	蔡锷	21.69
13.7.15	北京	坂西利八郎	1.88
13.7.20	上海	齐藤恒	7.71
13.7.20	旅顺	福田雅太郎	1.23
13.7.24	上海	齐藤恒	26.43
13.9.3	奉天	佐藤安之助	0.58
13.10.9	云南	蔡锷	11.91
13.10.16		云南电报局	5.40
13.11.10		黎元洪	4.35
13.11.25	北京	齐藤季治郎	0.83
13.12.2	北京	齐藤季治郎	2.18
13.12.17	湖北	木村恒夫	9.75
14.4.4	湖北	木村恒夫	4.89

2. 支付明细账

19（）年月日	支付对象	金额（圆）	备考
11.11.4	井户川辰三	7000.00	
11.11.5	水野梅晓	1000.00	
11.11.5	金子新太郎	2000.00	
11.11.25	小越平陆	300.00	
11.11.26	衣斐针吉	500.00	
11.11.27	池亨吉	10000.00	细川赖彦
11.12.1	伊藤伟作	500.00	
11.12.13	犬养毅	10000.00	三田平一郎
11.12.13	根津一	500.00	
11.12.18	野中保教	1000.00	林一郎经手
11.12.18	寺西秀武	1000.00	林一郎经手
11.12.18	本庄繁	1000.00	林一郎经手
11.12.30	足立乙亥干	300.00	
12.1.20	井手三郎	500.00	平山岩彦一起支付
12.1.17	青柳胜敏	1500.00	
12.2.9	片谷传造	500.00	
12.2.16	小山秋作	1000.00	
12.2.22	金子长	1500.00	新太郎妻
12.3.2	岩本千纲	1000.00	
12.3.13	伊藤伟作	500.00	
12.5.4	陈有功	150.00	
12.5.10	借给东翁牛特王	6000.00	多贺少佐经手
12.9.5	郑家屯事件香花	50.00	
12.9.16	金子长香典等	100.42	
13.5.25	宇都宫三千雄	50.00	青山经手
13.5.29	金子建碑	200.00	木村大尉经手
13.8.21	赠给黄兴礼品费	5.30	
13.9.29	吉井健夫	50.00	南洋方面调查报酬
13.11.1	岩田虎一	15.00	满洲出差补助费
13.11.4	仓田隆吉	200.00	南洋出差补助费
14.4.2	赠与金子遗族	100.00	
	合计	48520.72	

3. 特别机密费决算书

领受金额	5000000
支付金额	4945539
其中诸支付额	48520.72
电报费	93467

原资料：《大正三年四月特别机密费决算书》（宇都宫太郎关系资料396）。根据本书《典据文献一览》075. 樱井良树《辛亥革命と日本政治の变动》（岩波书店，2010年，第92—93页）做成。

表4　中华民国临时政府总长、顾问、秘书一览表（1912年1月）

职务	姓名	顾问	秘书
大总统	孙　文*	政治顾问犬养毅	池亨吉
副总统	黎元洪		
陆军总长	黄　兴*	陆军顾问荷马·李（美国退役军人）	萱野长知
海军总长	黄钟瑛	海军顾问太田三次郎（预备役海军大佐）	
司法总长	伍廷芳	法律顾问寺尾亨（东京帝大教授），副岛义一（早稻田大学教授）	
财政总长	陈锦涛	财政顾问阪谷芳郎（元大藏大臣），原口要（铁道技师）	
外交总长	王宠惠*	外交顾问内田良平（黑龙会）	
内务总长	程德全		
教育总长	蔡元培*		
实业总长	张　謇		
交通总长	汤寿潜		
秘书长	胡汉民*		
法制局长	宋教仁*		北一辉

* 是指革命派。

资料出典：参照本书《典据文献一览》219. 李廷江《临时大总统孙文と日本人顾问》（《孙文研究》27，2000年1月）。

表5　孙文访日行程表（1913年2—3月）

孙文逗留日本的时间共约9年，其中大部分时间是以“流亡者”或“要视察者”（需要监视者）的身份逗留日本的。而1913年2—3月间的访日是一个特殊的时期。日本政府、军界、经济界、各地官厅、对华团体等朝野上下，倾力欢迎，这是前所未有的。从所到之处来看，东京、横滨、横须贺、名古屋、京都、奈良、大阪、神户、吴、下关、门司、博多、荒尾、长崎等非常广泛。而且从与国民党支部、华侨、留学生团体的交流这一点来看，也是很特殊的访问活动。本表就是对其行程所做的一个归纳小结。

日期	主要事项	宿（数）
2/11	14：00，孙文一行从上海出发（山城丸）。第三次桂太郎内阁总辞职。	船中（2）
12	船中与涩川玄耳交谈。	
13	7：00，到达长崎港（女神海面）。9：10，从长崎站出发。14：33，过鸟栖站。17：25，到达门司。19：10，到达下关，在山阳楼小憩。	车中（1）
14	8：10，过神户站，小憩。20：00，过横滨站。20：25，到达新桥站，入住帝国宾馆。	帝国宾馆新馆二楼111号（13）
15	上午，访问汪大燮公使。晚上，赴东亚同文会欢迎会（华族会馆），发表演说。	
16	上午，凭吊近卫笃麿墓（日暮里・延命寺）。中午，赴近卫家欢迎会（上野・精养轩）。下午，凭吊儿玉源太郎，神鞭知常（青山墓地），陆实（染井墓地）等人墓。晚上，赴犬养毅等欢迎会（芝・红叶馆），致答词。	
17	上午，涩泽荣一等访问孙文（帝国宾馆）。中午，赴东邦协会午餐会（八百松馆），致答词。晚上，赴汪大燮公使晚餐会，发表讲话。	
18	11：00，访问长谷川好道参谋总长、大岛健一次长、木越安纲陆相、岛川文八郎兵器局长等，又参观小石川炮兵工厂、板桥火药厂。中午，赴太平组合午餐会（后乐园涵德亭）。16：00，赴日本邮船晚餐会（日本桥俱乐部），致答词。	
19	上午，在宾馆会见客人，接受记者采访。中午，赴大冈育造众议院议长午餐会，致答词。晚上，赴递相后藤新平晚餐会，与后藤密谈。	
20	早晨，参观陆军中学。上午，访问山县有朋。下午，赴东亚铁道研究会、帝国铁道协会欢迎会（京桥・精养轩），发表演说。出席中国兴业公司发起人大会。晚上，赴三井物产欢迎会。第一次山本权兵卫内阁成立。	
21	上午，参观陆军大学校、陆军士官学校，又访问涩泽荣一等，协议日中合办会社事宜（三井集会所）。中午，赴日华协会午餐会（筑地・精养轩），题词“邦交雅会”。晚上，出席日本实业家宴会（生命保险协会会馆），致答词。	
22	上午，赴横滨，出席横滨正金银行午餐会。16：00，出席日华学生团体欢迎会（筑地・精养轩），发表演说。晚上，孙文旧友（革命支援者）晚餐会。	

续表

日期	主要事项	宿（数）
23	9：00，赴中国留学生欢迎会（神田·青年会馆），发表演说。下午，赴基督教青年会·铁道青年会联合讲演会（神田），发表演说。晚上，赴春秋会（新闻记者团体）欢迎会，致答词。	
24	上午，访问桂太郎（桂邸）。下午，在丸善书店（银座）购书。晚上，赴大仓洋行晚餐会（向岛）。	
25	上午，参观东京中央停车场（现东京站）建设工地现场约40分钟，详细询问建设细节。访问犬养毅。14：00，赴大隈重信茶话会（大隈邸）。晚上，赴阪谷芳郎东京市长欢迎会（芝·红叶馆），致答词。	帝国宾馆（2）
26	中午，赴三菱会社午餐会。下午，赴日华实业协会茶话会。晚上，赴日本贸易协会晚餐会。	
27	上午，凭吊山田良政墓（谷中·全生庵）撰碑文。晚上，赴银行团体晚餐会。	
28	赴箱根。	箱根（1）
3/1	返回东京。赴东京国民党支部、共和党支部、广东同乡会联合欢迎会，发表演说。赴日华同志恳亲会合照摄影（松本楼）。晚上，赴华商团体宴请。	帝国宾馆（4）
2	上午，访问山县有朋。赴中华青年会欢迎会。13：30，参观三井本社。14：00，观看相扑比赛。15：00，赴贵族公会茶会。18：00，访问桂太郎邸，深谈。	
3	上午，访问山本首相（官邸），又访问涩泽荣一等，协商日中合办会社设立事宜（三井集会所）。访问松方正义。晚上，孙文宴请旧友。	
4	上午，访问涩泽荣一（三井集会所）。中午，赴牧野伸显外相午餐会（官邸）。晚上，孙文答礼宴。在京期间曾观看梅屋庄吉制作的纪录片《武昌起义》。	
5	上午，从新桥站出发。10：15，到达横滨。中午，赴神奈川县会、横滨市会、经济协会、商业会议所共同午餐会，致答词。赴中华会馆欢迎晚餐会。	横滨（1）
6	上午，参观华侨学校，嘉勉学生。中午，赴国民党横滨支部欢迎会，发表演说。	
7	11：00，赴横须贺，参观海军镇守府、横滨海军炮术学校、观摩驱逐舰。16：55，从横须贺出发，赴国府津。	国府津（1）
8	9：40，从国府津出发。上午，到达名古屋站。下午，参观名古屋离宫、商品陈列馆，又赴中国人留学生晚餐会。晚上，赴坂本钐之助市长欢迎会。	名古屋宾馆（1）
9	10：00，从名古屋站出发。14：37，到达京都站，访问西本愿寺。下午，赴中国留学生欢迎会（府立图书馆），发表演说。晚上，赴京都商业会议所欢迎会。	京都宾馆（1）
10	10：25，从京都出发。11：30，到达奈良郡山，访问柳泽保惠宅邸。15：30，从郡山出发。16：30，到达大阪凑町站。晚上，赴大阪官民欢迎会，致答词。	大阪宾馆（2）

续表

日期	主要事项	宿（数）
11	上午，参观中村紧身布厂、大阪纺织厂，访问大阪朝日新闻社、大阪每日新闻社。中午，赴大阪纺织联合会欢迎会，又赴大阪国民党支部主办欢迎会。下午，赴大阪基督教青年会馆演讲会，发表演讲。晚上，赴大阪经济会晚餐会，致答词。	
12	上午，参观大阪炮兵工厂。中午，赴大阪市官民午餐会。下午，赴大阪高等医学校欢迎会，考察大阪筑港。晚上，赴中华民国大阪商务总会、实业家联合欢迎会。	
13	10：00，坐阪神电车从大阪出发。11：00，到达神户泷道车站。14：00，赴神户华侨欢迎会（中华会馆），发表演说。下午，赴神户基督教青年会馆，致答词。晚上，赴国民党神户交通部欢迎会（中华会馆），发表演说。题赠杨寿彭“天下为公”。	东方宾馆（1）
14	上午，参观神户华侨同文学校，勉励学生。又参观川崎造船所。中午，赴神户华侨吴锦堂午餐会（舞子松海别庄）。晚上，赴神户市长等晚餐会（常盘花坛），又访问三上丰夷邸（中山手通四丁目）。20：57，从神户站出发，赴吴市。	车中（1）
15	8：27，到达吴车站。上午，参观海军工厂。赴加藤长官午餐会，致答词。17：00，到达严岛。23：45，从宫岛站发，赴下关。	车中（1）
16	5：50，到达下关站，在山阳宾馆小憩，回答记者提问。7：55，从下关出发（别知丸）。8：20，到达门司铁道栈桥。上午，参观明治专门学校。下午，访问安川敬一郎邸。	安川邸（1）
17	9：40，从户畑出发，赴八幡。上午，参观八幡制铁所。13：20，从户畑出发。15：30，到达博多。下午，戴天仇代表孙文访问九州日报社。晚上，赴筑丰矿业家晚餐会。	常盘馆（2）
18	上午，凭吊平冈浩太郎墓（圣福寺），访问平冈良助、中野德次郎宅，又访问玄洋社。中午，赴旧友会欢迎会（常盘馆）。下午，凭吊安永东之助墓（崇福寺），又访问九州帝大医科大学，发表演说。晚上，赴官民联合欢迎会（西中洲公会堂）。	
19	8：30，从博多出发，赴大牟田。10：58，到达大牟田站。11：10，到达三池筑港、四山发电所。中午，在三井俱乐部午餐。下午，访问荒尾宫崎滔天老家，致词。凭吊宫崎弥藏墓。题赠寅藏“推心置腹”，题赠民藏“博爱仁行”。15：30，从宫崎家出发，参观万田煤矿、三井工业学校。晚上，赴三井重役有志晚餐会。	大牟田（1）
20	8：18，从大牟田站出发。10：26，到达熊本站。中午，赴中国人留学生欢迎会、发表演说。14：00，参观济济黉，发表演说。	熊本（1）
21	上午，从熊本站出发。18：10，到达长崎站。晚上，赴徐善庆领事欢迎会（福建会馆），发表演说。	长崎福岛屋（2）
22	上午，赴基督教青年会讲演会，发表演说。中午，赴长崎华侨午餐会（福建会馆）。下午，访问东洋日出新闻社。晚上，赴长崎市官民晚餐会（小岛凤鸣馆），致答词。又赴中国人医学生晚餐会（西浜町精洋亭）。	
23	上午，参观三菱造船所，赴该所午餐会。16：00，从长崎港出发（天洋丸）。25日，返回上海。	船中（2）

表6　　东亚同文会孙文欢迎会出席者一览表

（1913年2月15日，于华族会馆）

区分	姓名
主宾	孙逸仙　马君武　何天炯　戴天仇　袁华选　宋嘉树　山田纯三郎
陪宾	汪大燮　许士熊　刘崇杰　郭左淇　杨彦洁　黄遵楷　山座圆次郎　大岛健一　平井晴二郎　夏之时　李作栋
2～3划	十时弥　工藤教平　下乡传平　大仓喜八郎　大原武庆　大内畅三　大竹贯一　大谷嘉兵卫　大桥新太郎　上原武十郎　山口升　山口久四郎　山内嵓　山本信朋　山本市太郎　山田祯三郎　小川平吉　小久保喜七　小鸟谦三　小泽德平　小室三吉　小藤文次郎　川村惇　丸山长渡
4划	天神林保吉　井上角五郎　井上敬次郎　井上雅二　井田武雄　井手三郎　井户川辰三　五百木良三　太田惟一　长岛鹫太郎　中西正树　中西淳亮　中岛真雄　中野二郎　内田良平　日向辉武　冈田良延
5划	末永纯一郎　本庄繁　本城清规　平原文太郎　平井千太郎　石川仁平　石田健一郎　辻太　田边为三郎　田代亮介　田锅安之助　白岩龙平　加藤正义　加藤驹二　丝永赖平
6划	西村虎太郎　寺尾亨　关澄　安宅良孝　安达谦藏　守屋此助　伊东介三郎　伊东知也　伊泽修二　成田炼之助
7划	杉田定一　佐原正　床次竹次郎　角谷八平次
8划	松井广吉　松井岩根　松本忠雄　松冈千寿　押川方义　岩谷松平　岩村成元　浅野总一郎　泽柳政太郎　河原橘弥
9划	草政吉　柏原文太郎　宫岛大八　宫崎寅藏　津轻英麿　星野锡　香川悦次　前田武四郎
10划	根津一　根本永雄　根岸佶　野田卯太郎　野间五造　高木陆郎　高桥正照　涩泽荣一　桑田驹藏
11划以上	菅原传　清浦奎吾　曾我祐准　富田安兵卫　绫部勉　福田和五郎　箕浦胜人　德富猪一郎　镰田胜太郎　藤田谕一

以上主客合计一百二十五人。出典：本书《典据文献一览》123. 东亚文化研究所《东亚同文会史》第224—225页。原文称一百三十二人，误。

表 7　铁道协会孙文欢迎会出席者一览表

（1913 年 2 月 20 日，于京桥区精养轩）

区分	姓名
主宾 来宾	孙文 马君武　何天炯　戴天仇　袁华选　宋嘉树　胡瑛　王守善　周惠慈　卜择　汪大燮　许士熊　刘崇杰　郭左淇
出席者	大仓喜八郎　大屋权平　小林源藏　井上角五郎　木下淑夫　中村是公　玉木辨太郎　古川阪次郎　古市公威　末延道成　平井晴二郎　田健治郎　仙石贡　白岩龙平　松野千胜　岩原谦三　岛安次郎　草乡清四郎　图师民嘉　原口要　速水太郎　渡边嘉一　菅原恒宽　森本邦治郎　野村龙太郎　增田礼作

典据：本书《典据文献一览》063.《孙文君欢迎午餐会》（《帝国铁道协会会报》第十四卷第二号，1913 年 4 月 25 日）。

表 8　实业家孙文欢迎会出席者一览表

（1913 年 2 月 21 日，于生命保险协会会馆）

区分	姓名
来宾	孙文 汪大燮　何天炯　胡瑛　阪谷芳郎　宋嘉树　戴天仇　马君武　山座圆次郎　山田纯三郎
出席者	三井元之助　三井八郎右卫门　大仓喜八郎　大桥新太郎　山成乔六　山本条太郎　山本悌二郎　马越恭平　久米良作　井上准之助　井上辰九郎　木村长七　长松笃棐　犬丸铁太郎　中野武营　日比谷平左卫门　古市公威　古河虎之助　白石重太郎　白石元次郎　白岩龙平　齐藤恂　竹内直哉　安田善三郎　池田龙一　池田谦三　伊泽良立　村井吉兵卫　村田俊彦　团琢磨　园田孝吉　志村源太郎　佐竹作太郎　饭田义一　佃一予　阿部泰藏　武智直道　坪谷善四郎　松尾吉太　松方岩　服部金太郎　浅野总一郎　柿沼谷藏　波多野承五郎　指田义雄　星野锡　美浓部俊吉　涩泽荣一　根津嘉一郎　高田慎藏　高杉晋　高松丰吉　清野长太郎　森村市左卫门　福井菊三郎　福原有信

典据：本书《典据文献一览》234.《龙门杂志》298 号，1913 年 3 月，引自涩泽青渊记念财团龙门社编《涩泽荣一传记资料》（第 38 卷，1961 年）。

表9　　神户市官民欢迎会出席者一览表

（1913年3月14日，于常盘花坛）

区分	姓名
正员	孙中山 何天炯　马君武　袁华选　宋嘉树　戴天仇　宫崎寅藏　岛田经一　山田纯三郎　菊池良一
副宾	王守善　王敬祥　简照南　黄煌南　吴锦堂　周子卿　郑祝三　杜意均　马聘三　蓝卓峰　廖道明　杨秀轩　赤池浓　折原巳一郎　加藤敬三郎　小山松吉　齐藤重高　田丸税稔　长谷川谨介　服部一三　寺尾亨 神户又新日报社　神户新闻社　大阪朝日新闻社神户支局　大阪每日新闻社神户支局 大阪时事新闻社神户支局　大阪新报社神户支局　大阪日报社神户支局
参会者	赤尾善次郎　秋山忠直　秋山恕卿　安部成嘉　有马唯一　阿波野松太郎　伊丹二郎　市田幸四郎　乾长次郎　宇川雄太郎　远藤大三郎　冈崎藤吉　太田保太郎　鹿岛房次郎　加藤武男　金冢仙四郎　岸本信太郎　酒井贺一郎　阪田八十郎　佐佐木种　三郎　盐川荣治郎　重永壮辅　柴田音吉　柴田友藏　菅音次郎　杉浦义言　杉谷安一　关口高次　曾根巳之介　曾根正命　高津英马　多木粂次郎　泷川仪作　泷川辨三　武冈丰太　武村贞一郎　谷本伊太郎　陈步云　坪井德次郎　坪田十郎　直木政之助　鸣泷幸恭　那波齐治　南乡三郎　西川庄三　野泽雄治　秦银兵卫　船井长治　藤田好三郎　藤森忠一郎　法桥信治　本多一太郎　松方幸次郎　三上丰夷　川崎芳太郎　川西清兵卫　川村贞次郎　小高根纯三　丸冈宽三郎　丸山继男　山下芳太郎　水岛重吉　宫下治之介　武藤山治　村上关藏　村野山人　森田金藏　井上寅二郎　中岛清重　中村寿夫　吉川久吉　四本万二　汤浅竹之助　渡边信之介　渡边尚

出典：本书《典据文献一览》134. 日华新报社编《孙文先生东游纪念写真帖》（日华新报社，1913年）。

表10　各地欢迎孙文一览表（1913年3月）

1913年2月，孙文以“筹办全国铁路全权”的身份访问日本，日本政府以“准国宾”的待遇盛大欢迎孙文。在结束东京的访问日程后，孙文于3月5日从东京出发，前往横滨，随后访问各地，参观了军港、炮兵工厂、纺织工场、造船所等设施，与各地华侨、留学生以及市民交流。东京、横滨、大阪、神户的活动比较为人所知，欢迎孙文的人物在本文中均有收录。本表将孙文在名古屋、京都、奈良、广岛、山口、福冈、熊本、长崎等地的欢迎交流活动和人物，根据各地的报纸等资料，对此作一归纳（一部分也收录在本文中）。

东京（2月14日—3月5日）（略），横滨·横须贺（3月5日—3月7日）（略）
名古屋（3月8日—9日）
青柳有美、伊藤次郎左卫门（松坂屋）、伊藤由太郎、井上茂平卫、上远野富之助（名古屋商业会议所副会头）、大仓和亲、冈田（名古屋市观光课长）、冈谷清四郎、奥田正香（名古屋商业会议所会头）、春日井丈太郎、加藤重三郎、兼松熙、神谷卓男、北川乙次郎、儿玉一造、齐藤信三、坂本钐之助（名古屋市长）、盐川三四郎、志水（《新爱知》主笔）、神野金之助（贵族院议员）、铃木□兵卫、滩定助、手冢太郎、中井巳次郎、中西（北浜银行支店长）、藤田庆四郎、松崎时勉、村井保□、渡边义郎。 ＊《新爱知》《名古屋新闻》。□无法判读。
京都（3月9—10日）
饭田新七、稻垣恒吉（京都商业会议所副会头）、梅上尊融（西本愿寺执行长）、大谷光演（大谷派法主）、大谷光瑞（西本愿寺22世）、大谷光明（本愿寺派法嗣）、大谷尊由（本愿寺派执行长）、加藤小太郎（京都市高级助役）、近卫文麿、榊原政夫、下村庄太郎、末广重雄（京都大学教授）、西池（京都商业会议所书记长）、西松（京都站长）、浜冈光哲（京都商业会议所会头）、原田助（同志社社长）、藤村（京都商业会议所副会头）、牧野（平和协会理事）。 ＊《京都新闻》《京都日の出新闻》。
奈良（3月10日）
马场命英（少将）、柳泽保惠（伯爵）。 ＊《大阪朝日新闻》。
大阪（3月10—13日）（略）、神户（3月13—14日）（略）。

续表

吴・宫岛（3 月 14—16 日）
浅野长勋、阿部（吴海军副官）、天野健太郎（吴市议会议长）、大泽喜七郎（吴海军参谋长）、冈村（吴市助役）、加藤友三郎（吴镇守府长官）、岸本斐夫（严岛町长）、葛冈真一（骑兵留守队长）、酒井（严岛町助役）、泽原俊雄（吴市长）、杉原俊雄（诗人?）、船越（吴海军机关长）、名古屋（吴海军副官）、山下吉十郎（吴市议会副议长）、行友（严岛神社祢宜）、渡边（吴站长）。 ＊《中国新闻》。
下关（3 月 16 日）
内田（下关商业会议所会头）、小林重威（下关市长）、杉（下关水上署长）、宝边岩次郎（下关市会议长）。 ＊《福冈日日新闻》。
门司・小仓・博多（3 月 17—19 日）
麻生太吉（麻生矿业）、伊东祐彦（九州医科大学长）、伊藤传右卫门、岩崎（门司水上警察署长）、加纳（九铁）、贝岛太助（贝岛煤矿）、小山（九大医学部）、榊（九大医学部）、坂根（九大事务官）、樱井（九大医学部）、进藤喜平太（玄洋社）、中野得次郎、中山（九大病院长）、东瀛禅师（清福寺）、平冈常次郎、平冈良介、堀、松本健次郎、松本（九轨支配人）、的场中（明治专门学校长）、安川敬一郎、安川清三郎、安河内（八幡制铁所次长）、安永亮介。 ＊《福冈日日新闻》。
大牟田・荒尾・熊本（3 月 19—21 日）
青木（熊本运输事务所长）、阿部泷次郎、井芹经平（济济黉校长）、岩谷忠顺（大牟田町长）、植木、宇佐隐来彦、大隈（三井物产三池支店长）、上山满之进（熊本县知事）、河田、行德健男（同仁会）、河野如矢、内藤正义（熊本银行团）、长江虎臣（东亚同志会会长）、中岛（三池郡长代理）、野田（福冈矿山监督署长）、林千八（熊本县商业会议所会头）、平冈则孝（荒尾村长）、平山岩彦（东亚同志会）、古庄韬（东亚同志会）、牧田（三井三池炭矿长）、松仓善家（东亚同志会）、松村龟源（东亚同志会）、村上一郎（熊本县实业团）、汤浅（大牟田警察署长）。 ＊宫崎滔天家访问时出迎者省略。＊《九州日日新闻》。
长崎（3 月 21—23 日）
家永芳彦（长崎市议会议长）、入江光吉（贸易商・长崎商业会议所会员）、阿部政太郎（吴服商・长崎商业会议所会员）、兴梠（佐世保新报）、小野七五三藏（内务部地方课长）、加藤知康（三菱长崎造船所）、加藤知道（三菱长崎造船所）、金子克己、北川信从（长崎市长）、工藤祐定（三菱长崎造船所）、仓场富三郎［林佳（音）商会］、交吉（长崎县视学官）、神代彦治（九州日出新闻）、古贺十二郎（历史家）、后藤、小松（日本邮船长崎支店长）、西乡四郎（东洋日出新闻）、志贺亲明（日露协会长）、岛贡介（长崎市助役）、城野威臣（长崎日日新闻社长）、菅沼元之助（青年会理事）、铃木民（铃木天眼夫人）、铃木天眼、铃木（长崎县土木课长）、园田胜之进、高比良友三（梅香崎警察署长）、妻木栗造（三菱长崎造船所）、手冢敏郎（长崎县警察部长）、中泉半弥（三菱长崎造船所）、丹羽翰山（东洋日出新闻主笔）、野中右一（东洋日出新闻社友）、桥本辰二郎（长崎商业会议所会头）、浜田彪（三菱长崎造船所）、浜田雄之助（东洋日出新闻）、福岛福松（福岛屋）、福岛（东洋日出新闻）、松村（长崎防疫官）、松本武助（长崎贸易商同业组合长）、三谷一二（三菱合资会社支店长）、森伊佐次（县会议员）、盛藤吉（两替商）、山岸庆之助（三菱长崎造船所）、李家隆介（长崎县知事）。 ＊《长崎新闻》《东洋日の出新闻》、横山宏章・陈东华《孙文と长崎》（长崎文献社，2003 年）。

表 11　中国兴业公司出资者一览表（1913 年）

表 11－1　日本方面个人认股出资一览表（1913 年 8 月）

出资者	所属・身份	股数	出资者	所属・身份	股数
柳生一义	台湾银行	1000	广冈惠三	大同生命保险	200
住友吉左卫门	住友家当主	700	根津嘉一郎	东武铁道	200
大仓喜八郎	大仓组	700	村井吉兵卫	烟草商、村井银行	200
佃一豫 1	日本兴业银行	500	早川千吉郎	三井银行	100
涩泽荣一	第一银行	500	大谷嘉兵卫	制茶商、横滨七四银行	100
中川小十郎	台湾银行	500	高峰让吉	大日本人造肥料	100
久原房之助	久原矿产	500	和田丰治	富士纺织	100
安川敬一郎	明治矿业	500	武藤山治	钟渊纺织	100
松方岩 2	第十五银行	500	门野重九郎	大仓组	100
藤田平太郎	藤田合名会社	500	左右田金作	左右田银行	100
萨摩治兵卫	锦糸商、近江银行	500	福原有信	帝国生命保险	100
志立铁次郎 3	日本兴业银行	500	白岩龙平 4	日清汽船	100
原六郎	横滨正金银行	300	原田二郎 5	鸿池银行	100
若尾民造	若尾银行	300	大石广吉	三菱合资会社	100
高田慎藏	高田商会	300	高木陆郎	三井物产	100
仓知铁吉	前外务次官	300	尾崎敬义	三井银行	100
益田孝	三井物产	300	中野武营	东京商业会议所	100
古河虎之助	古河矿业	300	川崎芳太郎	川崎造船所	100
赤星铁马	第十五银行	300	山本条太郎	三井物产	100
麻生太吉	麻生矿业	300	马越恭平 6	三井物产、大日本啤酒	100
三村君平	三菱银行	300	三好重道	三菱合资会社	100
茂木惣兵卫	生丝商、茂木银行	300	浅野总一郎	浅野水泥	100
井上准之助	横滨正金银行	200	原富太郎	生丝商、原合名会社	100
岩本荣之助	大阪市实业家	200	田中源太郎	贵族院议员	100
今村繁三	今村银行	200	小田切万寿之助	横滨正金银行	100
服部金太郎	服部商店	200	中村房次郎	日本碳素	100
西胁济三郎	太阳生命保险	200	渡边福三郎	渡边银行	100
川崎八右卫门 7	川崎银行	200	山边丈夫	大阪纺织	100
乡诚之助	日本工业俱乐部	200	松方幸次郎	川崎造船所	100
田中平八	米谷商、田中银行	200	菊地長七郎	东海银行	100
中岛久万吉	古河矿业	200	福岛浪藏	福岛商会	100
小池国三	山一证券	200	盐原又策	三共化学	100
神田镭藏	红叶屋（证券业）	200	安部幸兵卫	横滨制糖	100
森村一左卫门	森村组（贸易业）	200	森恪 8	三井物产	100
中桥德五郎	大阪商船	200	佐竹作太郎	东京电灯	100
大桥新太郎	东京商业会议所	200	末延道成 9	东京海上火灾（保险业）	100
桦山爱辅	北海道煤矿	200			

出典：本书《典据文献一览》094. 須永德武「中国への資本输出と借款投資会社の活動——中国実業会社を中心として」（《経済集志》60 卷 2 号，1990 年，第 165 頁，表 7）。参照《日本外交文书》（1913 年，第 1010—1011 頁，アジア历史資料センター，B04011208800－79）。其他，三井八郎右卫门 10，吴锦堂 11，岩下清周 12。

表 11－2　中国兴业公司中国方面股份一览表

姓名	股数	姓名	股数
孙　文	4800	张人杰	400
周金箴	4800	庞青城	400
印锡章	4000	沈缦云	400
王一亭	3400	宋嘉树	400
朱葆三	3400	王宠惠	300
黄　兴	800	马君武	300
李平书	600	张趾麟	300
义生洋行	500	温秉忠	100
顾馨一	400	戴天仇	100

出典：《日本外交文书》1913 年，第 1011 页。

表 11－3　中国兴业公司日本方面（企业）（截至 1913 年 8 月 11 日）股份一览表

企业名	股份
日本兴业银行	1000
日本邮船会社	1000
大阪商船会社	1000
三菱合资会社	1000
第一银行	500
第十五银行	500
第百银行	500
南满洲铁道会社	300
第三十四银行	300
山口银行	300
北浜银行	300
日清汽船	200

出典：《日本外交文书》1913 年，第 1010 页。与《日本外交文书》（1913 年，第 1010—1011 页）的记载（或不记载）的不同之处如下：＊1—4，8：没有姓名，6：股份数是 200，7：姓名是“川崎金三郎”，9：股份数是 200，10：股份数是 1000，11：吴锦堂出资 300 股，12：岩下清周出资 100 股。

表 12　政法学校讲师一览表（1914 年，于东京）

表 12－1　政法学校讲师

担任科目	职名	学位	姓名
政治学	东京帝国大学法科大学教授	法学博士	小野冢喜平次
比较宪法	东京帝国大学法科大学教授	法学博士	野村淳治
比较宪法	递信书记官	法学士	渡部信
行政泛论	行政裁判所评定官	法学士	岛村他三郎
经济原论		法学博士	小林丑三郎
财政原论	庆应义塾大学教授	法学博士	堀江归一
法学通论	东京高等商业学校教授，早稻田大学教授	法学博士	中村进午
民法总论	东京高等商业学校教授，东京帝国大学法科大学讲师	法学士	乾政彦
国际公法	本校校长	法学博士	寺尾亨
政治史	东京帝国大学法科大学助教授	法学士	吉野作造
西洋史	早稻田大学教授	文学士	本多浅治郎

第二学年：除第一学年之学科中有亘至第二学年者，仍由第一学年之讲师继续担任外，所有担任第二学年应行讲授各学科之讲师及第一第二学年中特别担任科外，讲义及讲师如次：

职名	学位	氏名
东京帝国大学法科大学、东京高等商业学校教授	法学博士	美浓部达吉
东京帝国大学法科大学教授	法学博士	笕克彦
东京帝国大学法科大学讲师	法学博士	福田德三
东京帝国大学法科大学教授	法学博士	河津暹
东京帝国大学法科大学教授	法学博士	山崎觉次郎
东京帝国大学法科大学教授	法学博士	立作次郎
东京帝国大学法科大学教授	法学士	牧野英一
东京帝国大学法科大学教授	文学博士	建部遯吾
东京帝国大学法科大学教授	法学博士	松本烝治
早稻田大学教授	法学博士	浮田和民

表 12－2　政治经济科第一学年授业时间表

时间	下午一点到三点		下午三点到五点	
周日	讲师	科目	讲师	科目
周一	乾先生	民法总论	岛村先生	行政泛论
周二	寺尾先生	国际公论（法）	小林先生	经济原论
周三	堀江先生	财政原论	中村先生	法学通论
周四	本多先生	西洋史	小林先生	经济原论
周五	吉野先生	政治史	小野冢先生	政治学
周六	野村先生	比较宪法	渡部先生	比较宪法

出典：《政法学校简章》（外务省记录：各国内政关系杂纂/支那ノ部/革命党关系（亡命者ヲ含ム）第十一卷，1914 年 4 月 16 日—5 月 4 日，B03050075300—3～11）。

表 13　孙文访问者一览表（1924 年 11 月 24—30 日，神户）

表 13－1　孙文一行

姓　名	职务，年龄
孙　文	广东政府大元帅，59
宋庆龄	孙文夫人，31
李烈钧	同大元帅参谋总长陆军上将，45
马　湘	同大元帅副官陆军大佐，35
黄惠隆	同大元帅副官陆军大佐，37
陈虞青	同参谋本部书记，26
周鰲山	同秘书，40
耿鹤生	同高级参谋陆军中将，40
戴传贤	大元帅秘书长，36
俞咏膽	高级参谋陆军中将，40
曾勇父	参谋本部书记，35
黄芳池	同上，34
田赋均	李烈钧的副官陆军少佐，28
黄昌穀	大元帅府英文秘书，35

（注）根据外务省文书《江浙並ニ奉直纷扰关系一件政况（北京事变）本邦ニ於ケル孙文及卢永祥等ノ行动》（B03050764300－12）。

表 13－2 全国各地访问者（1）旧知老友

姓名
井上谦吉，大久保高明，萱野长知，菊池良一，岛田经一，辻铁舟，寺尾亨，头山满，宫崎震作，宫崎龙介，山田キヨ，山田纯三郎

表 13－3 全国各地访问者（2）政治家

众议院议员					
姓　名	所属会派	姓　名	所属会派	姓　名	所属会派
蚁川五郎作○	宪政会	齐藤藤四郎	中正俱乐部	望月小太郎○	宪政会
井上雅二	中正俱乐部	砂田重政○	革新俱乐部	森田金藏	实业同志会
神田正雄○	宪政会	高见之通	政友本党	山口政二	立宪政友会
古岛一雄○	革新俱乐部	西冈竹次郎	中正俱乐部	说明：○为护宪三派	
贵族院议员					
姓　名	所属会派等	姓　名	所属会派等	姓　名	所属会派等
池田长康	研究会	胜田银次郎	神户市会议长	藤村俊朗	元递相
内田嘉吉	前台湾总督	福原俊丸	研究会		
其他					
森恪（政友会院外团常任干事）					

表 13－4 全国各地访问者（3）军人、（4）实业家、（5）其他

姓　名	所属、职位等	姓　名	所属、职位等
镝木武夫	海军少佐	津下纹太郎	日本石油专务取缔役
梅垣长二	三井物产船舶部	浜冈光哲	京都商业会议所会头
大泽佳郎	第一银行神户支店支配人	皆川芳造	东京商业会议所常议员
角田隆郎	日华实业协会	曾田定祐	
岸一太	医学博士	寺岛天园	
新谷畔	台湾总督府嘱托	远矢平吉	
末广重雄	京都帝国大学教授	永屿忠重	
林正耕	满铁	和田长史	
神谷忠雄	日本贸易社长		

表 13－5　全国各地访问者（6）外国人

中国人			
赫兆先	华侨联合会长代理	杨睦凤	华侨联合会劳工部长
陈锦豫	华侨联合会副会长	雷　昺	国民党东京支部·早大生
朝鲜人			
徐基俊	朝鲜协会东京本部会长	李善洪	在阪朝鲜人兄弟会长
朴兴奎	朝鲜协会东京本部副会长	尹洪烈	东亚日报
金东赫	朝鲜协会东京本部总务		
俄国人			
ベーリン（贝林）（远东银行监查役）			

表 13－6　当地访问者（兵库县·神户市）

（1）行政·司法	
平冢广义（县知事）	平田贯一（县产业部长）
八木林作（县警察部长）	成田惟忠（神户地方裁判所长）
雪泽千代治（县警外事课长）	永田龟作（神户市助役）
（2）实业家·市会议员	
泷川仪作（神户商业会议所会头）	西川庄三（同副会头，神户市会副议长）
福本义亮（神户商业会议所书记长）	草鹿甲子太郎（日华实业协会长，市会议员）
鹿岛房次郎（原市长）	冈崎藤吉（神户冈崎银行头取）
百崎俊雄（同监查役）	丹下良太郎（共亲社社长，市会议员）
中山明太郎（共同渔业监查役）	名村太郎（山口银行）
川崎万藏（川崎造船所）	
松方幸次郎（川崎造船社长）	三上丰夷（前内国通运社长）
（3）其他	
相川小枝子（神户日日新闻）	今井嘉幸（律师，原众议院议员）
奥村龙三（神户基督教青年会）	北村隆光（大本教神户道院）
筱原辰次郎（兵库县立神户高等女学校校长）	横山贺前（兵库县立神户高等女学校教谕）
冢本ふじ（兵库县立神户高等女学校教谕心得）	佐藤知恭

续表

(4) 外国人	
中国人	
柯鸿烈（中国驻神户领事）	郑祝三（神户中华总商会长）
李家驹（中国驻神户副领事）	杨寿彭（中国国民党神户支部长）
王某（中国驻神户副领事）	
其他　カーチス（神户ヘラルド）、ブレールス・フォード（ジャパン・クロニクル?）	

（注）众议院议员的所属党派名截至1925年3月30日。其中，西冈竹次郎因违反选举法于1925年2月20日辞职（据众议院事务局编《第五十回帝国议会众议院报告》）。出典：陈德仁、安井三吉《孙文・讲演「大アジア主义」资料集》（法律文化社，1989年，第31页）。

表14 孙文去世时发送唁电等日本人一览表（1925年3月）

相生由太郎　秋山定辅　秋山（遗孀）　天羽英二　蚁川五郎作①　有野学②　石浦谦二郎　石田庄七　矶谷廉介　井户川　犬养毅　井上雅二　井上　猪来乙彦　今井嘉幸　岩崎小弥太　宇垣一成　内田良平　梅屋庄吉　江藤丰二　大仓喜七郎　大仓喜八郎　太田信三　大原义刚　小川平吉　奥村政雄　尾崎行雄　尾崎行昌　甲斐靖　遭谷阳二　门野重九郎③　金子克己　镰田荣吉　河合操　菊地国枝　岸一太　清藤幸七郎　国泽新兴　久原房之助　仓知铃吉　古岛一雄　后藤新平　齐藤延　阪谷芳郎　佐佐木四方志　佐佐木到一④　佐藤三郎　佐藤安之助　佐原笃介　柴田　涩泽荣一　岛田经一　清水亨　白岩龙平　末广重雄　菅沼恕人　杉田定一　铃木天眼　砂田重政　副岛义一　多贺宗之　高木陆郎　竹内助七　竹田奉人　田中义一　田中喜平　谷本伊太郎　冢原嘉一郎　津下纹太郎　堤正雄　鹤冈荣太郎　头山满　床次竹二郎　中岛　中野直吉　中村是公　中山悦太郎　中田群二　根津一　萩野芳造　波多博　浜冈光哲　原口　平山周　福田雅太郎　藤田　堀清　堀内谦介　本庄繁　莳田荣介　松井石根　松方幸次郎　松本实　三井八郎右卫门　宫崎龙介　村井启次郎　森ふく⑤　安川敬次郎　安广伴一郎⑥　八角三郎　柳泽保惠　山科　山田喜代　山本条太郎　吉澄　吉田茂　渡边嘉一　无记名一人

附：团体

全亚细亚协会　东京朝鲜人协会　朝日新闻社

---

① 原文：义川五郎。

② 原文：有望学。

③ 原文：门也重九郎。

④ 原文：佐佐木。

⑤ 原文：福森。

⑥ 原文：安川你一郎。

表 15　参列奉安大典日本人一览表（1929 年 6 月 1 日，于南京）

使节团

吉泽谦吉　建川美次　米内光政　横竹平太郎　重光葵　公森太郎　天羽英二　冈本一策　有野学　杉坂悌二郎　岩村　专田盛寿　津田静　藤原喜代间

个人参列者

秋山定辅　池亨吉　**石井虎松**　**伊藤长七**　**乾福之助**　犬养毅　犬冢逗子　**井上谦吉**　今井嘉幸　**内田良平**　梅屋庄吉　大久保高明　**尾崎行雄**　**尾崎行昌**　**大泽辰次郎**　**大谷竹次郎**　金子克己　**萱野长知**　**川崎万藏**　**神尾茂之**　**神田正雄**　**菊池良一**　**久原房之助**　**镰田荣吉**　**小泉策太郎**　**古今堂绿荫**　**古岛一雄**　近卫文麿　小村欣一　**小村俊三郎**　**小山邦太郎**　**重松又太郎**　**岛德藏**　涩泽荣一　**白井松次郎**　**菅原传**　**铃木久五郎**　**清藤幸七郎**　副岛义一　添田寿一　**竹内直光**　**田中喜平**　**佃信夫**　**辻铁舟**　头山满　长岛隆二　**中村弥介**　花井秀雄　**滨田四郎**　**平井澂水**　平山周　藤濑夫人　藤村嘉郎　**松本君平**　**松本良二**　**三上丰夷**　**水野梅晓**　**三井平八郎右卫门**　**光永星郎**　宫崎震作　宫崎民藏夫人　宫崎寅藏夫人　宫崎龙介　**村井启次郎**　**村山龙平**　**本山彦一**　**森恪**　**山井格太郎**　**山科多久马**　**山田纯三郎**　山本社长夫人　**横田永之助**　**米田权一**

只有姓氏者

井上　今村　岩下　内田　刚野　小别当　河野　柴田　田边　楢榴　岛田　**床次**　中原　野口　三好

附：朝鲜人

安昌浩　金弘叙　韩国临时政府

出典：本书《典据文献一览》173.《总理奉安大典实录》（第 135 页，137—138 页）。表中粗体字为夫人同行者。

附录二　孙文关系在日华侨一览（1913 年）

凡例

1. 收录人物的选定，根据国民党（1912—1914 年）驻日各支部、交通部共同机关杂志《国民杂志》（第 1 ~ 3 号，1913 年 4—6 月），日华新报社（品川仁三郎、西岛函南）编《孙文先生东游纪念写真帖》（神户：日华新报社，1913 年 5 月），横山宏章、陈东华《〈写真志〉孙文と长崎——辛亥革命 100 周年》（长崎：长崎文献社，新装版，2011 年 2 月）。

2. 原资料中明显的错别字，在其后［ ］中补入正确的字。对判读困难的字，用□标出。

3. 同一人物用不同汉字的，用（　）两者并记。

4. 人名根据支部或摄影地分类，按 50 音顺排列。记念摄影时，除了当地该支部职员以外，还有该支部党员、该支部以外的党员，一般华侨，中华民国政府领事馆的有关人员也在一起，无法区别，一并记入。因为到目前为止，东京以外的支部党员、领事馆关系者的名录尚不明确。

东京支部职员、党员

于锦章　于星海　袁家达　於达望　王维藩　王英耆　王　凯
王嘉谋　王　琼　王奎元　王建极　王光威　王　作　王修瑾
王寿彭　王　骧　王承钧　王仁宇　王善基　王先甲　王善谟

王曾宪　王宗文　王兆培　王桢干　王鼎新　王　道　王道隆
王文俊　王文声　王文炳　王炳僖　王葆鋆　王鹏举　王宝经
欧阳植　王　纶　欧阳暄　欧阳洪烈　何焕奎　贾思谊　夏之时
夏之麾　贾　瑞　段泽厚　何泽濂　何仲襄　柯廷干　何当瑛
夏名儒　何鸣铎　艾极华　郝竹桥　郭葆临　郭融五　郝廉增
甘兆云　韩秉瑞　管［菅］梦倜　祁国钧　魏　炯　鞠　奎
邱鸿迈　邱天柱　居　广　许锡璋　许乃猷　龚　蝗　姜　楳
金之铮　金承厚　敬心剑　倪树森　蹇先昌　阮名奎　胡　梭
胡星焕　伍应垣　吴我尊　吴家镇　吴均泽　吴继璘　吴国桢
吴薪传　吴　善　伍　灵　黄　锐　洪　楷　向海潜　高　巍
孔继儒　孔庆瑶　胡元辐　黄光宪　黄载赓　孔昭准　黄昌济
黄申芗　黄振国　黄振中　黄真民　江　铎　胡泽棻　康　达
高兆霖　江定国　黄亭国　黄伯群　高凤莘　左景阳　左志嘉
左文诰　左　亮　蔡允元　蔡焕文　蔡振东　蔡懋钰　蔡保民
史振鹏　施锡周　谢永年　谢刚杰　谢作民　谢式南　谢盛安
朱汝霖　朱肇云　朱炳文　朱龙楹　周鉴源　周知礼　周文炯
周佑启　祝秉珪　祝与众　徐　礌　舒兴澂　徐秀时　徐钟英
徐绍儒　徐朝桐　徐廷瑾　徐　任　庄维屏　钟　恺　钟海同
钟　鉴　章　衡　萧钟华　萧仁昺　章　任　萧　苾　常蕴春
申　勋　沈树森　秦瑞麟　岑　楼　帅葆镕　邹怀渊　邹如圭
邹宗孟　齐荫裳　成希文　盛浩测　石　璜　石志学　石德任
薛国仁　钱时蔚　苏　介　苏体仁　苏理平　庄维屏　曹　毅
曾　旭　曹　炯　宋启秀　宋庆鼎　曹政典　曹宗翰　曾德钰
曹　樊　曾与吾　曾鲁光　孙毓垣（坦）　孙京方　孙棨方
孙　时　孙钟沅　孙少堂　孙泽霑　孙殿选　孙文卿　卓　球
谭毅公　谭子平　谭　蒙　段毓贤　段文海　池尚同　智清琳
钮传谔（锷）　张毓龄　张为册　张以庸　张益三　张远荫
张　骅　赵翰文　赵　旭　张玉成　张　琴　赵瑾卿　张　敬

赵经之　张　权　张　皓　张国威　张资平　赵守昕　张树栻
张骏岳　张承化　张钟岳　赵钟秀　赵松森　张绍丰　张莘芳
赵宗汉　张　胆　张仲临　张培礼　张　鹏　赵宝鸿　张步先
张养浩　陈贺虞　陈　宽　陈　毅　陈鸿来　陈昆化　陈载扬
陈尔炽　陈振声　陈登镛　陈得圻　陈敏政　陈敏望　陈文选
陈秉正　陈　璞　陈瑜季　陈瑜叔　陈扬镳　陈　澜　陈　龙
郑蔚春　丁怀瑾　丁辉远　丁建康　郑　刚　程思阔　程时炘
程时煃　丁瑞霖　程存惠　丁乃刚　丁立同　郑　良　田　桓
田龙瑞　杜钟崎　邓至诚　汤日跻　杜润昌　邓昭袁　唐昭钰
唐昌治　邓胥功　汤仁三　邓宗德　陶　仲　唐仲海　邓呈简
马　昱　马作梁　马宗豫　马幼伯　梅贻经　马宽容　马振声
马炳变　白常龄　潘　经　辖景宣　潘寿恒　班麟书　万寿春
闵星荧　闵星台　傅晓六　符诗楷　傅志清　傅振义　傅联珠
冯河清　冯湛霖　平宝善　卞晓亭　包撰文　包　强　秦孝至
彭国瑞　方士伟　包　宣　方兆鹰　彭梦龄　方明远　牟钧德
明增龄　明德恒　明　明　毛澄宇　俞　钰　熊　璜　熊作丹
熊瑞龄　熊锡帆　熊传第　熊福田　余家庆　余　健　余士求
余若琪　余祥辉　余乘龙　余平章　叶云表　杨焕琯　叶熙春
叶江楫　杨章恺　杨尚奎　杨绍宗　杨照离　杨瑞苞　容　政
叶治勋　杨　钧　杨耀东　罗维祈　罗宗楷　罗发森　罗万键
罗　武　罗　棻　罗　文　罗良镇　雷应春　骆运鸿　乐昌祺
李　汉　李其珩　李宜洙　李兴相　李炘纶　李光纶　李克谦
李根沄　李作栋　李质文　李相权　李照高　李尚仁　李振旧
李世圻　李世钧　李性晟　李世联　李仙根　李　僧　李廷恺
李廷擢　李万增　李秉善　李梦弼　刘伟植　刘家蟠　刘鉴塘
刘锦制　刘　亘　刘洪若　刘缵规　刘之纲　刘次箫　刘集勋
刘寿朋　刘钟琦　刘振铎　刘清江　刘青藜　刘祖章　刘煓祥
刘天猛　刘德泽　刘敦渠　刘范颐　刘文超　刘立亭　吕　□

梁育芝　廖子琦　梁之柱　梁　津　梁祖诰　林其华　林志轼
林任舆　冷光熊　卢培英　楼聿新

横滨支部职员

阮茂熊　黄维谷　孔云生　黄焯民　周庆慈　苏汝濑　谭玉阶
赵峄琴　赵显南　张茂元　陈慰农　陈　才　陈兰礼　郑贺端
程玉波　郑仁村　郑德泉　邓植三　缪菊臣（辰）　冯隆阶
鲍次楼　鲍藻昭　鲍连就　余莘田　罗佐臣　罗鼎臣　李寅佳
李象琴　陆燿（耀）芸　刘桂谋　刘石川　梁觐三　梁爵臣
凌芳田　梁有长　卢逸堂　卢华森　卢少云

横滨支部欢迎孙文纪念摄影（3 月 6 日，支部职员、党员等）

王守愚　温国恩　何奕棠　夏之时　郭佩章　阮茂熊　胡经武
胡子俊　吴庆其　吴广平　黄维谷　孔云生　黄玉坤　黄焯民
黄申芗　黄善卿　康同鼎　黄伯群　阮茂熊　周庆慈　周万清
朱品爵　钟霭建　招尚才　招清相　盛尹芳　成　德　苏汝濑
曾子乙　曾东九　宋耀如　孙振声　谭玉阶　赵峄琴　赵显南
赵日初　张福镛　张茂元　张耀忠　陈慰农　陈　基　陈圭堂
陈　才　陈日明　陈春树　陈顺成　陈世芳　陈大焯　陈泽景
陈兰礼　郑贺端　郑干臣　程玉波　郑鸿鋆　郑紫垣　郑叔倫
郑仁村　郑德泉　郑礼泉　翟美徒　邓植三　邓福云　任鹤樵
任捷元　麦祚想　潘锡均　缪菊臣（辰）　缪钦仿　冯裕芳
冯隆阶　鲍应彬　方松田　鲍汝明　鲍次楼　鲍藻昭　鲍丽泉
鲍连就　余莘田　罗佐臣　罗鼎臣　罗秉钧　罗秉荃　李寅佳
李英达　李家璘　李瀚祥　李杏泉　李作栋　李象琴　李少祥
李传象　陆业生　陆燿（耀）芸　刘桂谋　刘寿朋　刘石川
刘炳初　梁奕旋　梁奕耀　梁　魁　梁觐三　梁国祯　梁爵臣
梁卓朋　梁培国　凌芳田　梁有长　倫朝卓　林宾万　黎焜垣

卢逸堂　卢华森　卢煦朝　卢日鹏　卢少云

大阪分部职员

王继志　王大华　王丙庆　何广银　何积焜　纪树梅（枚）
江(汪)于冈　黄实存　黄昌濬　江圣钧　江尊美　周庆钟
帅葆镕　盛在珩　张益之　张　道　赵宝鸿　翟锦棠　滕锡明
汤文聪　马振声　马振德　毛启寰　余　岩　余光国　李运生
李午山　李明东　刘成斌　廖树勋　梁　津

大阪分部成立纪念摄影（3 月 2 日，分部职员、党员等）

荣少山　邬兆彭　王继志　王敬祥　王植生　王大华　王秉钺
王丙庆　夏建安　何广银　何积焜　郭竹桥　纪树梅（枚）
牛汉亭　瞿　钧　江（汪）于冈　黄钧涵　黄实存　黄韶九
黄昌濬　江圣钧　江尊美　谢　俊　周庆钟　沈邦勋　帅葆镕
盛在珩　薛登寿　段乃文　张益之　张　道　张丙光　赵宝鸿
张友深　赵麟轩　翟云卿　翟锦棠　滕锡明　汤文聪　马玉如
马子衡　马秀轩　马振声　马振德　步以棠　鲍奕钧（筠）
毛启寰　余　岩　余光国　李运生　李经典　李午山　李鹏运
李明东　李友卿　刘子丹　刘成斌　刘天猛　梁学贵　廖树勋
梁　津　梁道原　联　魁

神户交通部职员

王敬祥　王敬斗　柯延禧　何沂东　何尧初　郭耀棠　简照南
吴锦堂　黄寿铭　黄升南　阮成椙　黄楚珩　萧镜秋　陈汉一
陈秉心　郑华民　郑金桂　郑祉程　郑绍芬　郑达廷　郑朝英
杜苇余　鲍奕筠　游莘农　余介眉　杨其焕　杨寿彭　杨电舫
容伯全（荃）　蓝拔群　李峄琹

神户交通部欢迎孙文纪念摄影（3 月 13 日，交通部职员、党员等）

易叔亮　汪吉人　王敬祥　王敬斗　王守善　区仲山　温宴臣
温耀屏　柯延禧　何沂东　何尧初　何星祥　霍静波　郭耀棠
简荫池　关蕙荃　简照南　许辉本　许圣谦　顾海珍　胡浩泉
吴锦堂　吴启藩　吴健桐　吴日章　吴绍泉　伍择秀　黄锐勋
黄奕勋　黄金炜　黄金全　黄敬如　邝景堂　洪国飞　黄述菴
黄寿铭　黄沼生　黄颂德　黄升南　阮成梠　黄楚珩　黄卓云
黄卓山　黄墨林　崔益之　周渭泉　徐锡霖　徐兰轩　萧蔚才
萧镜秋　沈贞甫　盛绶臣　苏洪章　苏绍濂　曾海然　谭永仁
谭日亭　陈奕桐　陈汉一　陈鉴周　陈业初　陈源来　陈日安
陈祝三　陈润晃　陈乃被　陈秉心　郑怡堂　郑华芳　郑华民
郑金桂　郑庆藻　郑祉程　郑祝三　郑捷元　郑绍芬　郑达廷
郑朝英　郑敏生　郑聘卿　郑炳煊　杜意筠　杜苇余　唐子洪
任少敦　马仪清　马子衡　马聘三　潘霖郁　潘霖生　万福来
冯建南　冯缉耀　鲍奕筠　鲍瑗昭　鲍吉常　鲍绍泽　鲍翼筠
游莘农　余（佘）荫齐　余介眉　杨其焕　杨寿彭　容祥裕
杨善培　杨电舫　容伯全（荃）　杨文洪　杨翼神　容荔坪
杨明光　蓝拔群　李营康　李峄琹　李寿鹏　李松福　李仁星
李锡富　李文权　李沣泉　梁荣耀　梁焕文　梁敬志　凌广田
梁籍安

冈山分部

王魁之　胡光旭　邹怀渊　彭道中　杨瑞苞　李光纶　刘述锡

在长崎的欢迎孙文纪念摄影（3 月 22 日）

王万年　欧阳仁　黄天财　徐善庆　钟工宇　詹敏崇　苏道生
戴寿隆　张则浩　陈世望　郑国玺　郑廷坚　任子明　潘达初
林光须

日本人名索引

（按汉语拼音顺序排列）

D

E

G

H

J

K

L

M

R

S

T

W

X

Y

Z

中国人名索引

（按汉字拼音顺序排列,含外国人）

K

L

T

W

译者后记

一　日文增订版刊行以后

呈现在读者面前的这本《孙中山与日本关系人名录》（以下简称《人名录》），其形式和内容介乎词典与名册之间，既可为专业读者提供研究的线索，也为历史爱好者提供一份详细可靠的备忘录。

孙中山与日本的关系除了许多重大历史事件外，也有不少日常生活中的交往。这本《人名录》就是希望通过对为数众多的日本人、在日中国人事迹的追踪，立体地再现交织在孙中山和他同时代人身边的中日关系的各个侧面。通过阅读这些并不很长的词条，读者若能从中得到这方面信息，将是编者、译者的莫大欣慰。

关于《人名录》编辑和增订的经过，本《人名录》的主持人安井三吉先生（神户大学名誉教授、神户孙文记念馆名誉馆长）在《解说》中已经作了非常详细的说明。下面对这本《人名录》（日文增订版）完成后的情况做一简单介绍。

2012 年 11 月，孙文记念馆在刊行《人名录》日文增订版以后，在本馆公开网页上（http://sonbun. or. jp/ch/）公布了其全部内容，并开设了题为“孙文广场”的开放式留言区。这个留言区成为馆内同人、编辑人员及时公布新信息的备忘录，也是编者与读者交流的平台。读者也可以通过电脑检索功能，在这里查找到相关资料。有些读者在这里找到了他们父辈或祖辈的信息，他们对我们的工作表达了深深的谢意，并提出宝贵意见；还有读者直接寄来有关资料，不断帮我们补充、修订。读者的支持是对本馆工作人员极大的鞭策和鼓励。在这次中文版翻译过程中，译者将这些读者提供的珍贵资料补充进来，并修正了日文增订版中的部分错误。可以说，这本《人名录》（中文版）不仅仅是日文增订版的翻译，更是对它的补充和修订。在本书翻译过程中，安井先生发挥了指导性作用。在得知中文版即将刊行之际，他对译者的初稿进行了全面审阅，并对日文版中的不足重新作了修订，使这本《人名录》（中文版）更加准确、精练。

在日文增订版里，在日华侨留学生名册的编辑是由神户华侨历史博物馆资料室副室长久保纯太郎承担的，这是一项有开拓性意义的尝试。虽然收录在这份名册中的许多人或许在历史记载中名不见经传，但作为孙中山同时代的人，他们在日本以各种形式与近代中国历史交织，其中不乏积极支持孙中山革命事业者。留下这份名册，也是对先人的追念。一位读者在阅读本馆网页时，找到了自己的祖父——一位留学生的姓名时，兴奋地来电，向我们询问更详细的情况，并从东京特意赶赴本馆参观。读者的认可，是对我们最大的鼓励。

根据日文读者的意见和建议，也为了今后更加深入地完善这一课题，本馆研究员村田省一编辑了《孙文日本关系人名录（增订版）收录人名表——出身地都道府县别》（2014 年 5 月）的小册子。对本《人名录》收录的人员出生地，按日本一级行政区划的都道府县作了分类，作为本书的辅助资料。中文版的《人名录》在词条中也反映了这一成果，读者也可以通过本馆网页，查找到相关信息。

二　中文版的特色

在日文版编辑过程中，我们参照了安井先生在《解说》中提到的各种论著和词典类成果。在翻译过程中，译者还参照了以下两项中文成果：张磊先生主编的《孙中山辞典》（广东人民出版社，1994年），收录了100名日本人的事迹；张家凤先生著作《中山先生与国际人士》（秀威资讯科技股份有限公司，台北，2010年），收录了503名日本人的事迹。前者因受词典体例的规范，只对一些事迹比较突出、研究成果比较丰富的人员作了归纳性介绍。后者以孙中山革命事业为中心，在资料和记述上更为详细。本《人名录》在注重资料性的同时，在广泛性上做了一些努力。在记述内容上，主要突出与孙中山及其同时代中国的关联。

在中文版翻译编辑过程中，京都大学客员副教授武上真理子提供了她最新的研究成果，是关于1913年春孙中山访日时，在日本铁道协会的演讲。这部分成果主要反映在中文版《人名录》的《表7　铁道协会孙文欢迎会出席者一览表》中，日文增订版中没有这份表格，是新加上去的。同时，对词条中的相关记述也作了相应的修订。

另外，同一访日期间，孙中山在东京、大阪、神户、长崎等地的基督教青年会（YMCA），以基督教徒身份向中日两国基督教兄弟姊妹发表了演讲。译者寻找出以前收集的资料，补充了当时迎接孙文访日的基督教人士的人名。

为方便中文读者，中文版《人名录》作了两项改进：一是受篇幅与体例所限，《人名录》的条目仅限于日本人，有1321条（包括补遗的2条）。每个词条参照的文献都标明了出处，以便读者核实。这一原则在日文版和中文版《人名录》中都得到了贯彻，中文版则以文献编号代替日文版中使用的原著简称，更便于查找。二是增加了日本人名和中国人名（包括外国人）索引。包括词条、表格、名册以及条目正文在内，全部记述人数为2569名。其中日本人1705名，中国人850名，外国人14名。索引中未列出“孙文”，这是因为，除了“附录二”（第221—226页）以外的所有页面上，都有关于孙文的记述，所以省略不列。

三　关于神户孙文记念馆

位于神户舞子海滨的孙文记念馆，原为浙江宁波华侨吴锦堂（1855—1926）的别墅——松海别庄。1913年3月14日，孙中山在这里与中日友人共进午餐。1915年5月，吴锦堂在松海别庄的东侧增建了一栋八角三层的楼阁，为了寄托对故乡的思念之情，这座楼阁被命名为“移情阁”。第二次世界大战结束后，1966年，为了纪念孙中山的来访，这组建筑物被命名为“孙中山纪念馆”。实际上一直是神户华侨青年会的研修场所，由神户华侨总会管理。1982年，经神户各界人士的磋商，神户华侨总会决定将其捐赠给兵库县。兵库县政府对这两栋被台风严重破坏的建筑物作了全面维修。1984年11月12日，整修一新的移情阁正式作为“孙中山记念馆”向公众开放。1994年3月，为了协助明石海峡大桥的建设，移情阁被解体拆卸，展览活动移至附近的舞子公园临时展厅。2000年4月，在新建成的明石海峡大桥的桥墩边上，孙中山记念馆复原建成。同年10月17日，时任中国国务院总理朱镕基光临本馆参观。2001年11月，移情阁被日本文部省指定为“重要文化财”（国家级文物保护建筑）。2005年10月改名为“孙文记念馆”。

现在，由公益财团法人——孙中山记念会运营管理的孙文记念馆，与中国、世界各地的孙中山、宋庆龄纪念场馆保持着广泛的业务和学术交流。政界、财界、侨界、学界、市民以及国际交流，这些力量构成了孙文记念馆持续发展的六大重要支柱。孙文记念馆除了举办日常展览以外，还在每年11月举行“孙文月间”综合纪念活动，包括文艺演出、特展、演讲会、探访历史遗迹等。另外，孙文记念馆分别于1996年、2006年、2016年主办了纪念孙中山诞辰130周年、140周年、150周年的国际学术讨论会。分别于2001年、2011年举办纪念辛亥革命90周年、100周年国际学术讨论会。这些会议的论文集只有日文版问世，这份《人名录》（中文版）是本馆开馆 30 多年来第一本正式出版的中文专著，是本馆学术研究新的尝试。以上这些学术活动正在逐步成为孙文记念馆的一大特色。希望通过与世界各地的同行同人、专家学者的交流互动，不断提升本馆的学术地位，充实学术成果，创建一个富有实效的国际文化交流平台，开拓一种以学术促进展览，以学术带动文化开发与生存发展的新模式。

中日关系是中国近现代史研究中一个重要的组成部分，同时，这一时期在中日关系的历史长河中，又是一个非常特殊的时期。既有日本军国主义者残暴侵华，中国人民奋起抗战的一面；也有中日两国人民往来密切，日本人大量涌入中国，许多中国人也移居日本或赴日本学习、经商、交流的一面。在两国人民频繁的交往中，他们究竟以什么方式参与了中日之间的活动？对对方持什么态度？彼此受到什么影响？又有什么样的结果？这些依然是值得今人深入探索的课题，也是孙文记念馆自开馆以来一直在思考的问题。希望通过孙中山这面镜子，尽可能接近当时中日两国人民交往的历史真相。“通过孙中山，让日本人理解中国；通过孙中山，让中国人理解日本。”这正是孙文记念馆一直在努力履行的使命。刊行这样一部《人名录》，就是在这方面所做的初步尝试。希望能聆听到中文读者对这一尝试的批评和指正。

四　谢辞

2016 年 1 月底，中国社会科学院近代史研究所李长莉研究员携学生刘静来本馆调研。我向李研究员谈起这本《人名录》，也表达了自己对本书没有中文版的遗憾。李研究员认真倾听了我的介绍，并热心表示愿意为我馆牵线搭桥，寻找中国合适的出版机构来弥补这个遗憾。李研究员回国后很快兑现了承诺，在她的努力玉成和近代史研究所王建朗所长的支持和鼓励下，中国社会科学出版社承担了本书中文版出版业务。在纸媒出版物面临着严峻局面的当今时代，实在是令人感佩。

中国社会科学出版社曾出版过不少有关中日关系史的优秀书籍。仅举一册为例，中日近代关系史专家李廷江先生荣获孙中山记念馆颁发的第三回“堀川哲男记念奖”（1995 年 5 月），其获奖作品之一，就是中国社会科学出版社出版的《日本财界与辛亥革命》（1994 年 3 月），这是一项开拓性的研究成果。

担任《人名录》编辑工作的是刘志兵编辑。虽然未曾谋面，但我们的合作非常默契有效。我在神户翻译，翻好一部分就随时通过电脑传送。刘志兵编辑在北京，不断给我鼓励和指教，并修正了我在翻译过程中的许多缺陷。正是他高度的责任心和严谨的职业素质，才使得《人名录》能够以现在这样理路整然的面貌呈现在中文读者面前。

感谢所有关心、支持、鞭策、鼓励这本《人名录》的各位师友。

神户孙文记念馆主任研究员　蒋海波　于濑户内海之滨

2016 年 9 月初稿，2017 年 2 月二稿